Supervisión de Coaching

Diseño de tapa:
EL OJO DEL HURACÁN

DAMIÁN GOLDVARG, Ph. D.

Supervisión de Coaching

Para el desarrollo
profesional del coach

GRANICA

ARGENTINA - ESPAÑA - MÉXICO - CHILE - URUGUAY

© 2017 *by* Ediciones Granica S.A.

ARGENTINA
Ediciones Granica S.A.
Lavalle 1634 3° G / C1048AAN Buenos Aires, Argentina
granica.ar@granicaeditor.com
atencionaempresas@granicaeditor.com
Tel.: +54 (11) 4374-1456 Fax: +54 (11) 4373-0669

MÉXICO
Ediciones Granica México S.A. de C.V.
Valle de Bravo N° 21 El Mirador Naucalpan Edo. de Méx.
(53050) Estado de México - México
granica.mx@granicaeditor.com
Tel.: +52 (55) 5360-1010 Fax: +52 (55) 5360-1100

URUGUAY
granica.uy@granicaeditor.com
Tel: +59 (82) 413-6195 FAX: +59 (82) 413-3042

CHILE
granica.cl@granicaeditor.com
Tel.: +56 2 8107455

ESPAÑA
granica.es@granicaeditor.com
Tel.: +34 (93) 635 4120

www.granicaeditor.com

ISBN 978-950-641-933-2

Hecho el depósito que marca la ley 11.723

Impreso en Argentina. *Printed in Argentina*

Goldvarg, Damián
  Supervisión de coaching : para el desarrollo profesional
del coach / Damián Goldvarg. - 1a ed. - Ciudad Autónoma
de Buenos Aires : Granica, 2017.
  308 p. ; 22 x 15 cm.

  ISBN 978-950-641-933-2

  1. Coaching. I. Título.
  CDD 158.26

Dedicado a Viviana Autran, discípula y colega, fuente de inspiración, que me alentó a desarrollar e implementar la Primera Certificación de Supervisión de Coaching en Español en el mundo, a mis padres Norma y Mauricio y a todos los graduados que ofrecieron su *feedback* y apoyo.

ÍNDICE

APÉNDICES

AGRADECIMIENTOS

Quiero agradecerles a todos los colegas que revisaron este libro y ofrecieron *feedback*, en especial, a los participantes de las primeras dos certificaciones de Supervisión ofrecidas en español en el mundo por el Goldvarg Consulting Group, en 2016 y 2017.

A mis maestros de Supervisión y supervisores de Coaching: Tatiana Bachkirova, Edna Murdoch, Fiona Adamson, Samuel Magill Sr., Lynn de Lay y Karyn Prentice.

A mis colegas de la Federación Internacional de Coaching (ICF), entre ellos, Magda Mook y Eva Hirsch Pontes, que me incentivaron y apoyaron para recibir mi certificación de Supervisor de Coaching cuando era presidente global de la Junta Directiva de la ICF, en el año 2013.

A mis colegas que colaboraron como supervisados y en el análisis de los casos presentados en este libro: Susie Warman, Oswaldo Vicente, Teresa Estremadoyro, Alicia Agüero, Tani Sturich, Cristina Oneto, Eliane Fierro, Eva Hirsch Pontes, Dede Osborn, Norma Perel y Mauricio Goldvarg.

A mi editor, Pablo Puente, que me acompaña en este, el tercero de mis cuatro libros publicados.

A la editorial Granica, por el apoyo para publicar mi tercer libro en cinco años.

A todos los colegas que participaron dando *feedback* o aportando conocimientos para las distintas secciones del libro, entre ellos, especialmente a Fernanda Bustos González, Patricia Veliz Macal, Illary Quinteros y Andrea Gregoris.

A mis padres, Norma Perel y Mauricio Goldvarg, les agradezco doblemente, porque aceptaron ser mis alumnos en el Programa de Certificación de Supervisión, me apoyaron incondicionalmente en mi proyecto, abrazaron la Supervisión de Coaching y hoy en día son supervisores del Programa de Certificación ofrecido por Goldvarg Consulting Group.

Damián Goldvarg
Los Ángeles, California
Junio de 2017

PRÓLOGO DE PETER HAWKINS

Con gran placer escribo este prólogo para el excelente libro de Damián Goldvarg sobre Supervisión de Coaching.
Trabajé como coach ejecutivo desde los inicios de esta actividad, allá por la década del setenta, nutrido por mi formación en Psicoterapia, Counseling y Consultoría Organizacional, y esta experiencia, sumada a la que adquirí como escritor y profesor de la materia, hizo que algunos años después se me convocara para supervisar a coaches y mentores, y esto, a su vez, me condujo a organizar la primera formación internacional en Supervisión de Coaching, en 2003, y a trabajar en el primer libro escrito sobre el tema, que se publicó en 2006. Durante ese mismo año, codirigí la primera investigación de campo sobre el desarrollo de la Supervisión. Los resultados de este estudio, que se actualizaron en 2015 y 2017, fueron alentadores, ya que demostraron que la actividad había crecido notablemente, tanto en el Reino Unido como en otros lugares de Europa, en el sur de África, en Asia, en Australasia y, aunque en menor medida, en América del Norte.
En América del Sur también fue lento el desarrollo de la Supervisión, principalmente debido a la falta de literatura de buena calidad y de programas formativos, y esto

le da especial valor a dos aportes de Damián Goldvarg. El primero, hecho a través de la certificación de Supervisión de Coaching que dicta en español, y el segundo, a través de este valioso texto, donde a sus propias conceptualizaciones le agrega las hechas por otros escritores y expertos, para después completar el contenido didáctico con la presentación de sesiones, acompañadas por sus correspondientes análisis.

Desde hace un tiempo, vengo proponiendo que el valor que el Coaching ya ha demostrado que puede aportar a cada cliente se extienda a su entorno, y por esta vía se convierta a nuestra actividad en una herramienta para el cambio global y el mejoramiento de nuestra cultura; y leo con agrado que Damián, en este libro, apoya mi idea, cuando subraya que la importancia de la Supervisión radica en que es una asociación colaborativa puesta al servicio de todos los actores que cohabitan en el entorno del coach y de su cliente.

Estoy seguro de que este cambio de paradigma es necesario, porque en los tiempos que corren cobra especial importancia que el Coaching genere valor no solo para el individuo que lo requiere, sino también para su amplio ecosistema, y esto implica que la Supervisión, a su vez, amplíe su foco y pose su mirada no solamente sobre los coaches y sus clientes, sino también sobre los clientes de los clientes de Coaching, los proveedores y los inversionistas, entre otros tantos actores del mundo de los negocios y aun de la vida privada.

Otro cambio necesario en la Supervisión de Coaching tiene que ver con darse cuenta de que el *insight* y las buenas intenciones no son suficientes para generar un cambio de observador sostenible, sino que es necesario agotar los recursos que propone el mundo moderno para fundirlos con nuestra práctica profesional, como lo propone Damián en su capítulo sobre "Intervenciones creativas en Supervisión de Coaching".

En las organizaciones propias de esta actualidad, volátil, imprevisible, compleja y ambigua, hay cada vez mayor demanda de alta calidad y de economía de recursos. Nuestro trabajo como coaches no está exento de estas exigencias, y en ese sentido cobra especial importancia la Supervisión, porque permite mejorar, aprender y desaprender, profundizar nuestros recursos y optimizar su utilización; en definitiva, llevar a la máxima eficacia posible nuestra práctica, que es ciencia y es arte.

Recientemente escribí, en un capítulo de mi libro que será publicado en 2018, que la Supervisión tiene la posibilidad de dejar de ser una "estación de servicio", en la que el coach cargue "combustible", para convertirse en una "planta de aprovechamiento de recursos renovables" donde se explote al máximo lo que cada uno tiene en su interior y se incorpore, además, lo que le brinda la interioridad ajena. Estoy convencido de que este texto de Damián Goldvarg se ubica dentro de la misma línea de pensamiento, y que contribuye grandemente en el camino evolutivo de la Supervisión de Coaching, porque no solo ofrece una amplia variedad de modelos, procesos y técnicas, sino que destaca la importancia de nuestro modo de ser, como supervisores y como coaches.

Peter Hawkins
Profesor de Liderazgo en la Henley Business School
Presidente de Renewal Associates
Presidente del Centre for Supervision
and Team Development de Bath

PRÓLOGO DE JULIO OLALLA

El ser humano, como todo ser vivo, se mueve en espacios de constante colaboración. No existe la autosuficiencia, y quienes viven en ese juicio terminan practicando el aislamiento.

Nosotros, los coaches, por lo tanto, en el ejercicio de nuestra labor, siempre necesitaremos espacios de reflexión que nos permitan aprender de nuestros desafíos, expandir nuestras competencias y sostener el sueño de seguir creciendo como profesionales. Esto equivale a decir que siempre necesitaremos asistencia para poder seguir agrandando nuestra capacidad de servir a nuestros clientes. Para satisfacer esa necesidad es que nació la Supervisión de Coaching, que se ha constituido en una nueva actividad profesional.

El autor de este libro, Damián Goldvarg, al escribirlo ha cumplido con una labor pionera, ya que existe muy poco material de estudio sobre el tema en español. El texto presenta modelos, teorías y prácticas que apuntan al desarrollo de esta nueva actividad, y constituye, además, una seria reflexión sobre el Coaching y sobre los desafíos personales y profesionales que enfrentamos quienes lo practicamos.

Nuestro campo de acción sigue creciendo, y esta expansión hacia horizontes tan diversos requiere dedicación, estudio y creatividad. En este libro está todo eso.

Julio Olalla
Presidente
The Newfield Network

RECOMENDACIONES

Con orgullo y alegría veo cómo el coaching es cada día más profesional gracias a aquellos que trabajan con esta finalidad, como lo hace Damián Goldvarg, a quien hay que agradecerle por este trabajo excelente, que abreva en las aguas de otras disciplinas profesionales, pero sin apartarse de "nuestra propia manera de ver el mundo", que es consciente de nuestros límites y nos lleva, así, a crecer desde la humildad y a conocernos cada día más.

No tener Supervisión de nuestro trabajo de Coaching es como no hacerse anualmente análisis básicos para conocer cómo va nuestra salud.

Bienvenido este nuevo modelo.

Gracias, Damián, por tu generosidad al compartirlo.

Elena Espinal
Coach Ejecutivo y autora

¿Cuándo decimos que aprendimos? ¿Dejamos alguna vez de aprender? Depende del observador. Los coaches podemos ser expertos en algún conocimiento, pero la verdadera maestría está en observar nuestra área de dominio con ojos y corazón de aprendices, en asumirnos como aprendientes, y que el aprendizaje se haga eterno e internamente interminable. La Supervisión es una pieza fundamental en el ejercicio de nuestra profesión, porque es en la práctica real donde se expande su aprendizaje y donde el profesional se consolida como tal. Esta etapa, determinante para el coach, es una travesía que debe realizarse con un guía y acompañante, y es en este sentido que el nuevo libro de Damián Goldvarg se constituye en un aporte necesario y fundamental para nuestra maravillosa profesión. Lo hace desde la teoría y la práctica, compartiendo sesiones, ofreciendo alternativas, proporcionando herramientas y, sobre todo, aprendizajes.

Leonardo Wolk
Coach Ejecutivo y autor

Este libro ofrece un avance importante y una experiencia única para el crecimiento del Coaching. Entre otros, aporta el valor de poner a disposición del lector las diferentes corrientes y modelos de Supervisión, que es algo de vital importancia para elevar el nivel de excelencia de la práctica profesional del Coaching. Con un enfoque creativo y poderoso, este material articula prácticas como el *Mindfulness*, la dramatización y el trabajo corporal, entre otras, que permiten adquirir nuevos recursos y perspectivas, y esto lo convierte en un entrenamiento completo y único. Recomiendo *Supervisión de Coaching*, de Damián Goldvarg, porque es un tributo a nuestro trabajo.

Lidia Muradep
Directora de la Escuela Argentina de PNL y Coaching

La Supervisión de Coaching está tomando gradualmente su lugar legítimo en el apoyo a la calidad de la práctica y el desarrollo de coaches profesionales de todo el mundo. Sin embargo, la bibliografía sobre esta materia es todavía limitada. Es emocionante que este texto integral escrito para colaborar con la formación de supervisores de Coaching se publique en español, y que esté escrito por un profesional respetado a nivel mundial. Me alegro de que este libro pueda ser leído por quienes estén dispuestos a aprender el oficio de supervisor de Coaching en beneficio de la profesión.

Tatiana Bachkirova
Directora del Centro Internacional de Coaching y Mentoring
Oxford Brookes University (R.U.)

Damián, supervisor y entrenador de coaches, ha escrito un detallado y bien referenciado libro de Supervisión de Coaching para los hispanohablantes. En él combina su pasión, su profundo conocimiento acerca de la materia y su experiencia en Supervisión, para llevar a sus lectores un trabajo detallado. Además, Damián le otorga igual importancia a todas las cualidades de los supervisores, y le da vida a la información presentada con las transcripciones y el análisis de sus propias sesiones. Es un excelente libro para estudiantes y una referencia completa para todos los que deseen saber más sobre el proceso de Supervisión, así como sobre sus teorías, sus modelos y herramientas.

Fiona Adamson
Coach Ejecutivo
Supervisora acreditada y autora

INTRODUCCIÓN

Mi interés por el tema que desarrollo en este libro surgió como resultado de conversaciones en las que participé durante varias reuniones de la Comisión Directiva Global de la Federación Internacional de Coaching (ICF), entre los años 2010 y 2016. En estos encuentros, la Supervisión de Coaching empezó a ser discutida como una iniciativa importante para el futuro del desarrollo de nuestra práctica profesional. Fue en ese momento que, para tener un mejor entendimiento acerca de cómo funciona la Supervisión y sentirme así más cómodo para tomar decisiones al respecto junto a mis colegas, decidí anotarme en la primera certificación formal ofrecida en los Estados Unidos. El programa fue dictado en Edmonds, Washington, en 2013, por la Coaching Supervision Academy (CSA), que tiene su sede en el Reino Unido, y resultó ser, para mí, una experiencia sorprendente que excedió mis expectativas.

Desde ese momento, a mi pasión por el Coaching se le sumó una nueva, la que siento por la Supervisión de Coaching, a la que le reconozco el valor que aporta al proceso de desarrollo profesional del coach y la satisfacción personal que le brinda al supervisor que ofrece este servicio.

En mi posición de Presidente global de la ICF, durante el período 2013/2014, tomé la iniciativa de aumentar el entendimiento de lo que es la Supervisión, y aproveché cada oportunidad que tuve para explicar, demostrar y clarificar los beneficios que aporta a nuestro crecimiento profesional. La demanda de servicios de Coaching creció notablemente durante los últimos treinta años a nivel global, y hoy en día la mayoría de las compañías más grandes del mundo, organizaciones sin fines de lucro, universidades y entidades gubernamentales trabajan con coaches para maximizar los resultados de sus colaboradores; así como también recurren a esta práctica pequeñas y medianas empresas, escuelas privadas, centros de salud e instituciones deportivas y artísticas. En estos ámbitos, no solo se contratan coaches externos para apoyar a los líderes a la hora de alcanzar sus objetivos actuales y futuros, sino que también están empezando a prevalecer los coaches internos, que las organizaciones contratan *full time*, con la finalidad de tener el servicio de manera permanente *on-site* y a la vez reducir costos.

Al mismo tiempo, los líderes corporativos están siendo entrenados en habilidades de Coaching que les permiten contribuir al desarrollo de sus colaboradores y aumentar, de este modo, no solo los rendimientos, sino también el nivel de compromiso de los integrantes de sus equipos. En el año 2015, la ICF comprobó, gracias a una encuesta que llevó a cabo con el Human Capital Institute, que las organizaciones que invierten en desarrollar una cultura que tiene entre sus elementos destacados el Coaching alcanzan, además de mayores niveles de enganche de sus empleados, más altos resultados económicos.

Dentro de este contexto, la Supervisión de Coaching viene a ocupar un espacio muy importante: el de ofrecerle al coach un espacio de reflexión que le permita explorar sus desafíos, reconocer sus puntos ciegos, detectar sus reacciones emocionales, ahondar en sus dilemas éticos y seguir creciendo personal y profesionalmente. El resultado beneficioso de esta práctica opera tanto en favor del coach como del cliente, así como de la organización de la que ambos son parte y del ejercicio profesional del Coaching, que gracias a la Supervisión aumentan la calidad de sus servicios.

En Europa, especialmente en el Reino Unido, y en Australia, la Supervisión de Coaching se viene desarrollando desde hace más de diez años. Es de destacar que el Consejo Europeo de Mentoring y Coaching (EMCC) y la Asociación de Coaching del Reino Unido (AC) la incluyen como una práctica obligatoria para sus miembros acreditados. Por otra parte, son ya muchas las compañías que requieren que sus coaches internos reciban Supervisión para asegurar la calidad del trabajo ofrecido, y las empresas que ofrecen servicios de Coaching están empezando a incorporar la Supervisión porque la consideran una práctica que les otorga una ventaja competitiva en el mercado.

La idea de escribir este libro nació en 2016, cuando mi empresa, Goldvarg Consulting Group, comenzó a ofrecer, virtualmente y a nivel mundial, la primera certificación en español sobre Supervisión de Coaching y me encontré con muy poco material disponible en este idioma.

Supervisión de Coaching está estructurado siguiendo los contenidos del programa de certificación avalado por la EMCC y la ICF que desarrollo con mis alumnos. El texto tiene como objetivo presentar modelos, teorías y herramientas que apoyen a los supervisores en actividad para hacer su trabajo en forma efectiva, y a quienes se están formando les brinde un compendio de la información que necesitan para desarrollarse como supervisores y obtener la certificación. Tiene, además, este libro, la pretensión de ser útil para los coaches que quieran recibir Supervisión y estén interesados en conocer los lineamientos que les permitan evaluar el servicio adecuadamente; y también quiere ser una herramienta eficaz para otros profesionales que super visan a colaboradores que tienen a su cargo otras personas a las que deben desarrollar.

La primera parte de la obra se enfoca en la presentación de distintos modelos y teorías. La segunda contiene transcripciones de sesiones de Supervisión que fueron exploradas y discutidas por graduados del programa que ofrezco, a quienes les estoy infinitamente agradecido por su colaboración: Susie Warman, Oswaldo Vicente, Teresa Estremadoyro, Alicia Agüero, Tani Sturich, Cristina Oneto, Eliane Fierro, Eva Hirsch Pontes y Dede Osborn. También colaboraron conmigo mis padres, Norma Perel y Mauricio Goldvarg, y es un privilegio para mí que no solo sean mis maestros sino que también estén dispuestos a aprender de mi mano. Por último, los apéndices presentan recursos que pueden ser de gran utilidad tanto para el supervisor como para el coach supervisado.

Espero, sinceramente, que *Supervisión de Coaching* les permita a mis colegas familiarizarse con el tema, y crear mayor conciencia acerca de la importancia que tiene la Supervisión para el crecimiento de cada profesional, así como para el del Coaching como actividad que trabaja por el bienestar de la humanidad.

Damián Goldvarg
Los Ángeles, California
4 de junio de 2017

Parte 1

FUNDAMENTOS TEÓRICOS

CAPÍTULO 1

¿QUÉ ES LA SUPERVISIÓN DE COACHING?

El desarrollo de la práctica profesional del Coaching pasó por diferentes etapas de evolución durante los últimos treinta años. Como parte de ese proceso, que ya lo está llevando a su madurez, la Supervisión cobra creciente importancia, tanto en los Estados Unidos como en Latinoamérica. En Europa y en Australia, esta práctica se encuentra mucho más arraigada, y tanto el Consejo Europeo de Mentoring y Coaching (EMCC) como la Asociación de Coaching (AC) la proponen en su código de ética global como requisito obligatorio para recibir y conservar acreditaciones. Por su parte, la Federación Internacional de Coaching (ICF) establece que la Supervisión es una práctica que puede ser elegida para acreditar las horas de educación continua que son necesarias para renovar las credenciales que la entidad otorga.

El EMCC define a la Supervisión de Coaching como "la interacción que ocurre cuando el coach comparte con el supervisor sus experiencias de trabajo, para recibir apoyo y establecer un diálogo reflexivo y un aprendizaje colaborativo, que beneficia tanto al coach como a sus clientes y a las organizaciones a las que pertenecen".[1]

---

1. Para mayor información, visitar la página web de la EMCC: www.emccouncil.org.

Como puede apreciarse, esta definición hace hincapié en el aspecto colaborativo del proceso. A diferencia de lo que sucede con el Coaching, la Supervisión involucra a colegas que tienen un código profesional en común y entablan un intercambio que busca el crecimiento del coach y también enriquece al supervisor.

Aunque el supervisor tenga más experiencia que el coach y esté entrenado en habilidades específicas, la relación que se establece en el trabajo de Supervisión puede ser menos asimétrica que la que se da en una sesión de Coaching con un cliente.

La Supervisión es una oportunidad de crecimiento y de desarrollo personal y profesional. Si dividimos la palabra que la designa, obtenemos los términos "súper" y "visión", y esto nos permite apreciar de manera más clara que cuando se supervisa, lo que hacen tanto el supervisor como el supervisado es tomar distancia para *ver* desde ese nuevo lugar lo que está sucediendo. Entiendo que esta interpretación es la más apropiada, y conviene utilizarla en vez de la que se asocia con las ideas de control, manejo de personas, autoridad, jerarquía y gerencia.

Desafortunadamente, en algunos círculos profesionales se malentiende a la Supervisión como una práctica destinada a *controlar* a los coaches para asegurar la calidad del servicio que les brindan a sus clientes. Esta interpretación difiere totalmente de la que propongo, ya que estoy convencido de que la relación entre supervisor y supervisado es, como lo sostiene el EMCC, un espacio de reflexión entre colegas que tiene por objetivo el crecimiento personal, y que no debe ser utilizado para la crítica, el juzgamiento ni el control.

A diferencia de lo que sucede con el Coaching, la Supervisión tiene un objetivo específico: reflexionar sobre la tarea que desarrolla el coach y aumentar su efectividad a partir de explorar no solo lo que hizo y lo que hará en futuras sesiones, sino también el *quién* del coach, sus emociones, sus creencias, sus bloqueos y sus puntos ciegos. Mediante la presentación de casos, en el proceso de Supervisión se indaga acerca de qué dificultades o desafíos encuentra el coach al trabajar con sus clientes, cómo lidia con sus propias emociones y con sus dilemas éticos. Durante el trabajo de Supervisión, la exploración de la relación que se da tanto entre el coach y el cliente como entre el coach y el supervisor son clave para el aprendizaje y el crecimiento de todas las personas involucradas.

Así, otra diferencia importante entre el Coaching y la Supervisión es que esta última opera no solo en beneficio del coach sino también de sus clientes, de los sistemas de los que todos forman parte y de la práctica profesional de Coaching.

Dadas estas diferencias, la ICF sugiere que el supervisor reciba entrenamiento específico de Supervisión de Coaching[2].

Preguntas frecuentes que se trabajan en la Supervisión de Coaching

¿Qué hago frente a un dilema ético?

En el trabajo con clientes, tarde o temprano el coach se encuentra con situaciones en las que tiene que decidir entre distintas alternativas que lo colocan en un estado de inseguridad. Este tipo de interrogante puede surgir, por ejemplo, cuando recibe una derivación porque un cliente está muy satisfecho con sus servicios y lo recomienda a su jefe o a un familiar cercano. El coach, en estos casos, puede verse en un dilema, si desea trabajar con el jefe de su cliente o con

---

2. Ver website de la ICF: www.coachfederation.org.

su familiar, pero no está seguro de si hacerlo puede tener alguna consecuencia negativa en el proceso de su cliente; por ejemplo, si el jefe o el cliente tratan de manipularlo para conseguir algo que quieren el uno del otro y se genera lo que se conoce como "triangulación".

Otra situación muy común vinculada a este tema es el manejo de la confidencialidad. En este sentido suelen surgir las siguientes dudas: ¿cuándo es apropiado quebrarla? ¿Cómo se estipula esto en el acuerdo de trabajo? ¿Cómo se trabaja con el *sponsor*[3]? En el Capítulo 4 exploro estos y otros dilemas éticos.

¿Qué hago si tengo el mismo desafío personal que trae el cliente?

La Supervisión es un espacio apto para que el coach explore sus desafíos personales a partir del trabajo que lleva a cabo con sus clientes, y en ese contexto aparecen, muchas veces, estas preguntas: ¿qué pasa cuando me identifico con un cliente porque enfrenta un desafío similar a uno que yo no puedo resolver en mi propia vida? Por ejemplo, ¿cómo puedo ayudar a un cliente a ser más disciplinado si yo no lo soy?

Durante el trabajo de Coaching, a veces podemos identificarnos con los temas que traen nuestros clientes. Sin embargo, es imprescindible que tengamos la capacidad de disociarnos, porque esta es la única manera de ser efectivos. Disociarnos significa separarnos, olvidarnos de nosotros y enfocarnos en nuestros clientes, ya que el hecho de no ser efectivo en un área de la propia vida no significa que no se pueda ofrecer a los clientes un espacio de reflexión sobre sus vidas que les permita alcanzar una efectividad que quizás el coach no consiga. En el Capítulo 2, sobre aplicaciones psicológicas, abordo estos temas.

---

3. El *sponsor* es la persona u organización que paga por el servicio de Coaching que recibe el cliente.

¿Cómo puedo obtener credibilidad de un cliente que tiene más edad que yo (u otras características diferenciales)?

En algunas ocasiones, los supervisados pueden ser muy diferentes de sus clientes. Estas diferencias se dan a veces en torno de la edad, el género, la etnia a la que pertenecen, el nivel educativo u otras características personales. Cuando esto sucede, al coach puede preocuparle cómo desarrollar confianza en los clientes que, por ser distintos en algún aspecto, duden acerca de si van a ser comprendidos. Desarrollo este tema en el Capítulo 6, que se refiere a cómo lidiar con las diferencias culturales.

¿Qué hago con el cliente cuando no hay avance en el proceso?

El coach puede sentirse inseguro para elegir cuál es la mejor manera de continuar el trabajo que está haciendo con un cliente cuando la relación de Coaching no está produciendo los cambios esperados. En estos casos, el supervisor explora la situación junto al coach con la finalidad de evaluar diferentes estrategias que permitan avanzar de manera eficiente. Para poder hacerlo, pueden ser útiles preguntas como las siguientes, todas apropiadas para explorar en Supervisión:

- ✓ ¿Es un caso apropiado para Coaching o debería derivarlo?
- ✓ ¿Cómo puedo sentirme más seguro?
- ✓ ¿Qué desafíos tengo en mi práctica?
- ✓ ¿Hay algo que no estoy viendo?
- ✓ ¿Qué me pasa a mí, personalmente, al trabajar con este cliente?
- ✓ ¿Cómo es mi relación con este cliente?
- ✓ ¿Cómo puedo ser más efectivo con mis clientes?
- ✓ ¿Cómo puedo seguir desarrollándome como coach?

Otras posibles inquietudes

Un supervisor, para ser eficaz en su trabajo, necesita estar preparado para formular y formularse preguntas como las que siguen, y para lidiar con temas que aparecen frecuentemente en Supervisión y que quizás no sean tan comunes fuera de ella:

- ✓ ¿Cómo lidiar con la vergüenza cuando algo no sale bien?
- ✓ ¿Cómo manejar la frustración cuando un cliente no está comprometido o falta a sus sesiones sin avisar y sin seguir los acuerdos establecidos al inicio del proceso?
- ✓ ¿Cómo lidiar con posibles heridas narcisistas cuando el coach es criticado o el cliente no obtiene resultados?
- ✓ ¿Cómo lidiar con situaciones en las que el cliente pone al coach –o el coach al supervisor– en "el altar"?

Funciones del supervisor

De acuerdo con Proctor (1986), la Supervisión de Coaching tiene tres funciones clave. Es *normativa, formativa* y *restaurativa.*

La función *normativa* se enfoca en proveer estándares de comportamiento para el coach e incluye lineamientos éticos, legales y profesionales. Esto equivale a decir que el supervisor ofrece oportunidades de reflexión sobre dilemas éticos y también brinda información al coach sobre códigos de conducta, cuando es necesario.

La función *formativa* se enfoca en ofrecer un espacio de aprendizaje y reflexión que estimule el desarrollo profesional del coach. Para cumplir con esta función, el supervisor puede, por ejemplo, compartir modelos, teorías, herramientas o prácticas que aumenten las capacidades del supervisado.

La tercera función, *restaurativa* o *de apoyo*, se enfoca en ofrecer oportunidades para explorar inseguridades y reacciones emocionales, y para lo que en términos metafóricos podríamos definir como "recargar baterías".

Leonardo Wolk, en *Coaching para coaches* (2013), el único libro en español sobre Supervisión de Coaching que encontré disponible en el mercado mientras trabajaba en este texto, afirma que esta práctica "es un espacio de interacción, de reflexión y de análisis crítico del proceso de Coaching. Implica la revisión y discusión de las sesiones realizadas por el coach en proceso de certificación o ya certificado como tal". Wolk explica además que las funciones del supervisor son: "…escuchar y observar atentamente, contener y sostener la ansiedad del coach, revisar el flujo de la sesión indagando en los tres dominios (verbal, corporal y emocional), brindar *feedback*, proveer información, profundizar en la exploración, comprensión e interpretación del discurso y en la problemática del coach, brindar modelos de intervención y asesorar en cómo enfrentar situaciones difíciles, repasar y revisar las fundamentaciones teóricas que subyacen en las intervenciones del coach, reflexionar sobre aspectos éticos, desafiar hipótesis, ampliar recursos y repertorios de acción, sugerir herramientas y técnicas y diseñar acciones posibles e investigar los contenidos transferenciales del *coachee*, así como los sentimientos *contratransferenciales* del coach".

El supervisor de Coaching necesita, además de herramientas específicas para trabajar con sus supervisados, haber trabajado en sí mismo, para alcanzar el nivel de madurez y autoconocimiento que requiere el cumplimiento eficaz de su tarea. Esto hace que el supervisor, si desea ser consistente en su práctica, trabaje con su propio supervisor para poder lidiar con los desafíos que le salgan al encuentro durante su labor.

Rasgos personales y competencias del supervisor de Coaching

Considero que el supervisor de Coaching debe:

✓ Desarrollar junto al coach la confianza necesaria para que este pueda ser vulnerable.
✓ Alentar al coach para que desafíe los límites profesionales autoimpuestos.
✓ Mostrarse abierto y vulnerable, para que el coach sienta que la relación se da entre pares y no la perciba como un vínculo en el que existen jerarquías.
✓ No imponerle al coach su propio estilo de trabajo sino, por el contrario, fomentar que cada coach desarrolle un estilo propio, dentro del marco definido por los límites que establece la ética profesional.
✓ Tener flexibilidad frente a los distintos enfoques teóricos, métodos y tipos de intervención que emplea el coach.
✓ Desarrollar la capacidad para observar las relaciones entre las diferentes partes del sistema y los diferentes ángulos y perspectivas.
✓ Demostrar habilidad para trabajar en entornos multiculturales.
✓ Manejar y contener las ansiedades propias y las del coach.
✓ Demostrar apertura al aprendizaje.
✓ Tener capacidad para apreciar cómo el entorno impacta en el coach, en su cliente y en el supervisor.
✓ Tener formación profesional específica como supervisor.
✓ Apreciar el estilo de práctica que evita el autoritarismo.
✓ Demostrar humildad, respeto y paciencia.

Para mayor información, revisar el Apéndice 3, que contiene el modelo de competencias del supervisor de Coaching del EMCC.

Diferencias entre Mentor Coaching y Supervisión de Coaching

Tanto el Mentor Coaching como la Supervisión son actividades importantes para el desarrollo profesional. El Mentor Coaching está considerado como un proceso clave en la formación original del coach, y constituye un requisito obligatorio para quienes desean recibir una certificación de Coaching avalada por la ICF y para renovar las credenciales, en el caso de los coaches principiantes.

De acuerdo con lo que establece la ICF, el mentor coach se enfoca específicamente en desarrollar habilidades de Coaching a partir de la observación o la escucha de una sesión que le permite proveer *feedback* basándose en el modelo de competencias homologadas por la institución. Esto equivale a decir que el mentor coach, valiéndose de un proceso dialógico (no de un monólogo) explora junto al coach la sesión analizada para detectar qué competencias han estado presentes y cuáles no se aplicaron. Además, el mentor coach y el coach trabajan juntos para identificar los puntos fuertes y los débiles (que se convierten en oportunidades de mejora) demostrados en una sesión específica[4].

La Supervisión de Coaching, en cambio, no se enfoca solamente en desarrollar habilidades técnicas, sino que también se ocupa de explorar el *quién* del coach y lo que le sucede como resultado de sus interacciones con el cliente. En el marco de esta práctica se exploran las creencias del

---

4. Para ampliar conocimientos sobre este tema puede ser de utilidad consultar el libro *Mentor Coaching en acción*, que escribí junto a Norma Perel y fue publicado por Ediciones Granica en 2016.

coach, así como sus emociones y las reacciones corporales que pueda tener durante el trabajo con sus clientes.

La Supervisión puede explorar las habilidades del coach, pero su objetivo principal no es ese, sino trabajar sobre las inquietudes, los desafíos y las creencias que el coach tiene en el contexto de su labor. Para llevar adelante su tarea, el supervisor puede escuchar grabaciones de sesiones, pero esta actividad no constituye un requisito como en Mentor Coaching.

A partir de un enfoque sistémico, la Supervisión se encarga de reflexionar sobre el trabajo del coach y sobre su cliente, y cuando el supervisor logra crear un espacio de confianza, el coach puede expresarse abiertamente, mostrarse vulnerable, auténtico, y explorar sus dificultades sin sentirse juzgado. Este es un punto que merece especial cuidado, ya que el coach debe sentirse apoyado durante el aprendizaje, para lidiar con sus fortalezas y sus debilidades y para permitirse ser vulnerable.

Se puede concluir, entonces, que las dos actividades, el Mentor Coaching y la Supervisión, se complementan para brindar apoyo al desarrollo del coach; pero el foco de una y de otra está puesto sobre lugares diferentes: en Mentor Coaching, sobre las habilidades específicas profesionales, y en Supervisión, sobre el *quién* del coach y las reacciones personales que tiene frente al contenido que trae el cliente a las sesiones.

Cómo elegir un supervisor de Coaching

La elección del supervisor no es un asunto que pueda tomarse a la ligera. Dado lo personal del proceso, el coach debe prepararse para entrevistar a su posible supervisor, y para entrevistar a más de uno, si es posible.

Estas son algunas preguntas que pueden ser valiosas al momento de elegir un supervisor de Coaching de acuerdo con los lineamientos del EMCC:

✓ ¿Qué entrenamiento y qué experiencia tiene como supervisor y como coach?

✓ ¿Qué experiencia tiene como supervisado?

✓ ¿Está actualmente bajo Supervisión?

✓ ¿Cuál es su filosofía de Supervisión?

✓ ¿Qué modelos y qué teorías utiliza para supervisar?

✓ ¿Cómo demuestra su compromiso con el desarrollo continuo de sí mismo y de sus supervisados?

✓ ¿Respeta el código de ética de alguna asociación profesional?

Durante mi experiencia como líder de la ICF, que duró seis años y me llevó a conocer coaches de más de cuarenta países, encontré que muchos colegas tienen dificultades para vender sus servicios, y que una parte de esos problemas está vinculada a no poder definir con claridad qué es el Coaching y cómo funciona. Espero que este capítulo signifique un aporte para que los supervisores de Coaching logren salvar ese obstáculo con éxito al lograr explicar lo que es el proceso de Supervisión a futuros supervisados.

Proceso de Supervisión de Coaching

El supervisor de Coaching, para ser efectivo y ofrecer servicios profesionales de calidad, debe seguir ciertos lineamientos que permitan asegurar que la experiencia de aprendizaje sea positiva para el coach. De acuerdo con el EMCC, el coach debería recibir una sesión de Supervisión cada 35 horas de trabajo con clientes o por lo menos cuatro veces por año.

A continuación, desarrollaré brevemente los tres elementos clave del proceso de Supervisión de Coaching: el *acuerdo*, la *evaluación* y el *cierre*.

El acuerdo

El proceso de Supervisión requiere un acuerdo de trabajo claro, que permita definir las expectativas, las responsabilidades mutuas, cómo se evaluará el éxito del proceso y cómo se llevará a cabo su cierre. Cuanto más claro sea el acuerdo, menor posibilidad habrá de malentendidos y mayor posibilidad de crear confianza en el supervisor y en el proceso. Sugiero utilizar un acuerdo escrito para estipular pautas, en especial en lo relativo a la confidencialidad, cómo se manejará el pago en caso de ausencias o inasistencias, cómo serán medidos los resultados, cómo el coach y el supervisor recibirán retroalimentación sobre su trabajo, y también cómo se hará la derivación a otros profesionales, si fuera necesario. Cuando se estipula por adelantado el cierre y la metodología de evaluación, aumentan las chances de sentar las bases para un proceso exitoso.

Con el acuerdo entre el supervisor y el supervisado sucede algo similar a lo que se da en el que se establece entre el coach y su cliente: ambos son fundamentales para delinear no solo la actividad que se llevará a cabo sino también los límites de la relación profesional. Además, el supervisor necesita modelar prácticas profesionales efectivas, y el acuerdo es la primera oportunidad que tiene para hacerlo.

De acuerdo con De Haan (2012), establecer la naturaleza de la relación profesional es clave para una gestión exitosa tanto en servicios terapéuticos vinculados a la salud mental como en Coaching, y por supuesto, en Supervisión.

Varias de las dificultades que enfrentan un coach o un supervisor en su trabajo aparecen como consecuencia de la falta de claridad en los acuerdos. Traigo algunos ejemplos surgidos de mi experiencia profesional: el cliente quiere trabajar un tema diferente al pactado entre el coach y la organización, el cliente quiere que el coach lo ayude a buscar otro trabajo, o el jefe le pide al coach información sobre el proceso de uno de sus reportes directos. Muchos de los dilemas éticos que suelen afligir a los coaches se evitarían con un acuerdo bien establecido, donde figure qué es lo acordado y cómo se va a lidiar con los desafíos que aparezcan. Adicionalmente, parte de la responsabilidad del supervisor es guiar al coach para establecer acuerdos efectivos con sus clientes.

El acuerdo de Supervisión debe ser utilizado como guía del proceso, pero también debe tener un grado de flexibilidad que permita negociar, de ser necesario; por ejemplo, si el coach decide terminar con la relación de Supervisión antes de lo planificado. En el Apéndice 1 presento un contrato escrito que puede servir como ejemplo.

Siguiendo lo planteado por Hay (2011) vemos que existen tres acuerdos a definir: el *administrativo*, el *profesional* y el *psicológico*.

En el *acuerdo administrativo* es necesario clarificar cada cuánto y durante qué lapso se van a reunir el supervisor y el coach, cómo se harán los pagos y la forma de cancelar las sesiones, entre otros aspectos. Puede suceder que entre ambos haya diferencias culturales que necesiten ser identificadas y requieran establecer cláusulas en relación, por ejemplo, con quién iniciará el contacto en cada sesión, la importancia de iniciar la sesión a tiempo y cómo se lidiará con temas económicos y logísticos.

El *acuerdo profesional* está relacionado con los resultados que se esperan de la Supervisión de Coaching, con clarificar roles y con las responsabilidades del coach y del supervisor, e implica determinar las expectativas de las diferentes partes. En este aspecto, el acuerdo puede incluir ítems como, por ejemplo, si se tomarán notas, si se presentarán casos, cuál es la preparación que necesita realizar el coach o si se llenarán planillas por anticipado.

El *acuerdo psicológico* está vinculado con aquellos elementos que pueden no estar conscientes, con expectativas relacionales no habladas, que pueden resultar fundamentales para desarrollar la confianza y la apertura necesarias para que el supervisor y el coach puedan trabajar juntos de manera eficaz. Este acuerdo contribuye al desarrollo de la relación profesional, y muestra especialmente su utilidad cuando no se cumplen las expectativas de alguna de las partes. Por ejemplo, si el coach esperaba que su supervisor lo desafiara más.

La evaluación

Considero que la evaluación del proceso debe estar determinada desde el principio en cuanto a forma y tiempo. En esta parte del acuerdo, el coach y su supervisor, juntos, definirán cómo se evaluarán los resultados del trabajo y en qué momento lo harán. Esto suma claridad y aumenta el nivel de responsabilidad del coach, que se adueña así del proceso, y al mismo tiempo le permite al supervisor enfocar sus intervenciones.

Algunos ejemplos de puntos a evaluar son:

✓ ¿Se siente más seguro el coach en su trabajo?
✓ ¿Aumentó su nivel de claridad para lidiar con temas emocionales?
✓ ¿Está mejor preparado para resolver dilemas éticos?
✓ ¿Fue la Supervisión de Coaching un espacio de reflexión?
✓ ¿Fue un espacio seguro para expresar emociones?
✓ ¿Aprendió el coach nuevas técnicas y estrategias que le permitirán trabajar mejor con sus clientes?

Como puede apreciarse, la evaluación incluye elementos medibles sencillamente, como lo son el aprendizaje y la implementación de una nueva técnica o la aplicación de una norma ética, y otros más difíciles de cuantificar, pero que tienen mucho valor, como lo son la creación de un espacio de reflexión, el logro de seguridad en el rol o la posibilidad de explorar emociones.

El cierre

La estipulación del cierre, idealmente, debe estar determinada desde el principio, en el acuerdo. Por ejemplo, puede establecerse que la Supervisión durará un año y que se renegociará en ese mismo plazo. El EMCC sugiere reunirse por lo menos cuatro veces al año o cada treinta y cinco horas de trabajo con clientes.

Es importante prestar especial atención al cierre, porque el proceso de Supervisión es un todo que pretende constituir una experiencia de aprendizaje cuyo resultado se verá concretado al final.

Algunas preguntas a tomar en cuenta son:

- ✓ ¿Cómo se va a definir cuándo es el momento apropiado para culminar la relación de Supervisión?
- ✓ ¿Cómo quiere el coach terminar su proceso?
- ✓ ¿Qué expectativas tiene sobre el cierre?
- ✓ ¿Conviene incluir una cláusula sobre el cierre en el contrato?
- ✓ ¿Es pertinente incluir la posibilidad de renegociar el cierre si el cliente quiere terminar el proceso antes de lo pactado?

Los cierres pueden despertar emociones fuertes tanto en el coach como en el supervisor. Terminar una relación profesional significativa puede implicar sentimientos de pérdida, de tristeza o de enojo. Para el supervisor puede ser muy reconfortante apreciar el crecimiento y el aprendizaje obtenido por el supervisado, y también el que obtuvo él mismo, ya que de la misma manera que el coach crece junto con su cliente, el supervisor crece mientras supervisa. Esto es lo que hace de la Supervisión un trabajo muy reconfortante para coaches con muchos años de experiencia en la profesión.

Etapas de desarrollo del aprendizaje del supervisor

Siguiendo a Carroll y Gilbert (2005), entendemos que los supervisores en entrenamiento pasan por un proceso de tres etapas: la *dependencia del crítico interno operando como supervisor,* la *internalización del propio supervisor* y el *desarrollo del supervisor interno.*

Primera Etapa. Dependencia del crítico interno operando como supervisor

Se observa, al comienzo, una tendencia de los supervisores en entrenamiento o con poca experiencia a ser muy críticos consigo mismos y a expresar estos juicios de manera general con frases como "ya ves, nunca hago las cosas bien". Estos juicios no ayudan al proceso de aprendizaje, y lo que es peor, a veces impiden la mejora. Son diálogos internos y autocríticas negativas que forman parte del proceso, y cuanto más rápido se desprenda de ellas el supervisor que está recibiendo entrenamiento, mejor será. La primera etapa es aquella que nos mueve de la "incompetencia inconsciente a la incompetencia consciente" (Robinson, 1974); y es crucial en todo aprendizaje, si se la emplea para desafiar los mensajes negativos y discutirlos con nuestros supervisores, o con colegas frente a los que nos posicionemos en el lugar de principiantes, predispuestos para expresar dudas y aceptar la inseguridad como parte normal del aprendizaje. Para pasar a la próxima etapa es necesario que se silencie al crítico interno y se inicie un diálogo con el supervisor que está acompañando el proceso.

Segunda Etapa. Internalización del supervisor

Le debemos a Casement (1985) los conceptos de *supervisor internalizado* y *supervisor interno.* Estas distinciones se pueden aplicar tanto al desarrollo del coach como del supervisor. En este momento del aprendizaje se da un movimiento que parte desde el crítico interno y se dirige hacia lo que conocemos como "la sabiduría del supervisor". En esta transición se irán incorporando comportamientos, actitudes y maneras de pensar del supervisor que conduce el proceso, y se usarán como modelo. Hay un movimiento desde la "incompetencia consciente" a la "competencia consciente", que llega a un estadio en que el supervisor en formación necesita incorporar el *feedback* recibido y aprender de su supervisor. Cuando trabajamos con nuestro supervisor internalizado nos preguntamos: "¿Qué diría mi supervisor en esta situación?". En este diálogo interno acudimos a la voz de nuestro supervisor internalizado para que nos diga qué hacer. Por ejemplo, un coach trae un tema que puede requerir derivación a un psicólogo, por lo cual puede que no sea apropiado para el trabajo de Supervisión, pero el supervisor no está completamente seguro. El supervisor puede preguntarse: "¿Qué diría mi supervisor acerca de trabajar con este tema o derivar al cliente a otro profesional?".

Tercera Etapa. Desarrollo del supervisor interno

En esta etapa, el supervisor en formación comienza a desarrollar su propio supervisor interno, integrando lo aprendido de su supervisor y de sus propias reflexiones, experimentaciones, observaciones y lecturas. Es la etapa de desarrollo del criterio personal de buena práctica que permite juzgar por nosotros mismos cuándo somos efectivos en nuestro trabajo y cuándo no lo somos. Hay un movimiento de la competencia consciente a la competencia inconsciente. En este momento se está ya en proceso de desarrollar o redefinir un estilo de Supervisión que será personal, aunque pueda, de alguna manera, parecerse al estilo del supervisor que acompaña en el camino de aprendizaje. Es la etapa en que el supervisor acude a su propio supervisor interno para resolver un dilema o trabajar con un desafío que le presenta un supervisado.

Testimonios de supervisados

En los siguientes testimonios, coaches que han trabajado con un supervisor, comparten sus experiencias y resultados para ilustrar los beneficios que han obtenido del proceso.

En las sesiones de Supervisión grupal obtenemos muchos beneficios: reflexión de la situación que se expone, conocimiento y profundización en nuestros puntos fuertes y en las áreas de mejora, aprendizaje y feedback *multiplicado, y despertar de la conciencia acerca del autocuidado que debemos observar como acompañadores de procesos de Coaching, a veces altamente emocionales.*

El trabajo de Supervisión me ayuda a ser mejor coach y a tener mayor compasión conmigo y con mis clientes. Es muy recomendable y necesario para mirarnos a nosotros mismos, como aprendizaje continuo y como método para explorar temas que no sabemos con quién comentar.

Carolina García Berguecio
PCC (Chile)

Recibir Supervisión ha sido de las mejores cosas que me han pasado a nivel profesional. Soy psicóloga de formación y coach. Inicié mi proceso con grandes dudas en relación a cuándo ser coach y cuándo psicóloga. A nivel conceptual, la diferencia fue siempre clara; pero en la práctica de Coaching surgía todo el tiempo la voz interior del psicólogo. Desde la primera reunión con mi supervisora comencé a clarificar las herramientas, exploré mi experiencia en ambas disciplinas y pude crear el espacio necesario para trabajar el presente y poder así facilitar un futuro definido por mi cliente.

La Supervisión fue y sigue siendo un ámbito integrador para mí. Me permitió dejar atrás la pelea entre mi coach y mi psicóloga internas. Ahora me muevo más libremente, buscando, explorando nuevas formas de trabajo.

Leticia Zuno
(Panamá)

Mi experiencia como participante de grupos de Supervisión o como asistente de un supervisor me permitió y me permite mejorar mi práctica profe-

sional día a día, y poder hacerles una mejor oferta a mis clientes. Creo que la Supervisión es una gran experiencia que todo coach debe tener, porque nuestro trabajo puede llegar a ser muy solitario, y el hecho de contar con el aporte de una mirada diferente es clave para no caer en la automatización de errores y para aumentar la seguridad en nosotros mismos. Entiendo que a la hora de elegir un coach es vital asegurarnos de que cuenta con el apoyo de un supervisor, ya que esto habla de su responsabilidad como profesional y de los resultados que pueda tener con su cliente.

Débora Romero
ACC (Argentina)

La experiencia de Supervisión de Coaching resultó muy afortunada tanto para mí como para el trabajo con mis clientes. Fundamentalmente porque antes de tenerla no sabía que no sabía algunas cosas. El acompañamiento, la calidez, la claridad y las maneras sencillas de desenvolver el proceso que utilizó mi supervisor generaron en mí rediseños emocionales e intelectuales que me permitieron dar grandes saltos en procesos que tenía estancados, que me preocupaban y me confundían. La mayor ventaja por la cual recomiendo a todos contratar un supervisor radica en que mi experiencia fue hecha viviendo en un lugar remoto del planeta, por lo que un proceso personal de seguimiento y potenciación de mis habilidades resultó de lo más asertivo. Las reglas generales no siempre funcionan, y yo encontré, con la Supervisión, modos particulares de abordar situaciones para las que no me habían adiestrado en formaciones generales.

Fernanda Bustos González
Coach Ejecutiva (Argentina)

Mi supervisor es respetuoso, profesional, y se muestra comprometido con la mejora de mis competencias de Coaching. Su guía impacta profundamente en mi trabajo como coach porque siempre me invita, como socia reflexiva, a explorar preocupaciones y descubrir quién estoy siendo con mi cliente. La Supervisión me permite explorar mis creencias, mis hipótesis y mis emociones, y cultivar habilidades y herramientas poderosas de Coaching. Las sesiones de Supervisión son un gran apoyo y me permiten mostrarme vulnerable y comprometerme con el proceso de aprendizaje.

Alicia Agüero
MCC (Argentina)

Resumen del capítulo

✓ El EMCC define a la Supervisión de Coaching como la interacción que ocurre cuando el coach comparte con el supervisor las experiencias que tiene con sus clientes, con el objetivo de recibir apoyo y establecer un diálogo reflexivo que produzca un aprendizaje colaborativo y beneficie al coach, a sus clientes y a las organizaciones a las que estos pertenezcan.

✓ La Supervisión involucra a colegas que tienen un código profesional en común y entablan un intercambio que busca el crecimiento del coach; y tiene un objetivo específico: reflexionar sobre la tarea que desarrolla el coach y aumentar su efectividad a partir de explorar no solo lo que hizo y lo que hará en futuras sesiones, sino también el *quién* del coach, sus emociones, sus creencias, sus bloqueos y sus puntos ciegos.

✓ Preguntas frecuentes que se trabajan en la Supervisión de Coaching: ¿qué hago con un dilema ético? ¿Qué hago si tengo el mismo desafío personal que trae el cliente? ¿Cómo puedo obtener credibilidad de un cliente que tiene más edad que yo? ¿Qué hago con mi cliente cuando no hay avance en el proceso?

✓ De acuerdo con Proctor (1986), la Supervisión de Coaching tiene tres funciones: la *normativa* se enfoca en proveer estándares de comportamiento para el coach e incluye lineamientos éticos, legales y profesionales; la *formativa* consiste en ofrecer un espacio de aprendizaje y reflexión que estimule el desarrollo profesional del coach; y la *restaurativa* o *de apoyo*, en ofrecer oportunidades para explorar inseguridades y reacciones emocionales, y para lo que en términos metafóricos podríamos definir como "recargar baterías".

✓ El supervisor de Coaching tiene que ser capaz de: 1) despertar la confianza del coach y alentarlo para que desafíe sus límites profesionales; 2) mostrarse abierto y vulnerable para que el coach sienta que la relación se da entre pares; 3) ser seguro en su trabajo sin dejar por eso de apreciar y respetar el estilo de cada coach, y 4) no tratar de imponer su propio estilo de trabajo en el coach sino fomentar que cada uno desarrolle el propio estilo.

✓ El Mentor Coaching se enfoca en desarrollar habilidades a partir de recibir *feedback*, fruto de la observación o la escucha de una sesión, basándose en el modelo de competencias homologadas por la ICF. La Supervisión de Coaching, además de trabajar sobre habilidades técnicas, se ocupa de explorar el *quién* del coach y lo que le sucede como resultado de sus interacciones con los clientes.

✓ Preguntas valiosas para elegir un supervisor de Coaching: ¿qué entrenamiento y qué experiencia tiene como supervisor y como coach? ¿A qué asociación profesional pertenece? ¿Cuál es su filosofía de Supervisión? ¿Qué modelos y qué teorías utiliza para supervisar? ¿Qué expectativas tiene de sus supervisados? ¿Cómo evalúa el progreso y el éxito del proceso?

✓ El *acuerdo*, la *evaluación* y el *cierre* son los tres elementos clave del proceso de Supervisión de Coaching. En el *acuerdo* quedan asentadas las expectativas, las responsabilidades y los temas importantes para el éxito del proceso, como la confidencialidad, los pagos, cómo serán medidos los resultados y cómo el coach recibirá retroalimentación sobre su trabajo. La *evaluación* incluye elementos medibles, como lo son el aprendizaje de una nueva técnica o la aplicación de una norma ética, y otros más difíciles de cuantificar, pero que tienen mucho valor, como la creación de un espacio de reflexión o la posibilidad de explorar emociones. La estipulación del *cierre* debe estar determinada desde el principio del proceso, y en ella es conveniente que figure, entre otros aspectos, cómo quiere el coach terminar su proceso y qué expectativas tiene.

✓ Las etapas de desarrollo del aprendizaje del supervisor, según Carroll y Gilbert, son: la *dependencia del crítico interno que opera como supervisor*, la *internalización cdel supervisor* y el *desarrollo del supervisor interno*. En la primera etapa se observa una tendencia a ser crítico consigo mismo y un movimiento interno que va desde la "incompetencia inconsciente a la incompetencia consciente" (Robinson); en la segunda hay un cambio durante el cual se incorporan las actitudes y las formas de pensar del supervisor; y en la tercera se comienza a desarrollar el supervisor interno, sumando lo aprendido a las propias reflexiones, experimentaciones, observaciones y lecturas.

CAPÍTULO 2

FUNDAMENTOS PSICOLÓGICOS
DE LA SUPERVISIÓN DE COACHING

Un coach profesional que busque ser efectivo tiene que comprender las dinámicas que subyacen a la relación que tiene con su cliente, y esta exigencia de entendimiento es incluso mayor en la Supervisión de Coaching, donde se busca ofrecer oportunidades valiosas de desarrollo y de aprendizaje. Aunque no sea necesario ser psicólogo para supervisar efectivamente, familiarizarse con los modelos y las distinciones elaboradas por la Psicología permite contar con un mayor repertorio de acciones a la hora de indagar en el *quién* del coach y explorar los desafíos surgidos en las relaciones con sus clientes.

De acuerdo con Bluckert (2006), la *sensibilidad psicológica* (*psychological mindedness*) es la capacidad para reconocer comportamientos, pensamientos y sentimientos (de uno mismo y de los otros), de indagar sobre ellos y de encontrar las relaciones que los unen. Esta capacidad requiere autoconocimiento y empatía con los otros, apertura, conexión con la situación presente (el *aquí y ahora*), curiosidad para descubrir y entender lo que sucede más allá de lo que parece que sucede, y proactividad para relacionarse con los otros. La *sensibilidad psicológica*, en definitiva, supone el deseo de hacer múltiples y constantes esfuerzos y de actuar con disciplina para encontrar el sentido más profundo de las experiencias propias y de las de los demás. Según Bluckert, los clientes de Coaching Ejecutivo valoran primordialmente tres características de quienes prestan el servicio: excelencia profesional, conocimiento sobre el área de negocios y *sensibilidad psicológica*. Estoy convencido de que la *sensibilidad psicológica* es clave para el trabajo del supervisor, aún más relevante que en el trabajo de Coaching; por eso en este capítulo presento brevemente tres teorías psicológicas que ofrecen distinciones prácticas a la vez que fundamentales para el trabajo en Supervisión de Coaching: el Psicoanálisis, la Gestalt y el Análisis Transaccional.

Psicoanálisis

Sigmund Freud y sus discípulos ofrecen distinciones que resultan de gran utilidad para entender las dinámicas inter e intrapersonales. En el Modelo de los Siete Ojos, de Hawkins (2006), que explicaré en el próximo capítulo, al explorar las relaciones que existen entre los diferentes niveles de interacción entre supervisor, supervisado y cliente nos encontramos con que este autor aplica conceptos tomados del Psicoanálisis: la *transferencia* y la *contratransferencia*. El rol del supervisor consiste en examinar estas dinámicas para crear conciencia acerca de cómo impactan en el trabajo de los supervisados.

A continuación, brindo definiciones breves y prácticas de los términos que más se emplean en Supervisión de Coaching, tomadas del *Diccionario de Psicoanálisis* de Laplanche y Pontalis (1973).

Transferencia

La *transferencia* consiste en trasladar a relaciones del presente aspectos vividos durante vínculos del pasado. Laplanche y Pontalis la definen como "la situación en la que un sujeto *transfiere* inconscientemente y revive, en sus vínculos nuevos, sus antiguos sentimientos, afectos, expectativas o deseos infantiles reprimidos". El establecimiento de este lazo afectivo intenso es automático, inevitable e independiente de todo contexto de realidad. La *transferencia* es, además, la herramienta fundamental con la que cuenta el analista para conducir el tratamiento.

En el ámbito del Coaching esto suele darse, por ejemplo, cuando el cliente, de manera inconsciente, se vincula con su coach como lo hizo con su padre o con su madre, y repite en el *aquí y ahora* de la sesión una dinámica vivida en el pasado. En Supervisión, los casos de transferencia más frecuentes están vinculados a la atribución de características paternales que hace el coach a su supervisor.

La *transferencia* puede ser *positiva*, cuando aparecen sentimientos amistosos o afectuosos hacia el analista, el coach o el supervisor; o *negativa*, cuando se expresa por medio de sentimientos hostiles. Puede aparecer en tres modalidades:

✓ Como *proyección*.
✓ Como *idealización*.
✓ Como *competencia*.

Proyección

Laplanche y Pontalis definen a la *proyección* como una "operación por medio de la cual el sujeto expulsa de sí y localiza en el otro (persona o cosa) cualidades, sentimientos, deseos, incluso objetos que no reconoce o rechaza en sí mismo". En la *proyección*, las características propias que el sujeto atribuye a otro (o incluso a una cosa) son, por lo general, negativas, aunque existe también la *proyección positiva*, que se da cuando el sujeto atribuye a otro cualidades dignas de ser admiradas, como sucede, por ejemplo, en el enamoramiento.

En el ámbito de la Supervisión se verifica la presencia de una *proyección*, por ejemplo, cuando un supervisor es percibido por su supervisado como una persona autoritaria y crítica, cuando en realidad estas características negativas están presentes en el mismo supervisado, aunque no sea consciente de ellas. Quizás resulte útil para entender este proceso utilizar la metáfora de una proyección cinematográfica, donde lo que sale del proyector no existe realmente en la pantalla.

Idealización

Se presenta cuando el coach le atribuye cualidades heroicas o extraordinarias a su supervisor, y por este camino llega a desvalorizar sus propias capacidades. Una relación en la que el coach idealiza a su supervisor, exagera el valor de sus conocimientos y de sus habilidades, puede crear dependencia. El coach puede poner a quien lo supervisa en el lugar de un oráculo que conoce las respuestas a todas las preguntas. Cuando el coach o el supervisor son idealizados y esto no se explora, puede suceder que se pase de la *idealización* a la *desidealización*, si el *idealizado* no responde a las expectativas, que suelen ser poco realistas. Cuando se dan estas dinámicas, el supervisor puede desafiar al supervisado a través de preguntas sobre sus comentarios idealizadores.

Competencia

En el ámbito de la Supervisión, se da cuando el coach compite inconscientemente con su supervisor, impulsado por la inseguridad que experimenta. El resultado de esto suele ser que el coach perciba al supervisor como alguien superior, y que ofrezca *resistencia* a sus intervenciones por percibirlas como críticas, o que desvalorice los aportes del supervisor por considerar que no están a la altura de su nivel de profesionalismo.

Contratransferencia

En su *Diccionario de Psicoanálisis*, Laplanche y Pontalis definen la *contratransferencia* como la situación dada cuando el psicoanalista, de manera inconsciente, tiene determinadas reacciones, actitudes, pensamientos e ideas sobre su paciente, que tienen origen en la psicología del propio analista. La única forma de detectar y trabajar en el fenómeno de la *contratransferencia* es el análisis del propio analista. Otra manera de definirlo sería: la transferencia del analista a su paciente.

En el ámbito del Coaching, la *contratransferencia* aparece cuando el coach reacciona emocionalmente frente a comportamientos del cliente que le recuerdan consciente o inconscientemente a los de otra persona con la que tiene o tuvo un vínculo personal. La *contratransferencia* es similar a la *transferencia*, pero se da en el recorrido inverso: desde el coach hacia el cliente o desde el supervisor hacia el supervisado. La capacidad del supervisor (o del coach, si es el caso) de hacerse cargo de sus propias respuestas emocionales evitará atribuirle a su supervisado (o al cliente, en el caso de la relación de Coaching) características que no tiene. Los *puntos ciegos* constituyen oportunidades importantes de exploración en el ámbito de la Supervisión de Coaching.

Presento un ejemplo de *contratransferencia* en el Capítulo 10 (Caso "Susana"), donde la supervisada comparte que se siente angustiada porque su clienta ha sido despedida. Aunque la coach no tiene toda la información de lo que ocurrió con su clienta, experimenta una reacción: se siente culpable y enojada. Al analizarlo, se da cuenta de que tiene afectado su *ego* (*herida narcisista*).

Otro ejemplo. La coach Mariana relató en Supervisión el caso de una clienta reiterativa, que contaba siempre la misma historia. Frente a esto, Mariana sentía que no podía avanzar, se sentía aburrida y desanimada; pero cuando exploró el caso en Supervisión, para descubrir si estas emociones que la clienta provocaba en ella también aparecían en su entorno, fuera del espacio de Coaching, Mariana comentó que su madre es terriblemente reiterativa, y que cuando ella le dice "mamá, eso ya me lo contaste", la madre, de todos modos, vuelve a repetir la historia. Así, gracias a la exploración en Supervisión, quedó develado que esta conducta de la clienta reflejaba lo que la madre de Mariana provoca en ella. Trabajar esta situación en Supervisión le permitió a Mariana resolver su situación *contratransferencial* y relacionarse con su clienta desde otro lugar.

Los supervisados y los clientes producen respuestas emocionales en los supervisores y en los coaches, que en la medida en que son analizadas y entendidas, permiten una mayor efectividad en los procesos tanto de Supervisión como de Coaching.

Identificación

En el *Diccionario de Psicoanálisis*, Laplanche y Pontalis la definen como el "proceso psicológico en el que un sujeto incorpora aspectos, propiedades o atributos de otro y se transforma, total o parcialmente, para asemejarse a su modelo".

La personalidad se construye a partir de una serie de *identificaciones*. También nos encontramos con *identificaciones* cuando nos reconocemos en el otro, cuando sentimos que las experiencias de los demás son similares a las nuestras.

En el marco que brinda la relación de Coaching, esto puede darse, por ejemplo, si el cliente trae un tema vinculado con dificultades para relacionarse con su jefe y en ese mismo momento el coach o el supervisor tienen dificultades para relacionarse con el suyo. Cuando el cliente trae a la sesión de Coaching un problema similar a otro con el que está lidiando el coach, puede darse que este no sienta la seguridad que necesita para trabajar con ese cliente en ese momento, dado que la inquietud que tiene el cliente también es la suya. La Supervisión es, sin lugar a dudas, un espacio apropiado para detectar y explorar *identificaciones*, y buscar estrategias que permitan tomar distancia con lo que le pasa al cliente y que no interfiera en el trabajo de Coaching.

El supervisor también puede identificarse con el coach que presenta una inquietud sobre su propio trabajo y se da, por ejemplo, cuando tiene que cobrarles a los clientes que cancelan sesiones, o cuando se siente inseguro al trabajar con un cliente que tiene un cargo ejecutivo muy alto o una responsabilidad muy grande.

Un ejemplo de *identificación*: la coach Elsa planteó, en su grupo de Supervisión, que quería revisar lo que le pasó a nivel emocional con una clienta de Coaching Ejecutivo que cursaba el tercer mes de un embarazo no buscado y con complicaciones médicas, y que quería trabajar en Coaching la mala relación que tenía con su jefa, que es muy autoritaria. Elsa relató que después de finalizar una sesión comenzó a sentirse descompuesta, con náuseas, como si fuera ella la embarazada. Este fue un claro caso de *identificación* inconsciente con la clienta, por la cual la coach perdió la distancia profesional, y aunque con habilidad logró mantener su compostura durante la sesión, se quebró emocionalmente después de finalizarla. Además, Elsa relató que sintió mucha angustia y hasta tuvo ganas de llorar. Explicó que le costó reponerse, y dijo que quería trabajar en Supervisión lo que le pasó, porque durante la sesión pudo ser efectiva, como si se hubiese puesto una armadura, pero después se quebró. Durante la Supervisión, Elsa exploró sus reacciones emocionales y expresó que la clienta le recordaba un embarazo complicado que perdió, y dijo además que en ese momento también tuvo que lidiar con una jefa que no la apoyaba emocionalmente. Al reconocer esta *identificación*, la coach pudo separarse de la situación de su clienta para lidiar con ella de una manera más efectiva.

Ejemplos como el que presento son muy frecuentes. En muchos otros casos, los coaches pueden llegar a no registrar sus *identificaciones* con sus clientes, y de esta manera perder efectividad en su labor profesional. Cuando esto sucede, por ejemplo, no exploran en profundidad temas que los hacen sentir incómodos, privando al cliente de la oportunidad de entender mejor lo que le está pasando. Hay situaciones en las que es conveniente derivar el cliente a otro profesional, y en otras es necesario sugerirle al coach que consulte con un psicoterapeuta, si las reacciones emocionales que tiene, como resultado de experiencias pasadas no resueltas, son un obstáculo para su trabajo.

Sandler (2011) indica que el supervisor se puede beneficiar de distinciones psicoanalíticas en su trabajo cuando:

✓ Explora la transferencia del cliente o del coach como fuente valiosa de información para entender la dinámica de la relación.

✓ Desarrolla mayor conciencia respecto de sus propias respuestas emocionales (*contratransferencia*) y utiliza esta información para beneficio del trabajo que hace con el coach.

Proceso paralelo

Es una situación que aparece cuando se repiten dinámicas que se dieron en otra relación. Pueden repetirse en la relación de Coaching patrones que estuvieron presentes en relaciones del cliente, y en la relación de Supervisión presentarse patrones que se dieron en la de Coaching. Si bien el *proceso paralelo* no es una distinción psicoanalítica, implica la aplicación de los conceptos de *transferencia* y *contratransferencia* en el análisis de la sesión de Coaching o de Supervisión.

Un ejemplo de *proceso paralelo* puede verse cuando un cliente se siente frustrado porque considera que su coach no le da suficientes consejos acerca de qué hacer en una situación determinada, y el coach, a su vez, se siente frustrado porque su supervisor le hace preguntas para que encuentre sus propias respuestas y no le dice qué tiene que hacer con su cliente. El desarrollo de la capacidad para detectar la existencia de un *proceso paralelo* ayuda en gran medida a conocer en profundidad el mundo interno del cliente y las dinámicas relacionales. La exploración de los *procesos paralelos* en Supervisión es parte del Modelo de los Siete Ojos, de Hawkins, que desarrollo en el próximo capítulo.

Veamos un ejemplo de *proceso paralelo* en Coaching: Juan presenta en Supervisión el caso de su cliente Pedro, que trabaja en Coaching sus problemas de comunicación y la relación frustrante que tiene con su jefe. Pedro se queja de que su jefe no lo escucha y no lo respeta. Juan cuenta que durante la sesión de Coaching, Pedro habla sin parar, no responde a la mayoría de las preguntas que se le hacen, y cuando contesta, nunca está atento a si el coach entiende las respuestas y lo está siguiendo. Juan se pregunta, en Supervisión, cómo trabajar con Pedro, porque probó diferentes herramientas (visualizaciones, dar *feedback*, desafiarlo), y de nada sirven, porque siempre vuelve el cliente a contar "el mismo cuento" y a quejarse de que su jefe no lo escucha. Juan se siente molesto, cansado, sin ganas de seguir trabajando con Pedro, y en Supervisión se logra determinar que lo que siente Juan frente a Pedro es lo mismo que siente Pedro frente a su jefe. Esta repetición de patrones es un claro *proceso paralelo*. El coach no se siente escuchado por su cliente de la misma forma que Pedro no se siente escuchado por su jefe, y esta es una oportunidad para explorar en Supervisión cómo el coach puede confrontar a Pedro y demostrarle que en Coaching está haciendo lo mismo que su jefe hace con él.

Aportes gestálticos a la Supervisión de Coaching

La teoría de la Gestalt le ofrece al supervisor distinciones que le permiten identificar dinámicas relacionales durante su trabajo con el supervisado.

La Gestalt pone el énfasis en el *aquí y ahora*. Su objetivo principal es buscar el *cómo* en vez del *porqué*, trabaja sobre la toma de conciencia, sobre el *darse cuenta*, y se centra en la *responsabilidad* del cliente y en la importancia de la *corporalidad*. Esta teoría, que se apoya en conceptos elaborados por el existencialismo, la fenomenología, el budismo zen y el taoísmo, utiliza lo que se conoce como *método fenomenológico*, y que aplicado a la Supervisión de Coaching puede ser definido como la capacidad de reconocer lo que está sucediendo en la sesión, y de articularlo para crear conciencia en el supervisado y favorecer su proceso de aprendizaje.

Clarkson (2004) sostiene que el propósito de la terapia gestáltica es "descubrir nuestro perfil, nuestros patrones y nuestra completitud, integrando partes separadas de nosotros mismos para develar quiénes somos y quiénes podemos ser".

La aplicación de los postulados de la teoría de la Gestalt a la Supervisión de Coaching implica colocar el foco sobre:

✓ Cómo relata el coach lo que sucedió en la sesión.
✓ Cómo percibe su mundo.
✓ Cómo hizo lo que hizo durante su trabajo con el cliente.
✓ Cómo es la relación entre el coach y el supervisor en el *aquí y ahora*.
✓ Cómo reacciona el coach a las intervenciones del supervisor.
✓ Cómo reacciona el supervisor a lo presentado por el coach.
✓ Qué quedó incompleto en la sesión de Coaching o de Supervisión.

De acuerdo con lo escrito por Congram (2011), uno de los pilares de la Gestalt es crear conciencia para que el cambio sea posible. El objetivo central de la aplicación de esta teoría es que los clientes sean más conscientes de sí mismos, que se hagan *responsables* y tomen las mejores decisiones posibles. Un elemento clave que propone la Gestalt para crear esa conciencia es la utilización de lo que se conoce como la *metodología holística*, que se enfoca en el *todo*. Trabajar con una aproximación gestáltica implica la capacidad del supervisor para contactarse no solo con su mente, sus creencias, sus pensamientos y su lenguaje, sino también con sus emociones, sus respuestas corporales y su energía como un *todo*. También la de incluir en la conversación las influencias externas de los sistemas de los que forma parte que están impactando las dinámicas relacionales.

Cuando en Supervisión se aplica la metodología gestáltica, se crea un espacio donde el coach y el supervisor reflexionan sobre la práctica profesional o sobre casos presentados con *lentes holísticas*. Este enfoque basado en la *completitud*, en el *todo*, pone especial atención a la relación entre lo que pasó en la sesión de Coaching y lo que está pasando *aquí y ahora*, en la sesión de Supervisión. Una aproximación gestáltica trabaja para completar lo que está incompleto, y de esta manera intenta *cerrar los negocios incompletos* (*unfinished business*, en inglés).

Al aplicar la psicología de la Gestalt a la Supervisión de Coaching se explora qué puede estar incompleto en:

✓ Lo que está haciendo el cliente.
✓ La relación entre el coach y su cliente.
✓ La relación entre el supervisor y el coach.

El objetivo de este proceso es traer a la conciencia patrones de comportamiento que no son efectivos y que forman parte de hábitos que tienen su origen en el subconsciente del cliente o del coach.

Algunas preguntas típicas que el supervisor puede utilizar para aplicar la teoría de la Gestalt son:

✓ ¿De qué te das cuenta en este momento, mientras me dices esto?
✓ ¿Qué estás sintiendo?
✓ ¿De qué eres consciente en este momento? ¿Qué te está pasando?
✓ ¿Qué estás pensando?

La Gestalt se interesa en el trabajo con el *self*. El uso del *self* en Supervisión alude a la importancia de que el supervisor reconozca sus propias reacciones emocionales, porque esto brinda información beneficiosa para el supervisado. Así como un instrumento musical necesita ser afinado para sonar bien, el coach y el supervisor también necesitan *afinarse* para ser efectivos, ya que sus herramientas de trabajo son ellos mismos. Esto incluye: sus ideas, los modelos y distinciones con que se manejan, la capacidad para desarrollar una relación de intimidad y confianza, habilidades analíticas, su capacidad para expresarse y para articular sus ideas, y su capacidad para preguntar y para crear espacios de confianza y de reflexión. Un coach o un supervisor puede tener mucho entrenamiento y conocer muchas teorías y muchos modelos, pero su oportunidad para utilizarlos basándose en la capacidad analítica y la intuición que tenga van a hacer la diferencia en su trabajo de Coaching o de Supervisión.

Sostiene Bluckert que es importante *traernos* a nosotros mismos a la sesión, y preguntarnos cuánto de nosotros trasladamos al trabajo de Coaching y cuánto no. Estas preguntas son válidas también para la Supervisión, y se ponen de manifiesto cuando el supervisor toma conciencia de cuáles son las reacciones emocionales que tiene ante el material que trae el coach. En el Capítulo 9 (Supervisión de Aldo) se puede observar cómo el supervisor se siente frustrado de la misma manera que el coach está frustrado a causa de su trabajo con un cliente.

Enfocada sobre el desarrollo de la relación profesional de Coaching y de Supervisión, la Gestalt se interesa por los procesos de *transferencia* (que fue explicado con anterioridad), de *resistencia* y de *confluencia*.

Resistencia

En el ámbito de la Supervisión, la resistencia es un tipo de comportamiento que se detecta cuando el coach supervisado "toma distancia" y se niega a explorar en profundidad lo que sucedió durante la sesión de Coaching. También decimos que hay *resistencia* cuando el cliente no contesta las preguntas o rechaza las interpretaciones del coach, o el supervisado las del supervisor. En estos casos, es propio reconocer que el cliente se está *resistiendo* al proceso. Según la teoría de la Gestalt, la *resistencia* no tiene que ser catalogada como un comportamiento negativo, sino como una oportunidad de aprendizaje, como una forma creativa de expresión que provee información muy valiosa.

La *resistencia* puede darse en el trabajo de Coaching, por ejemplo, cuando un cliente no está dispuesto a profundizar en algo personal durante las sesiones por temor a angustiarse, a sentirse mal o a sentir vergüenza. En estos casos, el cliente logra eludir los temas que le resultan incómodos hablando mucho sin decir nada (ofreciendo descripciones superficiales de la situación en vez de compartir sus reacciones frente a ellas), o no llevando a cabo las acciones que se había comprometido a realizar en la sesión anterior. El coach, por su parte, puede demostrar, durante sus sesiones de Supervisión o de Mentor Coaching, *resistencias* al recibir *feedback*[1]. Esto sucede porque, al tener que trabajar con *quién está siendo* para

---

1. Desarrollé este tema en el libro *Mentor Coaching en acción*, que escribí junto a Norma Perel.

ser efectivo al hacer Coaching, se involucra emocionalmente, y las *resistencias* se ponen de manifiesto cuando se niega a profundizar, a explorar la situación y sus reacciones, cuando no responde a preguntas del supervisor o las evade sacando otros temas. A veces, puede ser resultado de la vergüenza que le producen sus reacciones o por sentir que su *ego* se ve herido. Esto puede ser intencional o inconsciente, cuando no se da cuenta de que está demostrando resistencias.

El supervisor puede invitar al supervisado a explorar sus resistencias, entenderlas y decidir qué quiere hacer con ellas. En este proceso, el coach puede elegir mostrarse más vulnerable y tomar riesgos, compartiendo información personal que al principio del proceso no estaba dispuesto a exponer.

Confluencia

Es una distinción gestáltica que designa una situación en la que el coach se alía con su cliente o el supervisor con su supervisado para acordar cuál es el significado de ciertos hechos sin explorarlos debidamente. En estos casos, lo que suele suceder es que el supervisor o el coach *acuerden* en vez de confrontar comportamientos que pueden ser poco apropiados o inefectivos. Son situaciones en las que el supervisor o el coach mantienen el diálogo dentro de la *zona de comodidad*, y así se aseguran, de manera consciente o inconsciente, que no haya conflicto. Esto se ve muy a menudo cuando los coaches utilizan la expresión "comprarse la historia", para graficar que aceptaron la explicación de su cliente frente a algo que trajo a la sesión, en vez de desafiarlo a través de una exploración que indique hasta qué punto lo que narró es un hecho o una interpretación.

Método fenomenológico

Es una aproximación que se enfoca en el *aquí y ahora*, y que implica la utilización de estrategias entre las que se encuentran:

✓ El *bracketing* ("colocar entre paréntesis", en inglés), que es poner *juicios* de lado, o dejarlos en suspenso. Esto se da, por ejemplo, si el coach tiene una reacción emocional negativa y/o un juicio negativo sobre una decisión del cliente, y en vez de compartirla, pone sus creencias "al costado o entre paréntesis" para que no influyan en la sesión de Coaching. A veces es apropiado que el coach comparta sus propias creencias, pero otras veces es necesario que no lo haga para darle espacio al cliente a que tome sus propias decisiones y experimente las consecuencias.

✓ *Describir* lo que se observa en vez de buscarle una explicación. Por ejemplo, cuando un supervisor le dice al coach a quien está supervisando: "Estoy observando que te sentiste incómodo con mi comentario" u "Observo un cambio de energía cuando hablas de esta nueva oportunidad de trabajo".

✓ *Ecualizar*, que es dar igual valor a todas las observaciones, aunque algunas parezcan insignificantes. Por ejemplo, puede ser que el coach considere que una alternativa puede ser mejor que otra, pero cuando las explora con su cliente se queda en un espacio de neutralidad, en vez de hacer pesar más sus propios criterios.

Análisis Transaccional

De acuerdo con Hay (2007), el Análisis Transaccional (AT) se enfoca en entender por qué los seres humanos se comportan de determinada manera para alcanzar mayor grado de autonomía.

El AT está interesado en las dinámicas interpersonales y en la posibilidad de interactuar siguiendo tres patrones o estados de desarrollo del *yo*: el de *adulto*, el de *niño* y el de *padre*. Cada uno de estos patrones implica conductas específicas que generan una dinámica complementaria o conflictiva, y que buscan satisfacer necesidades personales.

✓ El patrón de *adulto*, que esta metodología señala como ideal a alcanzar, implica la capacidad para demostrar comportamientos maduros, y tomar decisiones centradas y enfocadas. El AT se aplica a la exploración de las relaciones de Coaching y de Supervisión para valorar si las partes se vinculan como adultos.

✓ El patrón de *padre* implica comportamientos observados desde un lugar de autoridad, que pone a los otros en el lugar de subalternos. Cuando un coach o un supervisor se comportan como *padres* dan indicaciones, se exceden en su rol de prestar apoyo al demostrarse sobreprotectores y de esta manera le quitan responsabilidades al cliente o al supervisado.

✓ El patrón de *niño* consiste acomodarse a las expectativas de los otros, aunque también puede implicar comportamientos rebeldes.

Entender estos tres patrones permite identificar dinámicas que pueden no ser saludables. Por ejemplo, puede suceder que el supervisor se ubique en la posición de *padre* y el supervisado en la de *niño* en vez de comportarse como *adulto*. Uno de los objetivos de la supervisión es explorar estas dinámicas que, desde luego, pueden observarse tanto en la relación ente el coach y el cliente como en la que se da entre el coach y el supervisor.

Simbiosis

El AT estudia relaciones a las que reconoce como simbióticas. En ellas, las partes están relacionadas para beneficio mutuo y una depende de la otra para su supervivencia. La *simbiosis* puede ser *positiva*, como sucede en el caso de un recién nacido y sus padres, o *negativa*, cuando crea dependencia entre adultos. En la relación que mantiene un supervisor con su supervisado es necesario prestar atención a si se desarrolla una dinámica *padre-niño*, en la que el supervisor crea dependencia y el supervisado busca depender de la figura de autoridad.

Las siguientes preguntas son las que propone Hay para detectar y evitar la simbiosis:

✓ ¿Cuán frecuentemente opero desde el estado del *yo* de *padre*, intentando controlar a los otros?
✓ ¿Estoy funcionando como *padre* en vez de alentarlos a que funcionen autónomamente?
✓ ¿Cuán consciente es el coach de su necesidad de que le digan lo que tiene que hacer y recibir reconocimiento o castigo?

Descontar

El término se utiliza para designar la situación en la que se minimiza o se ignora lo que le sucede a uno mismo, a los otros o en una situación determinada. Esto se aplica a la relación entre el coach y el cliente o entre el coach y el supervisor, por ejemplo, cuando alguno de ellos *descuenta* información, mantiene sus creencias históricas, interactúa con familiaridad y justifica el fracaso al lidiar con sus desafíos.

Acuerdo con lo escrito por Hay (2007) cuando indica que una de las funciones del supervisor es explorar lo que se *descuenta*. Si el coach no recibe Supervisión, lo que *descuenta* queda como un *punto ciego*, lo que equivale a decir que nunca sabrá qué información crítica no exploró con su cliente.

El comportamiento que se designa como *descontar* se presenta en varios casos. Se puede *descontar:*

✓ La situación.
✓ La importancia de lo que pasa.
✓ Las soluciones que se ofrecen.
✓ Las habilidades necesarias para implementar las estrategias.
✓ Las estrategias elegidas para lidiar con los desafíos.
✓ El éxito alcanzado.

El supervisor tiene un rol muy importante a la hora de explorar estos procesos: puede colaborar con el supervisado para identificar por qué una situación necesita ser trabajada, ayudar a indagar acerca de la importancia que tiene, presentar las habilidades que se necesitan para intervenir en la situación o desafiar al coach que no acuerda con ninguna estrategia o no reconoce sus propios éxitos.

Strokes (caricias)

Son patrones de comportamiento en los que, durante la interacción, uno le hace saber al otro que aprecia su existencia mediante un comentario positivo. No es necesariamente una demostración física. En Coaching se observan *strokes* cuando el coach le hace un comentario positivo a su cliente, para reconocer sus logros. Se admite que los *strokes* tienen una función de apoyo al cliente.

Triángulo de Karpman

Karpman (1986) sostiene que las personas tienden a comportarse como si se movieran dentro de un triángulo cuyos vértices son:

✓ El *perseguidor* (ataca o agrede).
✓ El *rescatador* (interviene con el deseo de ayudar al más débil o de mejorar la situación).
✓ La *víctima* (interpreta que recibe un trato injusto).

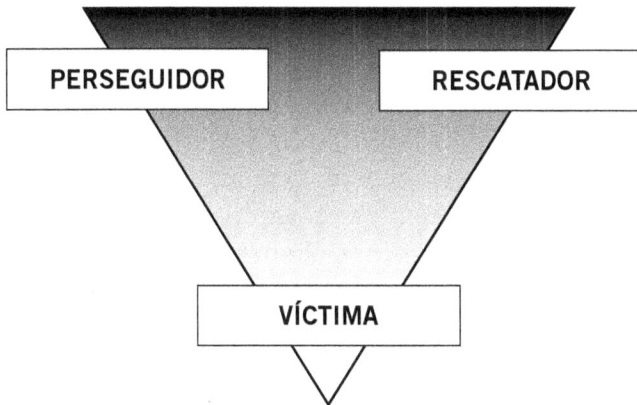

Tanto en Coaching como en Supervisión, el objetivo es echar luz sobre estas posturas, que por lo general son inconscientes. Cuando hay claridad acerca del rol que se está adoptando, existen mayores posibilidades de tomar decisiones diferentes. Las dinámicas descriptas pueden darse, por ejemplo, cuando el coach, sin darse cuenta, opera *rescatando* al cliente de su situación en vez de alentarlo para que encuentre sus propias soluciones. En esta situación, el *rescatador* puede convertirse en el *perseguidor* del *perseguidor* original. Es decir, que el coach pasa a *perseguir* a quien *persigue* a su cliente. Existe, además, la posibilidad de que el cliente que era la víctima se alíe con el *perseguidor* original y el *rescatador* se convierta en *víctima* de los otros dos. Esto se da, por ejemplo, cuando un coach trata de *rescatar* a un cliente que tiene una relación difícil con su jefe, y para hacerlo se alía con él, de manera inconsciente, en el lugar de *víctima,* en vez de desafiarlo, para ayudarlo de esta manera a que salga de ese lugar, si es lo que está buscando.

Resumen del capítulo

✓ Familiarizarse con los modelos y las distinciones elaboradas por la Psicología permite contar con un mayor repertorio de acción a la hora de indagar en el *quién* del coach y explorar los desafíos surgidos en las relaciones con sus clientes.

✓ La *sensibilidad psicológica* es la capacidad para reconocer comportamientos, pensamientos y sentimientos (de uno mismo y de los otros), indagar sobre ellos y detectar las relaciones que los unen, para encontrar el sentido más profundo de las experiencias propias y las de los demás.

✓ Sigmund Freud y sus discípulos ofrecen distinciones que resultan de gran utilidad para entender las dinámicas inter e intrapersonales.

✓ La *transferencia* consiste en trasladar a relaciones del presente aspectos vividos durante relaciones del pasado. Puede ser *positiva*, cuando aparecen sentimientos amistosos o afectuosos hacia el analista o el coach, o *negativa*, cuando se expresa por medio de sentimientos hostiles; y puede aparecer en tres modalidades: como *proyección*, como *idealización* o como *competición*.

✓ La *proyección* es un mecanismo en el que las características propias que el sujeto atribuye a otro son, por lo general, negativas; aunque existe también la *proyección positiva*, que se da cuando se atribuyen cualidades dignas de ser admiradas, como sucede, por ejemplo, en el enamoramiento.

✓ La *idealización* se presenta cuando el coach atribuye cualidades heroicas o extraordinarias a su supervisor, y por este camino llega a desvalorizar sus propias capacidades.

✓ La *competición*, en el ámbito de la Supervisión, se da cuando el coach compite inconscientemente con su supervisor, impulsado por la inseguridad que experimenta.

✓ La *contratransferencia* se da cuando el supervisor, de manera inconsciente, tiene, a causa de su relación con el supervisado, determinadas reacciones, actitudes, pensamientos e ideas.

✓ El *proceso paralelo* es una repetición de patrones que se da cuando durante el trabajo de Supervisión aparecen dinámicas que estuvieron presentes en la relación de Coaching.

✓ La *identificación* es el proceso psicológico en el que un sujeto incorpora aspectos, propiedades o atributos de otro y se transforma, total o parcialmente, para asemejarse a su modelo. La personalidad se construye a partir de una serie de *identificaciones*.

✓ La *Gestalt* pone el énfasis en el *aquí y ahora*. Su objetivo principal es buscar el *cómo* en vez del *porqué*, trabaja sobre la toma de conciencia, sobre el *darse cuenta*, y se centra en la *responsabilidad* y en la importancia de la *corporalidad*.

✓ Cuando se aplican distinciones gestálticas en la Supervisión se crea un espacio donde el coach y el supervisor reflexionan sobre la práctica profesional o sobre casos presentados con *lentes holísticas*. Este enfoque basado en la *completitud*, en el *todo*, pone especial atención a la relación entre lo que pasó en la sesión de Coaching y lo que está pasando *aquí y ahora*, en la sesión de Supervisión.

✓ En el ámbito de la Supervisión, la *resistencia* es un tipo de comportamiento que se detecta cuando el supervisado *toma distancia* y se niega a explorar en profundidad lo que sucedió durante la sesión de Coaching. Según la teoría de la Gestalt, la *resistencia* no tiene que ser catalogada como un comportamiento negativo, sino como una oportunidad de aprendizaje.

✓ La *confluencia* es una distinción gestáltica que se aplica a una situación en la que el coach se alía con su cliente o el supervisor con su supervisado para acordar cuál es el significado de ciertos hechos sin explorarlos debidamente, asegurándose, de esta manera, que no haya conflicto. En estos casos, lo que suele suceder es que el supervisor o el coach *acuerden* en vez de confrontar comportamientos que pueden ser poco apropiados o inefectivos.

✓ El *método fenomenológico* es una aproximación que se enfoca en el *aquí y ahora*, y que implica la utilización de estrategias entre las que se encuentran: el *bracketing*, que es poner juicios propios "entre paréntesis", o dejarlos en suspenso; *describir* lo que se observa en vez de buscarle una explicación; y *ecualizar*, que es dar igual valor a todas las observaciones, aunque algunas parezcan insignificantes.

✓ El uso del *self* en Supervisión alude a la importancia de que el supervisor reconozca sus propias reacciones emocionales, porque esto brinda información beneficiosa para el supervisado.

✓ El Análisis Transaccional se enfoca en entender por qué los seres humanos se comportan de determinada manera para alcanzar mayor grado de autonomía. El AT reconoce tres patrones o estados de desarrollo del *yo*: el de *adulto*, el de *niño* y el de *padre*. El patrón de *adulto* (ideal a alcanzar) implica la capacidad para observar comportamientos maduros, y tomar decisiones centradas y enfocadas; el de *padre* implica comportamientos observados desde un lugar de autoridad y el de *niño* supone conductas que llevan a acomodarse a las expectativas de los otros o a la rebeldía.

✓ El AT estudia relaciones a las que reconoce como *simbióticas*. En ellas, las partes están relacionadas para beneficio mutuo y una depende de la otra para su supervivencia. La *simbiosis* puede ser *positiva* (caso del recién nacido y sus padres), o *negativa* (dependencia entre adultos).

✓ El AT utiliza el término *descontar* para designar la situación en que se minimiza o se ignora lo que le sucede a uno mismo y/o a los otros, o en una situación determinada.

✓ Los *strokes* (caricias) se dan cuando, durante la interacción, un individuo le hace saber a otro que aprecia su existencia, por ejemplo, mediante un comentario positivo.

✓ Karpman (1986) sostiene que las personas tienden a comportarse como si se movieran dentro de un *triángulo* cuyos vértices son: el *perseguidor* (ataca o agrede), el *rescatador* (interviene con el deseo de ayudar al más débil o de mejorar la situación), y la *víctima* (interpreta que recibe un trato injusto). Estas posturas son, por lo general, inconscientes, y cuando hay claridad acerca del rol que se está adoptando existen mayores posibilidades de tomar decisiones diferentes y superadoras.

CAPÍTULO 3

MODELOS APLICABLES
AL TRABAJO DEL SUPERVISOR

Existen varios modelos aplicables a la Supervisión de Coaching, y en este capítulo presento tres de ellos. El Modelo de los Siete Ojos, de Hawkins (2006), es el más popular para observar, desde un punto de vista sistémico, las dinámicas interpersonales que tienen lugar en el proceso de Supervisión. También presento el Modelo de Cambio, de Prochaska (2002), porque creo que tanto el coach como el supervisor deben tener un entendimiento que les permita ver con claridad cómo se produce la transformación de sus clientes. En tercer lugar, presento el Modelo de Bluckert (2006), de Coachabilidad, que identifica si el cliente está o no preparado para participar de un proceso de Coaching.

Modelo de los Siete Ojos

El Modelo de los Siete Ojos, que es el más popular de los utilizados en Supervisión, fue desarrollado por Hawkins en 1985, y tiene un fundamento sistémico y psicodinámico. El autor sostiene que la Supervisión de Coaching opera en diversos niveles, y que pueden reconocerse en este sistema cuatro elementos clave:

✓ Un supervisor.
✓ Un supervisado (coach).
✓ Un cliente.
✓ Un contexto de trabajo.

En la aproximación sistémica que Hawkins propone, el supervisor está al servicio de todas las partes del sistema y tiene como función ayudar al aprendizaje y al desarrollo. El autor menciona, además, la importancia del cliente en el sistema, ya que es quien lleva a la sesión de Coaching los temas que más tarde serán explorados en Supervisión.

Según la definición de Capra (1996), un sistema es "un todo integrado cuyas propiedades surgen de las relaciones entre las partes", y concibe el pensamiento sistémico como "el entendimiento de un fenómeno de acuerdo con el contexto del que forma parte".

En el proceso de Supervisión, siguiendo esta lógica, hay dos sistemas de interrelación y un contexto general:

✓ El sistema cliente-supervisado (coach), donde se trabaja sobre los temas puntuales que el cliente trae de su espacio de interacción.
✓ El sistema supervisado-supervisor, donde se reflexiona sobre lo que pasó en la sesión de Coaching y se exploran los desafíos del supervisado.

Como señala Hawkins, la función del segundo sistema es prestar atención al primero, y las dinámicas de las relaciones observadas en ese segundo sistema pueden ser un espejo de las que se dan en el primero. El modelo sugiere prestar especial atención a los aspectos verbales y no verbales, al lenguaje del coach y al uso de metáforas.

La Supervisión puede hacer foco directamente en el sistema cliente-supervisado, y reflexionar sobre las notas de las sesiones de Coaching, o puede enfocarse en el sistema supervisado-supervisor a través del análisis de cómo la relación entre el coach y su cliente se refleja en las experiencias del *aquí y ahora* del proceso de Supervisión[1].

Dado que el supervisor opera sobre los dos sistemas, debe tener conocimiento acerca de quién es el cliente. Las preguntas que surgen son: ¿a quién sirve el supervisor? ¿Al coach que supervisa, a la compañía que lo contrata, a los clientes que reciben servicios del coach? El supervisor, ya que trabaja con una perspectiva sistémica, debe clarificar en sus acuerdos quién es el cliente, y también debe dejar asentado que el proceso implica compromiso de las partes para colaborar en beneficio del individuo, de la organización, de la relación entre ellos, de la sociedad y del Coaching como profesión.

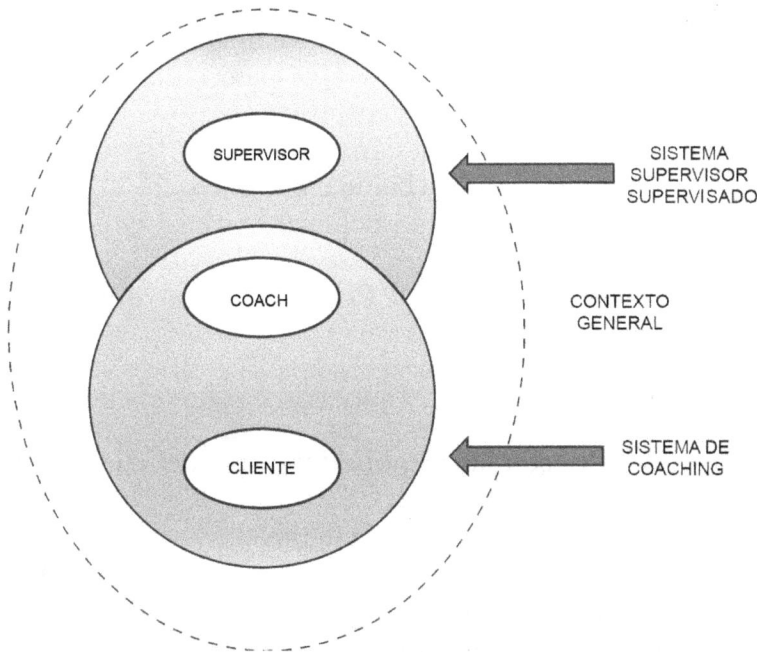

---

1. Desarrollé los *procesos paralelos* en el capítulo anterior.

Ojo 1: el cliente

El Ojo 1 hace foco en el cliente, en qué y cómo se presenta, en lo que elige compartir, en qué área de su vida quiere explorar (acuerdos de trabajo) y en cómo el contenido de una sesión se relaciona con las sesiones previas.

Aspectos a explorar:

✓ Detalles del cliente y de su vida.
✓ Características físicas, de su lenguaje, de sus movimientos.
✓ Cómo "entraría" el cliente a la sesión de Supervisión. (Imaginar qué diría o qué haría si estuviera presente.)
✓ El "editor interno" del coach. (Qué aspectos elige el coach compartir y cuáles descarta cuando habla de su cliente.)
✓ Las interpretaciones del coach sobre los comportamientos de su cliente. (Qué pasó en la sesión y qué significados le dio el coach.)
✓ Cómo empezó la sesión.
✓ Por qué/cómo el cliente eligió al coach.
✓ Cuál es la inquietud del cliente y cuál es el tema de fondo.
✓ Cuál es el acuerdo de Coaching y cómo evalúa el progreso de su cliente.

Preguntas posibles del supervisor sobre el cliente:

✓ ¿Cuáles son las responsabilidades del cliente y cuáles son sus desafíos?
✓ ¿Cómo fue referido el cliente?
✓ ¿Quién *es* el cliente? ¿Cómo están involucrados su jefe y Recursos Humanos? ¿Qué dice el contrato sobre quién es el cliente?
✓ ¿Cuál es la experiencia del cliente, su personalidad, su nivel de percepción, su comportamiento?

✓ ¿Cuál fue la primera impresión que causó el cliente? ¿Qué destaca en su forma de ser?
✓ ¿Qué está diciendo sobre sí mismo?
✓ ¿Cuál fue la inquietud que presentó el cliente? ¿Es este el verdadero tema?
✓ ¿En qué quiere ser ayudado?
✓ ¿De qué no habla?

En la segunda parte de este libro presento sesiones de Supervisión y sus análisis. Allí vemos, por ejemplo, en el Capítulo 10, que cuando la coach Susana presenta su caso describe la situación y a su clienta diciendo: "Me advierten que va a ser muy difícil, el Coaching más difícil de mi vida, y que la clienta tiene un estilo totalmente directivo, trata mal a la gente, que hay dos quejas en Recursos Humanos sobre ella, que no hay buen balance vida-trabajo... Me advirtieron, además, que ella es como muy *charming* (encantadora) y que es una manipuladora y que me va a dar la impresión de que está aprendiendo, pero va a tratar de manipularme". Lo valioso de este ejemplo es apreciar cómo la coach describe a su clienta, dándole así al supervisor un contexto que le permite entender el desafío que tiene entre manos.

Ojo 2: intervenciones del coach

El Ojo 2 explora las estrategias e intervenciones usadas por el coach para determinar no solamente cuáles utilizó, sino cuándo y por qué fueron usadas, y, a partir de esa mirada, buscar estrategias alternativas que podrían implementarse en próximas sesiones.

Aspectos a explorar:

✓ Qué se trabajó y qué no se trabajó en la sesión de Coaching.

81

✓ Qué se podría haber hecho diferente.
✓ Qué se puede hacer en el futuro.
✓ Qué intervenciones se repiten y cuáles se evitan.
✓ Qué modelos o teorías se pueden aplicar a la situación que presenta el coach.

Preguntas posibles del supervisor:

✓ ¿Qué hiciste en la sesión?
✓ ¿Qué sucedió?
✓ ¿Qué funcionó?
✓ ¿Qué no funcionó?
✓ ¿Qué más podrías haber hecho en esa situación puntual?
✓ ¿Tu intervención logró el resultado deseado?
✓ ¿Qué crees que logró el cliente en la sesión?
✓ ¿Qué crees que lograste en la sesión?
✓ ¿Cómo fue la sincronización o el ritmo? ¿Demasiado rápido, demasiado lento?
✓ ¿Qué notaste que evitaste u omitiste en tus intervenciones?
✓ Si aplicas todo lo aprendido en esta sesión de Supervisión, ¿qué harás distinto en la próxima sesión de Coaching?

En la misma sesión de Supervisión de Coaching que cito más arriba, la coach Susana dice: "...Mi estrategia fue ganarme la confianza de la cliente antes de darle *feedback* (...) En el futuro quizás ofrezca *feedback* más rápido". En este ejemplo, la coach explora qué hizo durante la sesión y qué haría de forma diferente en el futuro. Este tipo de descripción permite aprender y desarrollar mayores niveles de efectividad en el trabajo de Coaching. Susana incluyó un estudio de 360 grados al comienzo y al final del proceso, y al analizar el *feedback* recibido de su clienta encontró que hubo progresos importantes. La herramienta de 360 grados es muy útil para apreciar progresos y la Supervisión un espacio apropiado para analizarlos antes de compartirlos con los clientes.

Ojo 3: relación entre el cliente y el coach

Enfocado en la relación entre el cliente y el coach supervisado, el Ojo 3 explora dinámicas conscientes e inconscientes dadas en la relación: cómo empezó y cómo terminó la sesión, el nivel de confianza mutuo, la comunicación no verbal empleada y la química de la relación.

Aspectos a explorar:

✓ Cómo es la *danza* entre el cliente y su coach.
✓ Cuál es la historia de la relación con el cliente.
✓ Buscar una imagen o metáfora que represente la relación.
✓ Qué observaría el coach si fuera una mosca en la pared escuchando la conversación.
✓ La transferencia del cliente al coach. (Qué proyecta el cliente en el coach. Por ejemplo, si trata al coach como si fuera su padre.)
✓ El nivel de confianza y apertura del cliente.

Preguntas posibles del supervisor:

✓ ¿Cómo es tu relación con el cliente?
✓ ¿Cómo comenzó esta relación de Coaching?
✓ ¿Cambió la relación con el tiempo? ¿Cómo? ¿Cuál es el nivel de apertura y de confianza?
✓ ¿Qué mensajes "intuitivos" o de "las tripas" vinculados con tu cliente notaste y cuándo? ¿Qué hiciste con ellos?

✓ Si tuvieras que usar una metáfora para describir tu relación con el cliente, ¿cuál sería?
✓ ¿Cambió esto con el tiempo? ¿Cómo? ¿Cuáles fueron los niveles de apertura y de confianza antes y después del cambio?
✓ ¿Cómo manejaste los conflictos con tu cliente?
✓ Si estuvieses solo con el cliente en una isla, ¿que pasaría?

En la sesión que estoy utilizando para dar ejemplos, Susana comparte que le costó desarrollar una relación de confianza con la clienta y evitó confrontarla desde un principio. También le preocupa su relación con el área de Recursos Humanos de la empresa contratante, dado que su clienta fue despedida. Durante la Supervisión se explora la relación que la coach tuvo con la clienta y con la persona de Recursos Humanos con la que no se comunicó como le hubiese gustado.

Ojo 4: el coach

El Ojo 4 hace foco en el coach supervisado, en cómo lo afecta, de forma consciente o inconsciente, el trabajo con sus clientes. Se explora el *quién* del coach y qué le pasa a nivel personal con sus clientes, cuáles son sus creencias y sus emociones.

Aspectos a explorar:

✓ La contratransferencia, aspectos inconscientes expresados en las respuestas dadas al cliente para actuar "apropiadamente" en vez de "reaccionar".
✓ A quién le hace recordar el cliente al coach.
✓ El bienestar y el desarrollo profesional del coach.
✓ Las reacciones emocionales del coach durante la sesión de Coaching.

Preguntas posibles del supervisor:

✓ ¿A quién te puede llegar a recordar este cliente? (Explorar cualquier "disparador".)
✓ ¿Cuál es tu reacción frente a la experiencia del cliente o al progreso que está haciendo?
✓ ¿Qué mensajes "intuitivos" o de "las tripas" vinculados con tu cliente notaste y cuándo? ¿Qué hiciste con ellos?
✓ ¿Cómo te sientes cuando... (situación puntual)? ¿Cómo te afecta?
✓ ¿Esto habla más sobre ti o sobre el cliente?
✓ ¿Cómo te afecta esto cuando trabajan juntos?
✓ ¿Qué suposiciones podrías estar haciendo sobre el cliente?
✓ ¿Qué estás sintiendo o pensando como coach acerca de este cliente?
✓ ¿Qué tan cómodo estás con no saber qué hacer?
✓ ¿Cómo impactó en ti la inquietud del cliente?
✓ ¿Quién estás siendo como coach con este cliente?
✓ ¿Qué aspectos te dan inseguridad al trabajar con tu cliente?
✓ ¿Qué te impidió prestar atención a tu intuición?

En la sesión con Susana observamos que la coach explora las reacciones emocionales que aparecen en ella a partir de la relación que tiene con su cliente: se siente fracasada, está enojada con Recursos Humanos porque no le comunicaron que su clienta había sido despedida (recibió la información mediante una persona ajena al área), y está preocupada porque puedan llegar a tener una mala evaluación de ella en la compañía. En este caso, la Supervisión le ofreció a la coach una oportunidad muy valiosa para explorar sus propias emociones y para darse cuenta de que sus creencias pueden no tener fundamento (por ejemplo, cuando asocia el despido de su clienta con su efectividad como coach).

Ojo 5: relación entre el coach y el supervisor, y procesos paralelos

Este Ojo se enfoca en la relación de Supervisión, y pone especial atención sobre la calidad de la relación entre el supervisor y el supervisado, y también sobre los *procesos paralelos* que expliqué en el capítulo anterior.

Aspectos a explorar:

- ✓ La claridad en el acuerdo de trabajo entre el supervisado y el supervisor.
- ✓ Las características de la relación entre el supervisado y el supervisor.
- ✓ Las diferencias culturales, de género, de edad y todas las que pueden afectar la relación.
- ✓ Los procesos paralelos. (Patrones que se repiten en la sesión de Coaching y en la de Supervisión.)

Preguntas posibles del supervisor:

- ✓ ¿Tomamos un momento para explorar cómo está nuestra relación?
- ✓ ¿Qué sentimientos o pensamientos están surgiendo mientras trabajamos juntos? ¿Qué estás sintiendo ahora en el cuerpo?
- ✓ ¿Lo que sucede entre tú y el cliente está sucediendo también entre nosotros, en este momento?
- ✓ Me siento como tu cliente mientras hablamos, ¿y tú?
- ✓ ¿Cómo crees que afecta tu relación con tu cliente nuestra relación, en este momento?

En la sesión con Susana notamos que la coach está

preocupada por hacer un buen trabajo y lo mismo sucede con el supervisor. Se aprecia un proceso paralelo entre lo que le sucede a la coach, que quiere verse bien en la organización, y lo que le sucede al supervisor, que quiere verse bien en la sesión. La relación entre supervisor y supervisado es cordial y de confianza, debido a que ya trabajaron juntos. Se trata de una conversación entre colegas que están en un mismo nivel. El supervisor desafía a la coach y es cálido a la vez.

Ojo 6: el supervisor

Este Ojo hace foco en el supervisor, en su propio proceso. Revisa los sentimientos, pensamientos e imágenes que emergen durante el trabajo y podrían ser beneficiosos para el supervisado.

Aspectos a explorar:

✓ Las emociones que emergen.
✓ Las reacciones *contratransferenciales* que le genera el coach.
✓ Cómo afecta la relación al supervisor.
✓ Cómo afecta el cliente al supervisor.

Preguntas posibles del supervisor:

✓ ¿En qué estados del ego me siento invitado a entrar al trabajar con este coach? (¿Padre, hijo, adulto?)
✓ ¿Qué reacciones emocionales estoy teniendo ante el coach, la situación o el cliente?
✓ ¿Qué metáforas o imágenes me aparecen?
✓ ¿Qué no estamos enfrentando y está justo frente a nosotros (supervisor y coach)?
✓ ¿Qué suposiciones estamos haciendo y podrían estar limitándonos?

✓ ¿Quién estoy siendo como supervisor con este coach?

En el caso que vengo citando, el supervisor reconoce que interrumpe en varias ocasiones a Susana y se pregunta si esto no será producto de la ansiedad que siente la coach. Al identificar sus propias reacciones, el supervisor crea un espacio para que la coach se conecte con su propia ansiedad.

Ojo 7: el contexto

El Ojo 7 explora el contexto ampliado: los códigos y la ética profesionales, las relaciones con otras organizaciones implicadas, los entornos social, cultural, político y económico.

Aspectos a explorar:

✓ La cultura organizacional.
✓ La influencia de otras partes del sistema en la relación entre el cliente y el coach, y entre el coach y su supervisor.
✓ La influencia del clima económico, político y social.
✓ La influencia en la relación de Supervisión de relaciones con terceros de la organización (el jefe, Recursos Humanos, etc.).

Preguntas posibles del supervisor:

✓ ¿Cuáles son los comportamientos de otros integrantes del sistema del cliente y cómo lo afectan?
✓ ¿Cuál es el impacto del entorno físico en el proceso de Coaching y de Supervisión? (Arreglo espacial, distancia del jefe o de colegas, desafíos si el trabajo es virtual.)
✓ Si tuviéramos una "mirada de helicóptero" de los sistemas cliente/coach o coach/supervisor, ¿qué veríamos?

✓ ¿Cuáles son las normas organizacionales, los sistemas de recompensa, la ética y la cultura de la organización del cliente, del coach y/o del supervisor?

✓ ¿Hay presiones de negocios? ¿Fusiones o adquisicio-
nes? ¿Nuevas relaciones, nuevas normas, un nuevo
jefe o una nueva cultura que afectan al cliente, al
coach o al supervisor?

En el caso presentado, el contexto está dado por la relación de la coach con la organización, con los representantes de Recursos Humanos y con una tercera persona, que
le comunica que está reemplazando a su clienta, que fue
despedida.

En el Apéndice 2 comparto una planilla de *feedback* que
puede ser utilizada para analizar sesiones de Supervisión
mediante el Modelo de los Siete Ojos, de Hawkins.

Teoría del Cambio

El trabajo eficaz de Supervisión de Coaching requiere tener
un entendimiento claro de cómo se produce la transformación o el crecimiento personal a través de conversaciones
de Coaching.

Son muchos los coaches que, aunque trabajen para
cambiar patrones de conducta de sus clientes, no conocen
la teoría que explica cómo se produce el cambio de comportamientos y de los observadores del mundo que somos.

El Modelo del Cambio elaborado por Prochaska (2002)
es uno de los más conocidos entre los científicamente vali-
dados. Presenta estadios vinculados a grados de conciencia
y comportamientos que son fáciles de identificar y explorar,
tanto en la conversación entre el cliente y el coach como en
la que se da entre el coach y el supervisor.

Los estadios son:

1. **Precontemplación.** El cliente no ve el valor de cambiar y considera el costo como muy alto. No tiene intención de cambiar en los próximos seis meses. Puede ser que esté negando su situación o se muestre defensivo.
2. **Contemplación.** El cliente empieza a interesarse por la posibilidad de cambio. Tiene mayor claridad acerca de las ventajas de cambiar, pero está ambivalente.
3. **Preparación.** Hay intención de pasar a la acción durante el próximo mes. Se empieza a buscar información y apoyo emocional para alcanzar el éxito. Muchas veces, un cliente se encuentra en esta etapa cuando contacta por primera vez a su coach.
4. **Acción.** La persona cambia su conducta y la mejora es medible y observable. Los beneficios del cambio empiezan a aparecer.
5. **Mantenimiento.** Etapa de desarrollo de la consciencia de que existe la posibilidad de volver a patrones antiguos, y de afirmación de la seguridad en sí mismo que permite continuar con los nuevos comportamientos. Es un estadio crítico, aunque desestimado, del proceso, y requiere de seis meses a cinco años para consolidarse.
6. **Terminación.** Es la etapa final, donde hay seguridad de que no se volverá a viejos patrones de conducta.

El coach necesita identificar en qué estadio se encuentra el cliente, porque si, por ejemplo, cree que está en *preparación* pero en realidad está en *precontemplación* o *contemplación*, probablemente sus intervenciones no serán efectivas. El Coaching puede ayudar al cliente a desarrollar conciencia para el cambio, pero si no hay compromiso de parte de este para aprender y cambiar, los resultados serán limitados.

Además de los seis estadios, Prochaska identificó actitudes a analizar que podemos aplicar en Coaching para evaluar el éxito del proceso de cambio: aumento de conciencia respecto de las emociones, impacto de los comportamientos en los otros, reevaluación del *self*, creencia de que el cambio es posible, disposición a la experimentación, incentivos disponibles y desarrollo de sistemas de apoyo.

Niveles de coachabilidad

La *coachabilidad* es la capacidad que tiene una persona de recibir Coaching. El supervisor necesita disponer de un modelo que le permita entender a los clientes de su supervisado para poder trabajar de forma efectiva con él. El modelo que presento ayuda a discernir si el cliente está preparado para un proceso de Coaching o incluso si debe ser derivado porque no lo está o porque tiene problemas que requieren otro tipo de servicio.

Bluckert (2006) sostiene que a partir de la respuesta que se dé a las siguientes preguntas se puede determinar en cuál de los cinco niveles de *coachabilidad* se encuentra una persona.

✓ ¿Cuál es el nivel de motivación, de deseo de mejora y de compromiso con el proceso de Coaching?
✓ ¿Cuál es el nivel de percepción de sí mismo y cómo es visto por los otros?
✓ ¿Cuál es el nivel de desempeño y en qué grado de riesgo están el trabajo y la carrera de la persona?
✓ ¿Hay problemas psicológicos o interpersonales serios?

Bluckert sostiene que el nivel de *coachabilidad* puede ser *excelente, bueno, promedio, pobre* o *inapropiado.*
Es *excelente* cuando:

✓ Hay compromiso constante con la mejora y el aprendizaje.
✓ Se está dispuesto a ser lo mejor que se puede ser.
✓ Hay estándares altos de desempeño.
✓ Hay conciencia de que puede aprenderse de la experiencia y de los errores.
✓ Se observa alto grado de conciencia de lo que implica ser un líder. (Cuando se trabaja con ejecutivos.)
✓ Existe necesidad de desafíos.

Es *bueno* cuando:

✓ No se presentan problemas interpersonales o de desempeño.
✓ No existe un deseo tan ávido de aprender o de recibir *feedback*, y la motivación es suficiente pero no muy alta.
✓ Hay apego a la zona de comodidad y no hay claridad acerca de qué se espera del Coaching. ("No tengo problemas y no sé en qué quiero trabajar.")
✓ Existe la posibilidad de que el nivel de compromiso pueda aumentar durante el proceso.

Es *promedio* cuando:

✓ Los niveles de motivación y de compromiso varían y esta variación puede determinar el éxito del proceso.
✓ El cliente muestra resistencia al *feedback*, en especial si la imagen que se le devuelve es menos favorable que cómo se ve a sí mismo.
✓ Hay posibilidad, en el futuro, de *descarrilamiento profesional.*

✓ Se deben clarificar expectativas organizacionales y compromisos esperados. La organización no ha sido efectiva en proveer *feedback* en el pasado.

Es *pobre* cuando:

✓ Hay problemas de desempeño y percepción negativa de los colegas y de la organización.
✓ Conservar el trabajo depende del proceso de Coaching. (El proceso no se inició por iniciativa del cliente.)
✓ Los problemas en el trabajo llegan a revivirse durante la sesión de Coaching y el cliente no toma responsabilidad al respecto.

Es *inapropiado* cuando:

✓ Hay problemas psicológicos: depresión, ansiedad, adicción.
✓ Hay problemas interpersonales serios.
✓ Existen problemas de desempeño muy graves.
✓ La carrera está en riesgo.

Resumen del capítulo

✓ El Modelo de los Siete Ojos, que es el más popular de los utilizados en Supervisión, fue desarrollado por Hawkins, quien sostiene que la Supervisión de Coaching opera en diversos niveles, y que pueden reconocerse en este sistema cuatro elementos clave: el *supervisor*, el *supervisado*, el *cliente* y el *contexto de trabajo*.
✓ En el proceso de Supervisión hay dos sistemas de interrelación y un contexto general: el sistema *cliente-supervisado* (coach), donde se trabaja sobre

los temas puntuales que el cliente trae de su espacio de interacción; y el sistema *supervisado-supervisor*, donde se reflexiona sobre lo que pasó en la sesión de Coaching y se exploran los desafíos del supervisado.

✓ La Supervisión hace foco en el sistema *cliente-supervisado*, en reflexionar sobre las notas de las sesiones de Coaching y en el sistema *supervisado-supervisor*, a través del análisis de cómo la relación entre el coach y su cliente se refleja en las experiencias del *aquí* y el *ahora* del proceso de Supervisión.

✓ El supervisor, ya que trabaja con una perspectiva sistémica, en sus acuerdos debe clarificar quién es el cliente, y también debe dejar asentado que el proceso implica compromiso de las partes para colaborar en beneficio del individuo, de la organización, de la relación entre ellos, de la sociedad y del Coaching como profesión.

✓ El *Ojo 1* hace foco en el *cliente*, en qué y cómo se presenta, en lo que elige compartir, en qué área de su vida quiere explorar y en cómo el contenido de una sesión se relaciona con las sesiones previas.

✓ El *Ojo 2* explora las *estrategias e intervenciones usadas por el coach*, para determinar no solamente cuáles utilizó, sino cuándo y por qué fueron usadas, y a partir de esa mirada, buscar estrategias alternativas que podrían implementarse en próximas sesiones.

✓ El *Ojo 3* se enfoca en la *relación entre el cliente y el coach*, y explora dinámicas conscientes e inconscientes dadas en la relación: cómo empezó y cómo terminó la sesión, el nivel de confianza mutuo, la comunicación no verbal empleada y la química de la relación.

✓ El *Ojo 4* hace foco en el *coach supervisado*, en cómo lo afecta, de forma consciente o inconsciente, el trabajo con sus clientes. Se explora el *quién* del coach y qué le pasa a nivel personal con sus clientes, cuáles son sus creencias y sus emociones.

✓ El *Ojo 5* se enfoca en la *relación de Supervisión*, y pone especial atención sobre la calidad de la relación entre el supervisor y el supervisado, sobre ambas partes y también sobre los *procesos paralelos*.

✓ El *Ojo 6* hace foco en el *supervisor*, en su propio proceso. Revisa los sentimientos, pensamientos e imágenes que emergen durante el trabajo y pueden ser beneficiosos para el supervisado.

✓ El *Ojo 7* explora el *contexto ampliado*: los códigos y la ética profesionales, las relaciones con otras organizaciones implicadas, los entornos social, cultural, político y económico.

✓ El Modelo del Cambio, elaborado por Prochaska, presenta estadios vinculados a grados de conciencia y comportamientos que es fácil identificar y explorar para producir un cambio de comportamiento. Los estadios son: 1) *precontemplación*, 2) *contemplación*, 3) *preparación*, 4) *acción*, 5) *mantenimiento* y 6) *terminación*.

✓ La *coachabilidad* es la capacidad que tiene una persona de recibir Coaching, y Bluckert sostiene que a partir de la respuesta que se dé a ciertas preguntas se puede determinar en cuál de los cinco niveles de *coachabilidad* se encuentra una persona: *excelente, bueno, promedio, pobre* o *inapropiado*.

CAPÍTULO 4

SUPERVISIÓN DE INQUIETUDES ÉTICAS Y LEGALES

Una parte importante de la tarea del supervisor consiste en trabajar con el coach para explorar temas éticos y legales. Por eso, necesita estar profundamente familiarizado tanto con los códigos de conducta de las asociaciones de las que forma parte[1] como con las leyes locales que debe considerar en su práctica profesional.

Las inquietudes que se presentan en Supervisión en torno de estos temas se refieren generalmente a la confidencialidad, a la necesidad de derivar al cliente o al coach a servicios de salud mental, y a cómo elaborar acuerdos de trabajo de manera efectiva, para evitar, por ejemplo, malentendidos vinculados al cobro de los honorarios profesionales.

Es importante que el supervisor consiga crear un espacio de reflexión en el que el coach no se avergüence de los errores éticos que pueda haber cometido o de las dudas

---

1. En el Apéndice 5 incluyo el Código de Ética del EMCC y la AC; y en el Apéndice 6, el Código de Ética de la ICF.

que tenga, y en cambio aprenda de sus equivocaciones, de su propia experiencia. En algunos casos, incluso, es el supervisor el que trae a la conversación temas vinculados a la ética o a la ley, porque detecta falencias en la práctica profesional de su supervisado que ameritan que se lo informe sobre lineamientos que desconoce. Si el coach no respeta un código de ética, es importante que en Supervisión se converse sobre las consecuencias negativas que ese comportamiento puede tener para otras personas o para el coach mismo, y planificar estrategias para enmendar la ofensa o hacer las reparaciones necesarias.

Los códigos de ética de las diferentes asociaciones profesionales tienen puntos en común. De acuerdo con lo escrito por David Lane (2011), hay cuatro elementos universalmente incluidos:

- ✓ Respeto por la dignidad de las personas.
- ✓ Cuidado competente basado en las habilidades apropiadas para asegurar el bienestar del cliente.
- ✓ Integridad.
- ✓ Responsabilidad profesional para con la sociedad.

Según Lane, el coach debe hacerse tres preguntas:

- ✓ ¿Ofrezco mis servicios con respeto, habilidad, integridad y responsabilidad?
- ✓ ¿Cómo lo demuestro con mi comportamiento?
- ✓ ¿Cómo me acompañan estos principios en mi trabajo cotidiano?

Confidencialidad

Se espera que el supervisor y el coach mantengan la confidencialidad de todo lo que se trata en las sesiones. La existencia de la relación también es confidencial. Esto equivale a decir que un coach no puede dejarle saber a otras personas quiénes son sus clientes, salvo que tenga su permiso. Sin embargo, hay ciertos casos en los que es apropiado no respetar la confidencialidad y deben ser aclarados desde el principio. Esto sucede, por ejemplo, si el cliente está envuelto en una situación de peligro para sí mismo, como sucede cuando existen ideas de suicidio o un plan suicida; o para terceros, como por ejemplo, el abuso de niños o de ancianos, un plan para agredir físicamente a alguien, para cometer actos de terrorismo, para robar fondos de la compañía… En estos casos es esperado que tanto el coach como el supervisor quebranten la confidencialidad para proteger a su cliente o a sus posibles víctimas.

Cuando es una organización la que contrata al coach o al supervisor, es muy importante determinar en el contrato y mencionar en las primeras conversaciones del proceso qué es y qué no es confidencial. Por ejemplo, en muchos casos, el contenido del Coaching es confidencial, pero el plan de desarrollo de liderazgo trabajado durante el proceso es compartido con el jefe del cliente y/o con el área de Recursos Humanos. En todos los casos, el coach tiene que estar atento para no compartir más información que la imprescindible cuando es contactado por el jefe del cliente o por Recursos Humanos, salvo que haya un acuerdo contractual que contemple esta práctica, lo que no es recomendable porque conspira contra la construcción de los espacios plenos de confianza que requieren tanto el Coaching como la Supervisión.

Un ejemplo de desafío vinculado con la confidencialidad se da cuando se le brinda Coaching a una persona, y por otro lado, a un equipo del que forma parte esa misma persona. Esta situación, que recomiendo evitar, suele implicar que el coach tenga información que no puede compartir con el equipo o, lo que es peor, que el cliente individual

99

evite trabajar sobre determinados temas que son importantes para un Coaching eficaz.

Cuando un supervisor es contratado por una organización para ofrecer sus servicios a coaches internos, puede suceder que los coaches eviten compartir sus debilidades, por miedo a que el supervisor no mantenga la confidencialidad. En estos casos, es necesario trabajar especialmente para desarrollar confianza, enfatizar el compromiso de confidencialidad de las sesiones y lograr que los coaches se sientan cómodos y compartan todo lo necesario para que el proceso de Supervisión sea exitoso.

Dilemas éticos

Cuando un coach trabaja con un gerente y con quienes le reportan directamente

Hay organizaciones cuyas normas no permiten que un coach trabaje con personas que reportan entre sí o que son parte del mismo equipo, pero muchas veces esto no está estipulado en la reglamentación interna. Algunas organizaciones, incluso, prefieren que el mismo coach trabaje con ejecutivos de varios niveles jerárquicos porque entienden que esto aumenta la consistencia en los servicios de Coaching recibidos, y como consecuencia se tienen mayores posibilidades de éxito en la intervención. Por otra parte, hay coaches que eligen trabajar con varios niveles jerárquicos y otros prefieren no hacerlo. Esto hace que sea importante que en la Supervisión se explore sobre las expectativas de todas las partes y sobre los miedos que puedan existir vinculados a la confidencialidad. Esto influye directamente sobre la confianza que se necesita despertar en el cliente para que consiga mostrarse vulnerable y esté dispuesto a abrirse y a compartir sus inquietudes.

Por eso, el supervisor tiene que sondear junto al coach para encontrar indicios de cualquier elemento que pueda dificultar su trabajo para la organización. Muchas veces sucede que el coach que se encuentra en esta situación nota que hay algo que no está bien, pero no está seguro de qué es. Puede ser que su intuición le diga que preste atención, o que sea el cliente quien muestre preocupación porque su jefe recibe Coaching del mismo profesional.

La confidencialidad es un tema crítico cuando se trabaja con diferentes niveles y con colegas dentro de las organizaciones, e implica el compromiso de mantener en secreto la información compartida durante la sesión de Coaching para generar confianza y apertura en el cliente. Estoy hablando aquí de un "intercambio" inconsciente que bien podría proponerle el coach a su cliente en estos términos: "Yo me comprometo a mantener la confidencialidad y tú me brindas tu confianza".

Si bien no hay ninguna regla del Código de Ética de la ICF (ni de ninguna otra asociación profesional) que indique la inconveniencia de trabajar con distintos niveles organizacionales, mi sugerencia es que, dentro de lo posible, debe evitarse dar Coaching a personas que se reportan entre sí, ya que la preocupación de que se "escape" información confidencial estará siempre en el trasfondo de la relación y podría afectar tanto al coach como al cliente en sus interacciones.

Debemos tener en cuenta que la percepción de los clientes es clave para el éxito del proceso de Coaching, y que en algunos casos existe la posibilidad de que el reporte directo crea que el coach va a manipularlo para conseguir algo que quiere su jefe, o en la dirección opuesta, que el reporte directo quiera valerse del coach para conseguir algo que necesita de su jefe, o para transmitir algo que quiera que su jefe sepa.

Cuando reciba este tipo de oferta de trabajo (dar Coaching a personas de distintos niveles jerárquicos que se reportan entre sí), el coach tiene que ser consciente de las dinámicas relacionales que describo, identificar qué es lo mejor para la organización y anteponer esto a sus intereses personales y económicos, que se ven beneficiados si brinda el servicio a más personas.

El cliente quiere recibir ayuda para irse de la compañía

En estos casos, el trabajo de Supervisión debe dirigirse primero a determinar si está ante un dilema ético. Existe una diferencia, por ejemplo, entre una contratación de servicios de Coaching para desarrollo de liderazgo y otra que se hace para apoyar en una transición dentro o fuera de la compañía. La mejor práctica en estas circunstancias es la revisión del acuerdo, donde deberían estar establecidos tanto las responsabilidades como los límites y los objetivos del trabajo de Coaching. El acuerdo de Coaching determina los límites éticos a respetar. No es ético que un coach contratado para desarrollar virtudes de liderazgo apoye a su cliente para que consiga otro trabajo o que lo ayude a contactarse ofreciendo sus propios recursos con esta finalidad.

Mary O'Neill (2007) sugiere que el Coaching ejecutivo puede resultar en que el cliente decida dejar la compañía. Este es un riesgo que las compañías aceptan tomar para asegurar el desarrollo de sus líderes.

Hay algunas preguntas que se puede hacer el supervisor en estos casos: ¿en qué momento del proceso el cliente decidió dejar la organización? ¿Qué dice el acuerdo? ¿Qué tiene que hacer el coach para responder a los deseos de su cliente y a la vez respetar los límites impuestos por la compañía que lo contrató? ¿Cómo impactó la relación de Coaching sobre la decisión del cliente de irse de la compañía? ¿Cuál fue la reacción emocional del coach al enterarse de que el cliente dejará la organización?

El cliente no está en condiciones de recibir Coaching

Parte del trabajo del coach es derivar a su cliente a otros servicios, cuando resulte apropiado, y muchas veces los profesionales que solicitan Supervisión no se sienten seguros sobre cómo lidiar con este desafío. En estos casos, el supervisor puede trabajar con el coach con el objetivo de que el cliente, por su propia cuenta, pueda llegar a la conclusión de la importancia de recibir ayuda. El dilema para el coach es si derivar o no, y cómo hacerlo.

Si el coach está trabajando con un cliente que tiene problemas de alcoholismo, de drogadicción o salud mental y se niega a recibir tratamiento, por ejemplo, se verá en la posición de decidir si es apropiado empezar o seguir con la relación de Coaching, para lo cual tendrá que distinguir sus creencias personales de los lineamientos éticos a los que está sujeto. Si el cliente está recibiendo servicios de salud mental, el coach puede pedir permiso a su cliente para contactarse con el profesional, si lo considera beneficioso para el proceso.

También puede suceder que una organización solicite servicios de Coaching para algún integrante de su planta al que quiere conservar o ascender, pero que esta persona no tenga confianza en el proceso o no esté interesada en el servicio y, por lo tanto, no se involucre lo necesario como para que el trabajo resulte efectivo. En estos casos, el supervisor y el coach deberán trabajar de manera conjunta para lograr que el cliente se comprometa o para decidir si es pertinente terminar con el proceso. En el Capítulo 3 ("Modelos aplicables al trabajo del supervisor"), presento un modelo de *coachabilidad* que puede ser usado para determinar, en cada caso, si es o no apropiado iniciar un proceso de Coaching.

La salud mental del coach

Puede suceder que un supervisor detecte que un coach que está interesado en recibir sus servicios profesionales necesite recurrir a servicios de salud mental. Esto puede darse, por ejemplo, si el coach expresa que no está completamente conectado con su cliente o no puede "traerse a sí mismo" a las sesiones de Coaching, y el supervisor detecta que esto se debe a que su supervisado tiene problemas de índole psicológica o psiquiátrica (un duelo mal llevado, depresión o adicciones, por ejemplo), que no le permiten trabajar efectivamente.

Puede suceder que el coach no esté dispuesto a derivar a su cliente por razones vinculadas a lo económico, por su interés en trabajar con un cliente que le propone retos profesionales o para preservar su autoestima. En estos casos, el supervisor tiene que evaluar si no se está violando alguna norma ética, traer a la conversación de Supervisión el tema y crear conciencia en el coach sobre los riesgos a los que se está sometiendo y a los que podría llegar a someter a su cliente.

Los problemas personales del coach pueden o no impactar sobre su trabajo con los clientes, por eso es necesario que el supervisor explore junto a su supervisado para determinar si lo personal impacta sobre lo profesional de una manera negativa. Las reacciones emocionales del coach no necesariamente requieren de apoyo externo de salud mental, pero si es el caso, el supervisor tiene que hacer la derivación apropiada.

Es muy adecuado en Supervisión, explorar temas vinculados al cuidado del coach, a la búsqueda de un estilo de vida que lo aleje de la posibilidad de caer en lo que se conoce como *burnout* (quemarse), al manejo del estrés y al equilibrio entre lo personal y lo profesional.

Relaciones románticas

Puede suceder que a partir de la relación de Coaching se desarrolle en el cliente o en el coach (o entre ambos) una conexión afectiva que vaya más allá del nivel profesional. Esto puede constituir el estado primario de una relación romántica o puede tratarse solo de un interés sexual. Hay que tener siempre presente que a partir de la *transferencia* y la *contratransferencia* pueden generarse vínculos a los que el supervisor tiene que estar atento, para traerlos a la conversación de Supervisión cuando sea apropiado y trabajarlos en el marco de reflexión que esta significa. El supervisor tiene que desarrollar conciencia en el coach acerca de que esta dinámica puede estar presente, de cómo puede afectar la relación de Coaching y, en ciertos casos, de no terminar, cómo puede incluso violar lo establecido en el código de ética profesional.

La Asociación de Psicólogos Americana (APA) indica que sus asociados tienen que esperar por lo menos dos años para involucrarse en una relación romántica con quien fue su paciente. Esta prevención apunta a proteger de daños a quienes solicitan servicios de salud mental. De acuerdo con la ICF y el European Mentoring and Coaching Council (EMCC), no hay un tiempo determinado para iniciar una relación romántica después de finalizado un proceso de Coaching, aunque ambas instituciones desaprueban que se establezca un vínculo de ese tipo durante el proceso.

Es muy poco probable que se mantengan las dos relaciones, ya que si se inicia una relación romántica, probablemente se termine la relación profesional. Sin embargo, debemos considerar que el coach y el supervisor tienen una "autoridad" profesional sobre sus clientes, y que no tienen que aprovecharse de este "poder" que les da la relación profesional para su beneficio personal, aunque sea el cliente el que inicie esta dinámica.

Madurez ética

La madurez ética es la capacidad de tomar decisiones éticas sin dejar de lado las perspectivas de las diversas partes

(Gibbs, 2010). Implica tomar en cuenta una variedad de condiciones: información, experiencia, capacidad para analizar, intuición, empatía, compasión.

Carroll y Shaw (2012) definen la madurez ética como: "La capacidad reflexiva, racional, emocional e intuitiva de decidir acciones que están bien o mal o son buenas o mejores y tener la valentía para implementarlas, siendo responsable por la decisión, capaz de vivir con ella y de integrar el aprendizaje para acciones futuras".

La madurez ética implica la capacidad de reflexionar y examinar con profundidad varios aspectos de la situación, trabajar racionalmente, lógicamente y emocionalmente. Los autores sostienen que se desarrolla a lo largo de la vida y que supone un proceso que va desde la toma de decisiones basada en un dogma que no permite análisis (por ejemplo, religioso o fundado en valores aprendidos en el hogar), a una apertura a considerar múltiples perspectivas y posibilidades, considerando el contexto, las personas y las relaciones.

Carroll y Shaw reconocen seis componentes de la madurez ética.

1. **Sensibilidad ética**: conciencia de uno mismo y del impacto de nuestros comportamientos en los otros. Incluye la capacidad de tener conciencia de nuestros valores y motivaciones, de cómo utilizamos el poder en las relaciones, de nuestro cuidado personal físico, emocional, mental y espiritual, y el desarrollo de la compasión y la empatía.

2. **Discernimiento ético**: capacidad para reflexionar, tomar decisiones éticas. Implica claridad sobre el hecho de que para tomar decisiones éticas maduras se necesita flexibilidad para considerar tanto los elementos racionales como los emocionales e intuitivos, la información y la experiencia, la posibilidad de tomar riesgos o ir por lo seguro.

3. **Implementación ética**: análisis de los apoyos y obstáculos para implementar decisiones. Tomar una decisión no es suficiente cuando se lidia con desafíos éticos. Puede haber una distancia entre decidir e implementar una decisión. Para hacer esto último, se requiere valentía, compromiso y resiliencia.

4. **Conversación ética**: capacidad para defender nuestras decisiones públicamente y conectarlas con nuestros principios.

5. **Serenidad ética**: capacidad para vivir con la decisión y en paz consigo mismo, aprender del proceso y dejar ir las inquietudes.

6. **Desarrollo ético y moral del carácter**: utilización del aprendizaje para enriquecer el autoconocimiento y ser éticamente más competente.

El espacio de Supervisión es muy valioso para el desarrollo de la madurez ética. En la medida en que el supervisor esté familiarizado con las distinciones de madurez ética, puede ser más efectivo al ofrecerle al coach oportunidades de reflexión para tomar decisiones que demuestren esta habilidad.

Resumen del capítulo

✓ Una parte importante de la tarea del supervisor consiste en trabajar con el coach para explorar aspectos éticos y legales.

✓ Las inquietudes más comunes que se presentan en Supervisión giran alrededor de temas como la confidencialidad, la necesidad de derivar al cliente o al coach a servicios de salud mental, y cómo elaborar acuerdos de manera efectiva.

✓ Es importante que el supervisor consiga crear un espacio de reflexión en el que el coach no se avergüence de los errores éticos que pueda haber cometido o de las dudas que tenga, y en cambio aprenda de sus equivocaciones, de su propia experiencia.

✓ Según Lane, los códigos de ética de las diferentes asociaciones profesionales tienen cuatro puntos en común: 1) respeto por la dignidad de las personas, 2) cuidado competente basado en las habilidades apropiadas para asegurar el bienestar del cliente, 3) integridad y 4) responsabilidad profesional para con la sociedad.

✓ Se espera que el supervisor y el coach mantengan la confidencialidad de todo lo que se trata en las sesiones. La existencia de la relación también es confidencial. Sin embargo, hay ciertos casos en los que es apropiado no respetar la confidencialidad (por ejemplo, cuando está en juego la vida de una persona), y deben ser aclarados desde el principio.

✓ Cuando es una organización la que contrata al coach o al supervisor, es muy importante determinar en el acuerdo y mencionar en las primeras conversaciones del proceso qué es y qué no es confidencial.

✓ Cuando un coach trabaja con un gerente y con quienes le reportan directamente es importante que en la Supervisión se exploren las expectativas de todas las partes y los miedos vinculados a la confidencialidad que puedan existir, porque esto influye directamente sobre la confianza que se necesita despertar en el cliente para que consiga mostrarse vulnerable y esté dispuesto a abrirse y a compartir sus preocupaciones.

✓ Si un cliente quiere recibir ayuda para irse de la compañía en la que trabaja, no es ético que un coach contratado por esa compañía para desarrollar sus virtudes de liderazgo utilice el proceso de Coaching para apoyarlo.

✓ Si un cliente tiene problemas de alcoholismo o de drogadicción y se niega a recibir tratamiento, el coach se verá en la posición de decidir si es apropiado seguir con la relación profesional.

✓ Si un supervisor detecta que un coach que está iniciando un proceso de Supervisión necesita recurrir a servicios de salud mental, tiene que hacer la derivación y crear conciencia en el coach sobre los riesgos que está corriendo y a los que podría llegar a someter a sus clientes.

✓ Ni la ICF ni el European Mentoring and Coaching Council (EMCC) determinan un tiempo para iniciar una relación romántica después de finalizada una de Coaching, aunque ambas instituciones desaprueban que se establezca un vínculo de ese tipo durante el proceso. Hay que tener siempre presente que a partir de la *transferencia* y la *contratransferencia* pueden generarse vínculos a los que el supervisor debe estar atento, para traerlos a la conversación de Supervisión cuando sea apropiado, en el marco de reflexión que esta significa.

✓ La madurez ética es la capacidad de tomar decisiones éticas sin dejar de lado las perspectivas de las diversas partes (Gibbs, 2010). Implica tomar en cuenta una variedad de condiciones: información, experiencia, capacidad para analizar, intuición, empatía, compasión.

✓ Carroll y Shaw reconocen seis componentes de la madurez ética: 1) *sensibilidad ética*, 2) *discernimiento ético*, 3) *implementación ética*, 4) *conversación ética*, 5) *serenidad ética* y 6) *desarrollo ético y moral del carácter*.

CAPÍTULO 5

APRENDIENDO A REFLEXIONAR

En este capítulo se presentarán modelos que permiten entender el proceso de reflexión y aprendizaje que ocurre durante la supervisión de coaching apelando a diferentes modelos de reflexión, Mindfulness, Teoría U y Neurociencias.

Una de las tareas más importantes del supervisor de Coaching es facilitar un espacio de reflexión que permita crear las condiciones para aumentar el grado de conciencia del coach y la efectividad de su trabajo. Sin embargo, durante nuestra educación profesional recibimos muy poco entrenamiento sobre lo que es reflexionar y sobre cómo ofrecer espacios aptos para el desarrollo y la práctica de la reflexión efectiva.

De acuerdo con la Real Academia Española, la palabra "reflexión" proviene del latín tardío (*reflexio, -onis*), y describe la acción de *volver atrás*. Cuando reflexionamos, volvemos atrás para dar sentido y encontrar nuevas interpretaciones a nuestras experiencias. Cuando reflexionamos en Supervisión, estamos explorando nuestras creencias, emociones y comportamientos para aprender de ellos y alcanzar un mayor nivel de efectividad. Como consecuencia, considero que es fundamental que haya lugar para la reflexión, para examinar, interpretar o encontrar sentido al trabajo que hacemos antes, durante y después de una sesión de Coaching o de Supervisión.

Cuando el coach está por tener una sesión con su cliente o con su supervisor, tiene que reflexionar sobre lo ocurrido en sesiones anteriores, y prepararse para poder dar seguimiento a los temas trabajados. La cantidad y la calidad del tiempo dedicado a la preparación de la sesión impactan directamente sobre la efectividad que se alcanzará. El supervisado también tiene que estar preparado para la sesión de Supervisión, dedicarle tiempo a decidir qué quiere conseguir de esta instancia y preparar el caso que va a presentar para ser explorado[1].

Durante la sesión, el coach o el supervisor reflexionan no solo sobre los desafíos o las inquietudes que trae el cliente (contenido), sino también sobre sus propias reacciones, disociándose, para poder intervenir con la distancia profesional correspondiente. Disociarse, en este caso, significa observarse a sí mismo desde afuera, como si uno fuera un espectador viendo una película de lo que está pasando, o –para usar otra metáfora– como una mosca que presta atención posada en la pared.

De acuerdo con Grady McGonagill (2002), el coach, para reflexionar efectivamente, necesita demostrar:

✓ Conciencia de sus filtros para dar significado a las interacciones de Coaching.
✓ Conciencia de sus propias suposiciones, métodos y herramientas.
✓ Compromiso para explorar su propia efectividad como coach.
✓ Habilidad de entender a cada cliente como un nuevo desafío.

McGonagill sugiere un modelo para reflexionar sobre la práctica del coach que incluye: la visión de Coaching (valores, aspiraciones, suposiciones que guían la práctica

---

1. Ver el Apéndice 4: "Preguntas para la sesión de Supervisión", en especial las preguntas propuestas por Eva Hirsch Pontes.

del coach), la comprensión del comportamiento humano (teorías subyacentes sobre las influencias psicológicas, organizacionales y sociales en el comportamiento), y el perfil del coach (disposiciones conscientes e inconscientes que influyen en sus decisiones sobre qué teorías, métodos y herramientas aplicar en cada situación).

Reflexión en acción y reflexión sobre la acción

Hay diferentes tipos de reflexión. Schön y Argyris (1974) trabajaron en el campo de la educación y postularon que cuando los profesionales se encuentran con desafíos necesitan estar conscientes de lo que les está pasando y prestar atención al impacto del trabajo que hacen con sus clientes para asegurar su efectividad. Los autores contribuyeron a entender la reflexión como una actividad central de la tarea profesional en vez de enfocarse solamente en el conocimiento técnico.

De acuerdo con Schön (1983), la *reflexión en acción* se da cuando el coach o el supervisor conjeturan sobre lo que está sucediendo durante la sesión, en el *aquí y ahora*, en cuanto a las ideas, los sentimientos y las reacciones corporales experimentadas en el momento, en el medio de la acción que se desarrolla durante el trabajo con los clientes o los supervisados. Cuando esto se da en el ámbito de la Supervisión, el supervisado se permite experimentar sorpresa, confusión y ambigüedad en situaciones complejas, reconoce estas experiencias como parte del proceso de aprendizaje y las abraza con curiosidad en vez de hacerlo con temor.

La *reflexión sobre la acción* se da cuando después de la sesión de Coaching se analiza lo sucedido. Pueden tomarse notas sobre los principales puntos explorados, los aprendizajes y acuerdos, para facilitar el seguimiento en la próxima conversación y para prepararse para la sesión de Supervisión. Una pregunta que invita a la *reflexión sobre la acción* es la que puede hacerle el supervisor al coach sobre los motivos por los que hizo lo que hizo en la sesión de Coaching.

Schön sostiene que el profesional aplica, más que teorías, un repertorio de imágenes, ejemplos, técnicas y experiencias pasadas para elegir la intervención más apropiada en cada situación, que es única.

Esto nos recuerda que tanto el Coaching como la Supervisión son, además de ciencias, *artes*. Son ciencias porque siguen ciertos patrones y definiciones preestablecidos por asociaciones profesionales, y son artes porque cada situación, cada cliente, son únicos y requieren capacidad profesional para servir uno mismo como instrumento, utilizando la reflexión para tomar la mejor decisión en cada momento[2].

Cuando el profesional está dispuesto a reflexionar, desarrolla la habilidad necesaria para ser curioso y estar abierto. Esto le permite hacer contribuciones creativas a la conversación, decidir cuál es la intervención más apropiada, evitar los juicios y estar dispuesto a tomar cada desafío como una oportunidad de aprendizaje.

Entre los obstáculos más comunes para la reflexión que encuentran Carroll y Gilbert (2005) están: el estrés, la falta de valoración del espacio para reflexionar (y la percepción de que puede ser una pérdida de tiempo), las personalidades ansiosas, las expectativas, la lealtad (no querer ser percibidos como personas que no apoyan a sus colegas), y la vergüenza (dificultad de mostrarse vulnerable, pedir ayuda y aprender).

Un espacio propicio para reflexionar

Nancy Kline, en *More Time to Thing* (2004), indica que el aumento de la capacidad para reflexionar está relacionado con el contexto y con cómo son tratadas las personas. Kline explica que los comportamientos determinan la calidad de los pen-

---

2. En el Capítulo 8 me refiero al *self* como instrumento.

114

samientos. El comportamiento de quien escucha influencia el espacio de reflexión en tal grado que esta escucha es más importante que la inteligencia, la educación y la experiencia del que está pensando. Es decir, que la escucha y la atención enfocada generan esa oportunidad de reflexión para los otros.

Crear un ambiente propicio para la reflexión está vinculado a una manera de *ser en el mundo* antes que a una serie de técnicas. Un supervisor que busque la efectividad tiene que preguntarse si está realmente interesado en saber qué está pensando su supervisado y cómo puede crear las condiciones de respeto y de apoyo para que piense creativamente.

Nancy Kline expone diez elementos vinculados al *ser* que deben tomarse en cuenta para crear espacios creativos de reflexión:

Atención. Si se presta atención con genuina curiosidad a quien está pensando en voz alta, el interlocutor piensa mejor que si está dialogando con alguien que lo interrumpe o que no muestra curiosidad. La atención es un catalizador para enardecer la reflexión.

Igualdad. Si se trata de igual a igual a quienes reflexionan, dejando de lado relaciones jerárquicas que puedan existir, pensarán mejor.

Calma. Quien reflexiona será más efectivo si trabaja en un espacio relajado, en vez de hacerlo apremiado por urgencias y presiones.

Aprecio. Si se aprecia a las personas en vez de criticarlas, pensarán más efectivamente que si nos enfocamos en sus debilidades. El reconocimiento debe ser sincero, específico y sucinto.

Aliento. Cuando se alienta a quien está pensando para que tome riesgos y vaya más allá de sus formas habituales de hacerlo, será más efectivo para conseguir sus objetivos. Se requiere valentía para no preocuparse por lo que los otros vayan a pensar acerca de nuestras reflexiones. El supervisor necesita crear un espacio pleno de confianza, de aceptación y de apoyo para que aumente la capacidad de reflexión.

Información. Cuando se utiliza toda la información disponible, se pensará mejor que si se retienen datos que puedan llevar a la contradicción. Descartar información puede convertirse en un obstáculo a salvar cuando se persigue como meta la reflexión creativa, y el supervisor debe estar atento para detectar si el coach no está compartiendo algo, por ejemplo, porque le quita importancia, porque lo *descuenta*. Es útil preguntarse: ¿qué podemos estar *descontando* y está frente a nuestras "narices"? ¿Qué es lo que lleva a que se *descuente* determinada información?

Lugar. Si se invierte en recursos y se crea un espacio apto para reflexionar, que demuestre genuino interés por las personas que están participando del proceso, quienes reflexionan se sentirán más comprometidos. La preparación deberá tomar en cuenta la iluminación adecuada, el silencio necesario, que haya buenos asientos y todas las comodidades posibles. Si el trabajo es virtual, conviene asegurarse de que las conexiones de Internet sean de alta calidad y con buen ancho de banda.

Preguntas incisivas. Si se hacen preguntas exploratorias que cuestionen lo que se da por sentado, se logrará un mejor nivel de reflexión que si no se trabaja sobre esas creencias, que pueden ser limitantes. Desafiar los supuestos habilita cuestionamientos que pueden llegar a ser productivos y abre nuevas posibilidades para pensar, sentir y tomar decisiones. En este sentido, es bueno preguntar y preguntarse: ¿qué estamos asumiendo como "normal" y no nos mueve a la acción? ¿Qué otro supuesto puede resultar más liberador? Si considerá-

APRENDIENDO A REFLEXIONAR

ramos este nuevo supuesto, ¿qué podríamos hacer?
Cuando se desarrolla un espacio de pensamiento creativo, el interés por las preguntas tiene que ser mayor
que el interés por las respuestas. A veces, solamente
preguntar "¿y qué más?" puede hacer la diferencia.

Diversidad. Si se aprecian las diferencias, tanto de
identidad como de ideas, se pensará mejor que si el interlocutor recibe el mensaje de que *es mejor pensar como
lo hacemos nosotros.* Esto requiere dejar de creer que es
necesario que todos piensen de igual manera y valorar
el hecho de enriquecernos con diferentes perspectivas.

Sentimientos. Si se expresan los sentimientos (de enojo o de tristeza, por ejemplo), se logrará un mejor nivel de reflexión que si se ocultan o *anestesian.* Expresar
miedos comunes (al fracaso, a la humillación, a la ex-
clusión) permite crear espacios más creativos. El miedo consciente o inconsciente es uno de los principales
obstáculos para el pensamiento creativo. Lamentable-
mente, también es un tema tabú. Los miedos, por lo
general, no se expresan ni se discuten, quedan en el
trasfondo y obstaculizan el proceso de reflexión.

Los seis niveles de reflexión de Carroll y Gilbert

Una parte importante del trabajo del supervisor consiste
en aumentar el nivel de reflexión de los coaches que lo
contratan. Para lograr éxito en este aspecto, es útil utilizar
el modelo que proponen Carroll y Gilbert (2005), porque
permite saber en qué nivel se encuentra el supervisado.

Nivel 1. Cero reflexión / desconexión
En el Nivel 1 se describe una postura no reflexiva, y
es muy difícil internalizar o tener miradas amplias, así
como apreciar de forma panorámica los sistemas. Está

asociado a una postura de "blanco o negro" sobre los eventos. Usualmente, quien se encuentra en estado de *cero reflexión* adopta una postura de víctima. Tiene muy poca consideración acerca de cómo él mismo podría ser parte del problema o podría estar contribuyendo para que el problema exista. La idea más común de quien se encuentra en el Nivel 1 es: "Tú eres el problema y yo soy la solución".

Nivel 2. Reflexión empática / conexión empática

En este nivel de reflexión, el individuo se convierte en un observador con reconocimiento y emoción. Hay conciencia de cierta empatía hacia la perspectiva del otro. La idea que grafica bien el Nivel 2 es: "Yo estoy bien, aunque puede ser que no esté del todo bien; y me estoy dando cuenta de que tú podrías estar bien, pero todavía no lo estás. Tú aún eres el problema y yo puedo llegar a ser la solución".

Nivel 3. Reflexión relacional / conexión personal

Este nivel, a menudo, está acompañado de un diálogo (interno o externo) en el que se empiezan a compartir las inquietudes y se comienza a notar que muchos problemas están relacionados. Aparece lo que se llama una *responsabilidad colectiva*, una postura del *nosotros*. La idea rectora es: "Nosotros tenemos el problema y nosotros tenemos la solución".

Nivel 4. Reflexión sistémica / conexión contextual

Esta es la postura reflexiva sistémica, que pone el foco sobre el sistema y sobre todos los subsistemas involucrados. Es lo que se denomina la *habilidad helicóptero* (o *satélite*), que permite ver todos los sistemas pequeños y grandes que afectan nuestras vidas y nuestras conductas. En el Nivel 4, la reflexión puede extenderse hacia los ancestros, la herencia, la comunidad, la cultura y el ecosistema. Esta es la postura de la *mirada panorámica*, que puede graficarse con la frase: "¿Cómo está todo conectado y cómo podemos mirar y reflexionar desde estas perspectivas múltiples?".

Nivel 5. Autorreflexión / conexión incorporada
En este nivel, quien reflexiona empieza a mirar hacia sí mismo y a considerar su responsabilidad por las situaciones en las que se encuentra. En este nivel de autorreflexión desarrollamos un mayor grado de conciencia que puede resultar en nuevas formas de dar significados. Refleja la conciencia que se tiene de uno mismo, y da lugar a trabajos que tienen por objetivo cambiar maneras de pensar, encontrar nuevos significados y revisar desde nuevos puntos de vista decisiones que se tomaron y que se tomarán. Aparece la idea de que el propio cambio llevará a implementar una nueva forma de enfrentarse a situaciones. El pensamiento de este nivel es intersubjetivo, se reflexiona sobre los propios patrones de pensamiento y de conducta, y sobre todos los temas vinculados a las relaciones[3].

Nivel 6. Reflexión trascendental / conexión universal
Esta es la postura que mira "más allá" de lo que da sentido a la vida. Trasciende a cualquier relación con personas o con situaciones, abriéndose a una construcción de largo alcance, que es inherente a todas las relaciones, personales o situacionales. Para muchos, esta postura puede tener carácter religioso o espiritual, y reflejar una filosofía o un sistema de significados. Quien alcanza este nivel de reflexión encuentra significado a sus acciones al suscribirse a una posición existencial, e intenta

---

3. La reflexión es parte clave del trabajo del supervisor, por lo cual recomendamos tener un diario con notas sobre las experiencias que dejan los sucesivos trabajos con los supervisados.

vivir su situación actual con una perspectiva expandida y reconociendo sus propias limitaciones de percepción. Quien está en el Nivel 6 desea expandir su mirada y su postura, a pesar de que esto requiera que ingrese a un espacio desconocido que pueda generar una profunda reestructuración de sus construcciones mentales.

Mindfulness y **Supervisión**

Dado que una de las tareas de la Supervisión es la reflexión sobre la tarea del coach, es clave que el supervisor esté *presente* y conectado con su supervisado, para indagar en el *aquí y ahora* sobre lo que le está pasando a cada persona involucrada en la situación.

El término *mindfulness* tiene sus raíces en el budismo y se lo traduce al español de diferentes maneras. La más común es "conciencia pura", expresión con la que se designa un estado de enfoque absoluto sobre el *presente*, que permite la máxima atención a lo que se está haciendo y sintiendo en el *aquí y ahora*. Esta práctica es utilizada en meditación para alejar distracciones y lograr así enfocarse en un mantra o en la respiración, y con su empleo se busca tomar conciencia absoluta del presente y aceptarlo dejando de lado juicios y deseos.

De acuerdo con Doug Silsbee (2004), el "*mindfulness* es un estado de *presencia* en el cual estamos conscientes de nuestros sentimientos y pensamientos y de los hábitos de nuestra mente y somos capaces de dejar ir los que no nos ayudan, para que no nos limiten". El autor sostiene que cultivar el *mindfulness* es un proceso que lleva toda la vida, y requiere desapegarse de nuestras formas habituales de interpretar el mundo y de entender nuestras relaciones, para crear nuevas formas de interpretación y de vinculación.

El dominio del *mindfulness* implica el máximo enfoque, un estado en el que se está alerta y relajado al mismo tiempo, y se alcanza mediante la *intención*. Incluye la capacidad de concentración, la paciencia y la compasión con nosotros mismos y con las otras personas. Hay una relación entre esta práctica y las técnicas gestálticas que se enfocan en el *aquí y ahora*. Requiere lentificar nuestra atención para reconocer experiencias propias y de los otros, como por ejemplo, percibir un suspiro, un movimiento ansioso de los pies o de los dedos de la mano, la forma en que estamos respirando y las imágenes que aparecen durante la conversación.

Shainberg (1990) propone una aproximación contemplativa a su trabajo como terapeuta, y al entrenar a nuevos profesionales los invita a enfocarse en el presente, en la relación con sus clientes, en sus pensamientos, emociones y comportamientos, en vez de enfocarse en las inseguridades y ansiedades propias o en cómo ayudarlos implementando la intervención apropiada. Shainberg también propone aceptar a los clientes como son en vez de pensar en cómo deberían ser. Al dejar ir juicios sobre lo que debería pasar, podemos conectarnos más con lo que está pasando y observar qué pasa en cada momento. Esto se aplica al Coaching y a la Supervisión.

Uno de los pioneros en la aplicación del *mindfulness* en compañías, Chade-Meng Tan (2012), enseña que esta práctica conduce a desarrollar una mente capaz de mantener la calma y la claridad a través del entrenamiento de dos facultades: la *atención* y la *meta-atención*, que es la capacidad de prestar atención a nuestra propia atención.

Chade-Meng Tan, que aplicó el *mindfulness* en su trabajo con el personal de Google, explica que la utilidad que tiene para la meditación se traslada a otras prácticas cotidianas, como lo son la conversación y hasta el acto de comer; que a través de su práctica, basada en prestar atención a la respiración, se consigue evitar distracciones, preocupaciones y juicios durante la meditación; y que esto produce un estado de calma y de concentración que se traduce en una reducción severa del estrés y un incremento en la misma medida del bienestar general. El autor enseña, además, que cuando las distracciones aparecen deben ser reconocidas (pero no como motivo de autocrítica), y soltadas, para que se marchen de la misma manera en que aparecieron.

En la medida en que se desarrolla el *mindfulness* se está más *presente*, se capta con mayor intensidad el *aquí y ahora*, y se deja de vivir en forma mecánica. Al mismo tiempo, dejar ir los juicios libera energía apta para cultivar la paciencia y la compasión, que obran en favor de las relaciones con los demás y con uno mismo.

En el ámbito de la práctica del Coaching y de la Supervisión, existe una cantidad creciente de profesionales que utilizan la respiración y la meditación como herramientas de trabajo en las que aplican el *mindfulness*.

La Teoría U de Otto Scharmer

El *modelo de aprendizaje y de cambio* de Otto Scharmer está basado en la creencia de la importancia que tiene crear mayores niveles de conciencia en las personas, que permitan hacer emerger un futuro con mayores posibilidades. Su principal fundamento está en el *presenciar*, que implica ir a un nivel de mayor profundidad, para conectarse con uno mismo y con el propio potencial, y aceptar así que es necesario *dejar ir*, para que un nuevo futuro sea posible y emerjan nuevas posibilidades.

Presenciar une las ideas de presencia y de percepción (*sensing*, en inglés), e implica un estado de atención que favorece que las personas y los grupos transformen el lugar desde el que funcionan. En este *viaje* o travesía que propone Otto Scharmer, se parte de una forma de ser definida, estática, hacia una nueva forma de ser posible, un destino en el que las acciones están alineadas con los valores y las creencias sobre el mundo.

La Teoría U es un proceso que permite innovar creativamente, una propuesta para desplazarse del lugar en el que se está y de la perspectiva desde la que se observa el mundo hacia nuevos horizontes. Scharmer propone operar a niveles profundos, tomar conciencia sobre la manera en que se observa y se presta atención, y a partir de allí hacer un movimiento integral, utilizando para ello la inspiración y el compromiso.

La Teoría U consta de cinco pasos, que alineé al proceso de Supervisión con la colaboración de Illary Quinteros, MCC:

1. **Co-iniciar.** Crear una intención común. Detenerse y escuchar a los otros. Descargar patrones del pasado para ver con nuevos ojos y con la mente abierta. En Supervisión se puede alinear con la exploración en la cual el supervisado ofrece información sobre el cliente y sus intervenciones. El supervisor hace un *download* de la información y escucha solo para informarse.

2. **Co-sentir/percibir.** Observar con la mente y el corazón abiertos, como resultado de haber suspendido los juicios. Redireccionar la atención. En este estadio, el supervisor observa lo que le sucede tanto al coach como a él mismo. Explora junto al coach la relación cliente-coach y coach-supervisor, y los posibles *procesos paralelos*. El supervisor observa la empatía del coach con el cliente y al mismo tiempo modela cómo ser un supervisor empático.

3. **Co-presenciar.** Conectarse con la inspiración y la voluntad. Desde el silencio, dar lugar a que el conocimiento interior emerja y transformarse durante el proceso. Requiere una búsqueda interna y dejar ir todo lo que no nos sirve y que no es esencial para nuestra travesía. En Supervisión se explora el *quién* del supervisado y también las reacciones del

propio supervisor. El supervisor ofrece al supervisado un espacio para conectarse consigo mismo, y utilizando su intuición y sabiduría interior explorar los recursos personales internos del supervisado. Al mismo tiempo, el supervisor es sensible a sus propias reacciones, tanto respecto del material presentado por el supervisado como de la interacción en el *aquí y ahora* con él.

4. **Co-evolucionar.** Incorporar lo nuevo prestando atención a la totalidad. Cristalizar la visión y la intención. En este estadio del proceso, el supervisado identifica qué elementos tiene que tomar en cuenta en el trabajo con sus clientes. Por ejemplo, la influencia de otros sistemas y sus experiencias pasadas; pero sobre todo, la nueva información que su sabiduría interna le ofrece como resultado de *co-presenciar* con el supervisor.

5. **Co-crear.** Graficar prototipos de lo nuevo con ejemplos reales, que se puedan aplicar en el futuro. Unir la cabeza, el corazón y las manos y ejecutar desde esa totalidad. Este estadio incluye las acciones que va a realizar el supervisado con sus clientes: la aplicación de lo aprendido en Supervisión.

Otto Scharmer observa cuatro tipos de escucha: 1) *downloading*, o escuchar para reconfirmar juicios habituales; 2) escuchar hechos estando abierto para aprender de ellos; 3) la escucha empática con el corazón abierto, y 4) la escucha generativa con una apertura a un futuro distinto emergente, abierto a posibilidades en un estado de "comunión". El supervisor necesita escuchar desde estos cuatro lugares. Si se queda en los primeros tres, quizá se pierda la oportunidad de crear una verdadera transformación en el supervisado y en él mismo.

Scharmer propone ciertas capacidades que se necesitan para la travesía y que se aplican al trabajo en Supervisión. Son las capacidades para escuchar el llamado de la vida hacia nosotros, y para observar con el corazón, la mente y la voluntad abiertos, integrar las tres fuentes y resistir las voces del juicio interno, del cinismo y del miedo. Scharmer sugiere acceder no solo a la inteligencia de la mente sino también a la del corazón y a la de nuestras manos (para pasar a la acción).

Supervisión de Coaching y neurociencias

Tanto los coaches como los supervisores de Coaching necesitamos entender conceptos básicos relativos a cómo funciona el cerebro humano, para poder aplicar esta información a nuestro trabajo, ya que los comportamientos de los clientes pueden responder al desempeño neurológico, y si no tomamos esto en cuenta, estaremos "ciegos" ante al impacto de la fisiología en la tarea de transformación que realizamos junto a ellos.

Además, son muchos los clientes que valoran las explicaciones científicas que vinculan sus comportamientos con el trabajo fisiológico del cerebro. Entender por qué reaccionamos emocionalmente antes de hacerlo racionalmente o saber acerca de la capacidad de aprendizaje del cerebro, suele permitirles a los clientes desarrollar una confianza basada en el fundamento biológico de sus comportamientos, una mayor conciencia de su capacidad para manejar desafíos emocionales o de aprendizaje y nuevas habilidades, si fueran necesarias.

Aunque el estudio del cerebro sea de alta complejidad, existen distinciones básicas que resultan clave para el trabajo de los profesionales de Coaching. Entre ellas están el rol de las amígdalas cerebrales y la neuroplasticidad, que es la capacidad de aprender a partir del desarrollo de nuevos circuitos neuronales que generen nuevos comportamientos y nuevas maneras de ser en el mundo, algo que es deseable que suceda durante el proceso de Coaching y de Supervisión de Coaching.

El cerebro puede seguir aprendiendo durante toda la vida, y comprender esto, así como que la información, antes de llegar a la neocorteza pasa por el sistema límbico, ayuda a prestar atención a los impulsos y tomar medidas al respecto. Hay una relación íntima entre el funcionamiento del cerebro y la inteligencia emocional; y saberlo resulta de gran utilidad para mejorar las relaciones humanas a través del autocontrol. Por ejemplo, no tiene nada de malo escribir una carta cuando uno está enojado, pero esperar hasta el día siguiente para releerla y corregirla antes de enviarla puede prevenir consecuencias negativas.

El enfoque sobre la capacidad para desarrollar habilidades que pongan freno a los impulsos puede significar una diferencia importante en el trabajo que hacemos con nuestros clientes.

Una buena manera para entender al cerebro, teniendo en cuenta su evolución, consiste en dividirlo en tres áreas:

1. El cerebro reptil, que maneja funciones automáticas (respirar, los latidos del corazón).
2. El cerebro mamífero o sistema límbico, que regula las relaciones entre el sujeto y su entorno, y contiene las amígdalas cerebrales, receptoras y emisoras de las señales nerviosas que intervienen en las respuestas emocionales.
3. El cerebro cognitivo o neocórtex, que integra la información y le da sentido al mundo en el que vivimos a través del lenguaje.

Los autores Brown y Brown (2012) sugieren que entender cómo funciona el cerebro puede ser útil a la hora de enfrentar situaciones en las que el cuerpo se encuentra presionado por su ambiente y segrega cortisol, una hormona que en pequeñas cantidades es beneficiosa, porque incrementa el azúcar en sangre y ayuda a mantener la glucosa en niveles aceptables; pero cuando es segregada a altos niveles tiene efectos adversos, como por ejemplo, la atrofia de parte del cerebro y el entorpecimiento cognitivo.

Una de las funciones del supervisor de Coaching es ayudar a los coaches a lidiar con situaciones estresantes, implementando estrategias que permitan identificar una emoción (ponerle un nombre, por ejemplo, "frustración"), reenmarcar la situación (encontrándole nuevos significados), controlar el ambiente (por ejemplo, ordenando el escritorio, poniendo música clásica para relajarse), y desarrollar un plan de acción que incluya un buen manejo de la inteligencia emocional y la creatividad. Para recorrer este camino de manera eficiente, resultan muy útiles los avances incorporados por las neurociencias.

Resumen del capítulo

✓ Una de las tareas más importantes del supervisor de Coaching es facilitar un espacio de reflexión que permita crear las condiciones para aumentar el grado de conciencia del coach y la efectividad de su trabajo.

✓ Cuando el coach está por tener una sesión con su cliente o con su supervisor, tiene que reflexionar sobre lo ocurrido en sesiones anteriores y prepararse para poder dar seguimiento a los temas trabajados.

✓ Durante la sesión, el coach o el supervisor reflexionan no solo sobre los desafíos o las inquietudes que trae el cliente (contenido), sino también sobre sus propias reacciones, disociándose, para poder intervenir con la distancia profesional correspondiente.

✓ De acuerdo con Grady McGonagill (2002), el coach, para reflexionar efectivamente, necesita demostrar: 1) conciencia de sus filtros para dar significados a las interacciones de Coaching; 2) conciencia de sus propias suposiciones, métodos y herramientas; 3) compromiso para explorar su propia efectividad como coach, y 4) habilidad para entender a cada cliente como un nuevo desafío.

✓ Según Schön (1983), la *reflexión en acción* se da cuando el coach o el supervisor conjeturan sobre lo que está sucediendo durante la sesión, en el *aquí y ahora*, sobre las ideas, los sentimientos y las reacciones corporales experimentadas en el momento, en el medio de la acción que se desarrolla durante el trabajo con los clientes o los supervisados.

✓ La *reflexión sobre la acción* se da cuando después de la sesión de Coaching se analiza lo sucedido.

✓ Entre los obstáculos más comunes para la reflexión que encuentran Carroll y Gilbert (2005) están: el estrés, la falta de valoración del espacio para reflexionar (y la percepción de que puede ser una pérdida de tiempo), las personalidades ansiosas, las expectativas, la lealtad (no querer ser percibidos como personas que no apoyan a sus colegas), y la vergüenza (que dificulta mostrarse vulnerable, pedir ayuda y aprender).

✓ Nancy Kline, en *More Time to Thing* (2004), indica que el aumento de la capacidad para reflexionar está relacionado con el contexto y con cómo son tratadas las personas. Crear un ambiente propicio para la reflexión está vinculado a una manera de *ser en el mundo* antes que a una serie de técnicas.

✓ Kline expone diez elementos vinculados al *ser* que deben tomarse en cuenta para crear espacios creativos de reflexión: 1) *atención*, 2) *igualdad*, 3) *calma*, 4)

aprecio, 5) *aliento,* 6) *información,* 7) *lugar,* 8) *preguntas incisivas,* 9) *diversidad* y 10) *sentimientos.*
✓ Una parte importante del trabajo del supervisor consiste en aumentar el nivel de reflexión de los coaches que lo contratan. Para lograr éxito en este aspecto, es útil utilizar el modelo que proponen Carroll y Gilbert (2005), porque permite saber en qué nivel se encuentra el supervisado: nivel 1: *cero reflexión / desconexión;* nivel 2: *reflexión empática / conexión empática;* nivel 3: *reflexión relacional / conexión personal;* nivel 4: *reflexión sistémica / conexión contextual;* nivel 5: *autorreflexión / conexión incorporada,* y nivel 6: *reflexión trascendental / conexión universal.*
✓ El término *mindfulness* tiene sus raíces en el budismo y se lo traduce al español de diferentes maneras. La más común es "conciencia pura", expresión con la que se designa un estado de enfoque absoluto sobre el *presente,* que permite la máxima atención sobre lo que se está haciendo y sintiendo en el *aquí y ahora.*
✓ De acuerdo con Doug Silsbee (2004), el *mindfulness* "es un estado de *presencia* en el cual estamos conscientes de nuestros sentimientos, pensamientos y de los hábitos de nuestra mente y somos capaces de dejar ir los que no nos ayudan, para que no nos limiten".
✓ El dominio del *mindfulness* implica el máximo enfoque, un estado en el que se está alerta y relajado al mismo tiempo, y se alcanza mediante la *intención.*
✓ Chade-Meng Tan, que aplicó el *mindfulness* en su trabajo con el personal de Google, explica que la utilidad que tiene para la meditación se traslada a otras prácticas cotidianas, como lo son la conversación y hasta el acto de comer; que a través de su práctica, basada en prestar atención a la respiración, se consigue evitar distracciones, preocupaciones y juicios durante la meditación, y que esto produce un esta-

do de calma y de concentración que se traduce en una reducción relevante del estrés y un incremento en la misma medida del bienestar general.

✓ El *modelo de aprendizaje y de cambio*, o Teoría U, de Otto Scharmer, está basado en la creencia de la importancia que tiene crear mayores niveles de conciencia en las personas, que permitan hacer emerger un futuro con mayores posibilidades. Su principal fundamento está en el *presenciar*, que implica ir a un nivel de mayor profundidad, para conectarse con uno mismo y con el propio potencial, y aceptar así que es necesario *dejar ir*, para que un nuevo futuro sea probable y emerjan nuevas posibilidades.

✓ La Teoría U consta de cinco pasos, que alineé al proceso de Supervisión con la colaboración de Illary Quinteros: 1) *Co-iniciar*, 2) *Co-sentir/percibir*, 3) *Co-presenciar*, 4) *Co-evolucionar* y 5) *Co-crear*.

✓ Otto Scharmer observa cuatro tipos de escucha: 1) *downloading*, o escuchar para reconfirmar juicios habituales; 2) escuchar hechos estando abierto para aprender de ellos; 3) la escucha empática con el corazón abierto, y 4) la escucha generativa con una apertura a un futuro distinto emergente, abierto a posibilidades en un estado de "comunión".

✓ Aunque el estudio del cerebro que hacen las neurociencias sea de alta complejidad, existen distinciones básicas que resultan clave para el trabajo de los profesionales de Coaching. Entre ellas están el rol de las amígdalas cerebrales y la neuroplasticidad, que es la capacidad de aprender a partir del desarrollo de nuevos circuitos neuronales que generen nuevos comportamientos y nuevas maneras de ser en el mundo, algo que es deseable que suceda durante el proceso de Coaching y de Supervisión de Coaching.

CAPÍTULO 6

DIVERSIDAD CULTURAL Y SUPERVISIÓN

De la misma manera que el coach puede llegar a trabajar con clientes diferentes a él, el supervisor suele hacerlo con personas de otras culturas (con diversa edad, religión, país de origen, etnicidad, género, orientación sexual, clase social), y de diferentes profesiones (contadores, abogados, psicólogos) y formaciones de Coaching (ontológica, co-activa, integrativa, gestáltica, espiritual).

De acuerdo con Rosinsky (2003), la cultura de un grupo es "una lista de características únicas que lo distinguen de otros grupos". Cada grupo tiene normas, comportamientos, formas de pensar, de comunicarse, de expresar sus emociones y de ver el mundo que lo distinguen de los demás.

Atento a esto, el supervisor no solo tiene que ser efectivo cuando explora junto al coach su trabajo con los clientes, sino que también tiene que dedicarle tiempo a indagar sobre las diferencias culturales y sus consecuencias en los procesos de Coaching y de Supervisión, para lo cual necesita desarrollar habilidades específicas, en especial la conciencia de cómo las diferencias culturales afectan a la relación de trabajo, y la sensibilidad y la flexibilidad necesarias para adaptarse a ellas.

Hay ciertas cualidades que tienen que estar presentes en los líderes globales y se aplican al coach y al supervisor que trabajan en contextos multiculturales. Gregerson, junto a otros colegas (1998), sugiere ciertas capacidades relacionadas con la identidad (capacidad de conocerse a sí mismo, ser auténtico, adaptarse a otros y estar abierto a las diferencias), y con las relaciones interpersonales (interpretar los comportamientos cuidadosamente, tener apertura para ser influenciado, asegurarse de ser entendido y respetar a los otros con ecuanimidad).

En el trabajo con personas de diferentes culturas cobra especial importancia el acuerdo de Supervisión de Coaching. Es necesario, cuando se lo elabora, clarificar las expectativas prestando atención a que, por ejemplo, hay culturas que valoran especialmente el trabajo en equipo, o que priorizan una clara distancia en las relaciones (por su especial manera de ver lo relativo a la autoridad), o que dan especial valor a un alto nivel de guía y de dirección. El desarrollo de una relación plena de confianza se ve favorecido cuando se le dedica tiempo y esfuerzo a analizar las expectativas influenciadas por la cultura.

Suele suceder, por ejemplo, que el supervisado espere recibir más orientación y el supervisor espere que el supervisado esté dispuesto a encontrar sus propias respuestas; o que el supervisado prefiera recibir un *feedback* claro, conciso y directo, y el supervisor sea parte de una cultura donde no se brinda *feedback* directo, para preservar el *ego* de los otros, y dé vueltas o busque un lenguaje ambiguo a causa de la incomodidad que le produce dar *feedback* sobre áreas en las que el coach necesite mejorar.

Rosinski (2003) afirma que cada grupo tiene diferentes "orientaciones culturales" que lo hacen único. El autor distingue siete dimensiones particulares sobre las que conviene prestar atención:

1. Sentido de poder y responsabilidad.
2. Manejo del tiempo.

3. Identidad y propósito.
4. Estructuras organizacionales.
5. Territorios físicos y psicológicos.
6. Patrones de comunicación.
7. Modos de pensar.

Los profesionales comprometidos con desarrollar sus habilidades para trabajar efectivamente junto a personas de diferentes culturas pueden encontrar el *modelo de estadios* de Benett (1993), útil para entender el proceso de desarrollo de estas habilidades:

✓ Negación: idea de que la propia cultura es la única real.
✓ Deferencia: creencia de que la propia cultura es la única válida.
✓ Minimización: visión de los elementos de la propia cultura como universales.
✓ Aceptación: reconocimiento de que la propia cultura es solo una entre otras que existen en el mundo.
✓ Adaptación cognitiva: reconocimiento de que se puede ver el mundo desde perspectivas diferentes a la propia.
✓ Adaptación de comportamientos: adecuación de los propios comportamientos a diferentes contextos culturales.

Poder y diferencias

La cultura a la que pertenecemos y nuestro desarrollo personal con relación a las figuras de autoridad y su internalización determinan nuestro vínculo con el poder. En la medida en que seamos conscientes de estos factores y de cómo actúan tanto en el supervisor como en el coach y en

el cliente, podremos desarrollar mejores relaciones laborales porque estaremos dispuestos a explorar estas dinámicas.
Cuando la relación de Supervisión está construida basada en la confianza, el coach le da al supervisor autoridad
para ofrecerle guía y apoyo emocional; pero se debe atender a que si alguna de las partes (supervisor, coach, cliente) pertenece a una minoría étnica, por ejemplo, existe la
posibilidad de que se desarrollen dinámicas de poder en
las que quienes están formados en la cultura hegemónica
no reconozcan la posible opresión experimentada por esas
minorías.

Hawkins y Smith (2006) diferencian el *poder del rol*, el
poder cultural y el *poder personal*.

El *poder del rol* implica que el supervisor tiene una autoridad inherente a su trabajo, y que esta varía de acuerdo a
cómo es contratado. Por ejemplo, hay una diferencia entre
si es contratado por una compañía y si es recomendado por
colegas y no existe una relación de "obligatoriedad" o im-
posición[1].

El *poder cultural* emana de la cultura que predomina
donde cada uno vive. Por ejemplo, en Latinoamérica se
puede decir que el poder se atribuye en mayor medida a
los varones blancos, de clase media, heterosexuales y sin
discapacidades físicas.

Cuando el supervisor no pertenece al grupo tradicio-
nalmente poderoso de una cultura, puede llegar a tener dificultades para ejercer su autoridad. Esto puede darse, por
ejemplo, en Latinoamérica, si una supervisora joven tiene
que trabajar con un coach varón y de mayor edad.

El *poder personal* es el que tiene cada persona; puede no
derivar de los designios de la cultura en la que vive y depender, en cambio, de su experiencia, su personalidad y su for-

---

1. El EMCC requiere a sus coaches que reciban Supervisión por lo menos cuatro
veces al año para renovar sus credenciales.

mación. El *poder personal* es, además, fuente de exploración tanto en Coaching como en Supervisión.

Es importante explorar cómo las dinámicas de poder afectan a las relaciones entre clientes, coaches y supervisores. En este sentido, como supervisores, podemos llegar a necesitar preguntarnos: ¿qué elementos pertenecientes a la cultura propia, así como los que pertenecen a la cultura del coach y del cliente, están influyendo en nuestro trabajo o en el proceso de Coaching que estamos supervisando? ¿Puede haber un *punto ciego* vinculado a esto? ¿Necesitamos hacer alguna adaptación para ser más efectivos?

Es importante que el supervisor reconozca los procesos de *deferencia* que describen Hawking y Smith (2006), en los cuales una persona le da autoridad a otra y pierde seguridad y confianza en sí misma, se comporta como una novata cuando no lo es, se siente "pequeña", dudosa, confundida o perdida. Al reconocer qué es lo que activa estos comportamientos, se puede tener mayor efectividad. A veces, es un sentimiento de no pertenecer, una desconexión emocional o una reacción emocional de la que no se es consciente. Como supervisores, es útil poder preguntarnos: ¿tengo capacidad para darme cuenta de mis reacciones emocionales frente a lo que está sucediendo en mis interacciones con el coach y entre las que se dan entre el coach y su cliente?

Inteligencia cultural

Hay varios modelos que ayudan al trabajo del supervisor con clientes de diferentes culturas. Uno de fácil acceso, tanto para clientes como para coaches y supervisores, es el que ofrece David Livermore en su libro *The Cultural Intelligence Difference* (2011), que define la *inteligencia cultural* como la "capacidad de funcionar efectivamente en una variedad de contextos culturales, incluyendo la nacionalidad, la etnia y las diferencias organizacionales y generacionales". Sostiene el autor que esta aptitud puede ser desarrollada, pero quien desee hacerlo, antes de elegir las estrategias que le parezcan más efectivas, tiene que identificar cuál es su nivel inicial, para lo que resulta útil un examen que se encuentra en Internet.

Livermore propone actividades que permiten desarrollar el nivel de *inteligencia cultural* vinculadas a cuatro aspectos clave:

- ✓ Empuje o motivación: desarrollar el interés y la seguridad necesarios para funcionar efectivamente en diferentes contextos culturales.
- ✓ Conocimiento: obtener información sobre las similitudes y las diferencias entre la cultura propia y las de los otros.
- ✓ Estrategia: interpretar experiencias propias de culturas diferentes, explorar significados y juicios, y ser consciente de ellos durante los procesos de planificación.
- ✓ Acción: adaptar apropiadamente comportamientos a diferentes culturas y demostrar flexibilidad sin perder autenticidad.

La *inteligencia cultural* es una capacidad crítica que tiene que ser demostrada cuando se trabaja con personas que pertenecen a culturas diferentes, para crear un espacio de confianza y obtener resultados.

Tenemos que tener cuidado de no estereotipar a las personas de acuerdo con las culturas a las que pertenecen, y recordar que cada persona es única y que no tendremos idea de cuánto se acerca o se aleja respecto de las normas de la cultura a la que pertenece hasta que no la conozcamos en profundidad.

La flexibilidad que deben demostrar tanto el coach como el supervisor para trabajar con clientes de diversas culturas también se aplica a personas de diferentes personalidades y estados de desarrollo del *ego*.

Coaching Evolutivo

No todas las personas con las que trabajamos se encuentran en el mismo lugar en cuanto al desarrollo de su *ego*. Tatiana Bachkirova (2011) desarrolló un modelo basado en distintos estadios del *ego* que permite entender en qué lugar se encuentra un cliente, para, a partir de allí, determinar qué tipo de intervención necesita hacer el coach para ser efectivo.

El *ego* es la parte del psiquismo que toma contacto con el mundo exterior y reacciona según las demandas del inconsciente y del ambiente social.

El Coaching Evolutivo se enfoca en el desarrollo de un *ego* saludable, que mejore la percepción de sí mismo, a la vez que evite los condicionantes y los autoengaños. Trabaja para crear mayor conciencia y mejorar la percepción del mundo interno y del externo, y explora los filtros utilizados para interpretar la realidad y mejorar tanto la relación entre la mente y el cuerpo como el sentido de identidad. La evolución que persigue este modelo se pone de manifiesto en el aumento de las capacidades del cliente para responder al mundo exterior e influenciarlo, y para abastecer las necesidades del mundo interno.

Los estadios que identifica el Coaching Evolutivo son:

✓ Ego no desarrollado / Conformista / Ser capaz.
✓ Ego desarrollado / Enfocado en el logro / Ser eficiente.
✓ Ego reformado / Auténtico / Ser lo mejor que se puede ser.
✓ Ego con alma / Trascendente.

Ego no desarrollado / Conformista / Ser capaz

Cuando el *ego* no está desarrollado, la persona no logra satisfacer sus necesidades y no tiene relaciones satisfactorias con los demás. En estos casos, puede darse un alto grado de dependencia, poco control sobre el ambiente y sobre sí mismo. Las personas con un *ego* no desarrollado se ven como las ven los otros, y como consecuencia dependen de los demás para conocerse.

Temas a trabajar en Coaching:

✓ Inseguridad / Falta de capacidad.
✓ Autoestima. (Ya que el bienestar depende de cómo nos ven los demás.)
✓ Dificultad para acordar con otros.
✓ Ansiedad por desempeñarse.

En estos casos, el coach tiene que explorar las percepciones en un ambiente relajado, brindar apoyo y demostrar paciencia y confianza. Puede resultar útil que le pida al cliente hacer una lista de sus destrezas y de sus fortalezas, que desafíe historias "de víctima" en las que haya intervenido y que desafíe al *autocrítico interno*. También se puede trabajar con estos clientes en cómo pedir ayuda y en que la *voz interior* sea más importante que la de los otros y más compasiva consigo misma.

Cuando se trabaja en Supervisión con un coach que tiene el *ego no desarrollado*, es necesario que se sienta completamente apoyado y que el supervisor cree un ambiente de confianza, donde se puedan explorar las inseguridades y disminuir las ansiedades de desempeño. El enfoque del proceso (en especial, al comienzo) puesto en aumentar las fortalezas del coach con el objetivo de incrementar su autoestima y su seguridad, puede ser clave para el éxito de la Supervisión.

Ego desarrollado / Enfocado en el logro / Ser eficiente

La capacidad para hacerse cargo del pasado, para manejar la ansiedad que genera el futuro y para relacionarse con otros sin despersonalizarse determina la existencia de un *ego desarrollado*. Las personas que se encuentran en este estadio tienen sentido de logro y de libertad. No se sienten víctimas de las circunstancias. Uno de los desafíos que presenta el trabajo con estos clientes aparece cuando sobreestiman sus capacidades, abusan de sus posibilidades e intentan abarcar más de lo que realmente pueden hacer. La seguridad que sienten puede provocar que tengan relaciones conflictivas, causadas por la falta de empatía. Por lo general, tienen dificultades para delegar (creen que pueden hacer las cosas mejor que los otros), ser diplomáticos (puede ser que no les preocupe la consecuencia de sus comportamientos en los otros), y reconocer la validez de perspectivas que no son las propias.

Temas a trabajar en Coaching:

✓ Efectividad personal.
✓ Autoimposición excesiva de carga de trabajo.
✓ Manejo del tiempo.
✓ Búsqueda de promoción.
✓ Resolución de problemas interpersonales ocasionados por imponerse.
✓ Delegación de tareas y colaboración con colegas.
✓ Reducción del estrés.

En estos casos, el coach tiene que desafiar al cliente y apoyarlo para que abandone su zona de comodidad y desarrolle una mayor empatía. Es necesario, además, que se priorice la información externa y el *feedback* recibido por el cliente fuera de la sesión de Coaching, porque esto permite desarrollar conciencia y abrirse a nuevas perspectivas. Un recurso útil es "tomar distancia" de la situación para analizarla sistémicamente.

En Supervisión, el coach puede mostrarse resistente a ver sus áreas de oportunidad de mejora o narrar sesiones en las que se detecten dificultades para empatizar con sus clientes. Cuando esto suceda, el supervisor necesita invitar-lo a que desarrolle una mayor sensibilidad para entender a sus clientes, y a estar menos apegado a sus propias interpre-taciones e intervenciones.

Ego reformado / Auténtico / Ser lo mejor que se puede ser

En estos casos, el cliente se enfoca en ser lo mejor que pue-de ser, busca la armonía entre su mente y su cuerpo, y es consciente de lo que puede controlar y del valor de las pos-turas que exponen sus colegas. Además, tolera la ambigüe-dad, toma riesgos, experimenta y es auténtico, en el sentido de demostrar la congruencia entre lo que piensa y lo que hace. Una persona que se encuentra en el estadio de *ego reformado* no tiene la necesidad de tener siempre la razón, tiene capacidad para pedir ayuda y es consciente del uso del lenguaje y de cómo puede engañarse a sí misma con sus propias historias. Además, es una efectiva "aprendiz", y puede anticipar los obstáculos que enfrentará para obtener los logros que se propone.

Temas a trabajar en Coaching:

✓ Falta de satisfacción pese a obtener logros.
✓ Incapacidad para encontrar significados.
✓ Conflictos internos y contradicciones.
✓ Posibilidad de cambios de carrera.

Junto a una persona que se encuentra en el estadio de *ego reformado*, el coach explora valores, busca nuevos signi-ficados y trabaja sobre la autenticidad y las incongruencias. En estos casos, el proceso de Coaching ayuda al cliente a vivir y a lidiar con las paradojas de la vida.

En Supervisión, el coach puede enfocarse en desarro-llar sus capacidades para ser un "master" en su tarea, y el supervisor, al desafiarlo, aprovechar la apertura del coach para recibir *feedback*, y de esta manera colaborar con el desarrollo de las habilidades requeridas para alcanzar un mayor nivel de rendimiento.

Ego con alma / Trascendente

La persona cuyo *ego* se encuentra en este estadio tiene necesidades y aspiraciones espirituales. El término "alma" es sinónimo, en este caso, de apertura a la percepción de la realidad y de la importancia de la compasión, la ecuanimidad y el desapego. Hay tres grupos de personas que se identifican con este estadio: las que tienen habilidades especiales (mediums, videntes), las que tuvieron experiencias místicas y las que tienen interés por temas espirituales.

Temas a trabajar en Coaching:

✓ Desarrollo espiritual.
✓ Exploración de conflictos religiosos.
✓ Conflicto entre la inclinación espiritual y las demandas externas. (Confusión creada por mensajes contradictorios.)
✓ *Mindfulness* (atención) y meditación.

Cuando una persona posee un *ego con alma*, en Coaching se exploran las inquietudes que traiga sobre su vida espiritual, con el debido respeto por las diferentes fuentes de conocimiento y sabiduría; y en Supervisión se puede llegar a trabajar en la aplicación de distinciones espirituales al trabajo con los clientes.

Resumen del capítulo

✓ El supervisor tiene que dedicar tiempo a indagar sobre las diferencias culturales y sus consecuencias.
✓ De acuerdo con Rosinsky (2003), la cultura de un grupo es "una lista de características únicas que lo

distinguen de otros grupos". El autor diferencia siete dimensiones particulares sobre las que conviene prestar atención: 1) *sentido de poder y responsabilidad;* 2) *manejo del tiempo;* 3) *identidad y propósito;* 4) *estructuras organizacionales;* 5) *territorios físicos y psicológicos;* 6) *patrones de comunicación,* y 7) *modos de pensar.*

✓ Los profesionales comprometidos con desarrollar sus habilidades para trabajar efectivamente junto a personas de diferentes culturas pueden estudiar el modelo de Benett (1993), útil para entender el proceso de desarrollo de estas habilidades: 1) *negación,* 2) *deferencia,* 3) *minimización,* 4) *aceptación,* 5) *adaptación cognitiva* y 6) *adaptación de comportamientos.*

✓ La cultura a la que pertenecemos y nuestro desarrollo personal con relación a las figuras de autoridad y su internalización determinan nuestro vínculo con el poder. En la medida en que seamos conscientes de estos factores y de cómo actúan tanto en el supervisor como en el coach y en el cliente, podremos desarrollar mejores relaciones laborales.

✓ Hawkins y Smith (2006) diferencian el *poder del rol* (implica que el supervisor tiene una autoridad inherente a su trabajo, y que esta varía de acuerdo a cómo es contratado), el *poder cultural* (emana de la cultura que predomina donde cada uno vive) y el *poder personal* (el que tiene cada persona; puede no derivar de los designios de la cultura en la que vive y depende de su experiencia, su personalidad y su formación).

✓ Es necesario, cuando se elabora el *acuerdo* de Supervisión de Coaching, clarificar las expectativas, prestando atención a las diferencias culturales.

✓ David Livermore, en *The Cultural Intelligence Difference* (2011), define la *inteligencia cultural* como la "capacidad de funcionar efectivamente en una variedad de contextos culturales, incluyendo la nacionalidad, la etnia y las diferencias organizacionales y generacionales".

✓ Livermore propone actividades que permiten desarrollar el nivel de *inteligencia cultural,* vinculadas a cuatro aspectos clave: 1) *empuje o motivación* (desarrollar el interés y la seguridad para funcionar en diferentes contextos culturales); 2) *conocimiento* (obtención de información sobre las similitudes y las diferencias entre culturas); 3) *estrategia* (interpretar experiencias de culturas diferentes, explorar significados y ser consciente de ellos durante los procesos de planificación), y 4) *acción* (adaptar comportamientos a diferentes culturas y demostrar flexibilidad).

✓ El *Coaching Evolutivo* pone especial atención en el desarrollo de un *ego saludable,* que mejore en el cliente la percepción de sí mismo y evite los condicionantes y los autoengaños.

✓ Tatiana Bachkirova (2011) desarrolló un modelo basado en distintos estadios del *ego* que permite entender en qué lugar se encuentra un cliente.

✓ *Ego no desarrollado / Conformista / Ser capaz* (la persona no logra satisfacer sus necesidades y no tiene relaciones satisfactorias con los demás). Temas a trabajar en Coaching: 1) *inseguridad / falta de capacidad;* 2) *autoestima;* 3) *dificultad para acordar con otros,* y 4) *ansiedad por desempeñarse.*

✓ *Ego desarrollado / Enfocado en el logro / Ser eficiente* (capacidad para hacerse cargo del pasado, para manejar la ansiedad que genera el futuro y para relacionarse con otros sin despersonalizarse). Temas a trabajar en Coaching: 1) *efectividad personal;* 2) *autoimposición excesiva de carga de trabajo;* 3) *manejo del tiempo,* 4) *búsqueda de promoción;* 5) *resolución de problemas interpersonales ocasionados por imponerse;* 6) *delegación de tareas y colaboración con colegas*, y 7) *reducción del estrés*.

✓ *Ego reformado / Auténtico / Ser lo mejor que se puede ser* (la persona se enfoca en ser lo mejor que puede ser, busca tener armonía entre mente y cuerpo, es consciente de lo que puede controlar, tolera la ambigüedad, toma riesgos, experimenta y es auténtica, en el sentido de la congruencia que expresa entre lo que piensa y lo que hace). Temas a trabajar en Coaching: 1) *falta de satisfacción pese a obtener logros*; 2) *incapacidad para encontrar significados*; 3) *conflictos internos y contradicciones*, y 4) *posibilidad de cambios de carrera*.

✓ *Ego con alma / Trascendente* (la persona tiene necesidades y aspiraciones espirituales). Temas a trabajar en Coaching: 1) *desarrollo espiritual*; 2) *exploración de conflictos religiosos*; 3) *conflicto entre la inclinación espiritual y las demandas externas*, y 4) mindfulness *(atención) y meditación*.

CAPÍTULO 7

SUPERVISIÓN GRUPAL

La Supervisión de Coaching Grupal es un espacio de reflexión que permite al supervisado crecer profesionalmente interactuando no solo con su supervisor, sino también con un grupo de colegas que enfrentan desafíos similares o diferentes. Habitualmente, un grupo de Supervisión tiene entre cuatro y siete participantes, y se reúne dos horas o dos horas y media todos los meses. Existen diferentes maneras de supervisar grupos, pero por lo general no funcionan como una sesión individual con observadores, sino que se busca trabajar de una manera que permita a todos los integrantes aprender y reflexionar en forma participativa sobre cada situación planteada, con lo que se consigue normalizar experiencias y disminuir ansiedades.

Ventajas y desventajas de la Supervisión Grupal

Además de ser más económica que la Supervisión individual, la Grupal resulta beneficiosa porque permite desarrollar sentido de pertenencia (al ser parte de un grupo de pares) y brinda la posibilidad de aprender de otros colegas, normalizar situaciones y recibir apoyo de otros profesionales y no solo del supervisor. Esto cobra especial importancia en el marco de una práctica como es la del Coaching, que puede ser muy solitaria. El hecho de "reconocerse" en los otros, al identificarse con situaciones vividas por colegas, permite reforzar o desafiar las prácticas profesionales que se aplican con los clientes.

Entre las desventajas del trabajo grupal están el del factor "tiempo", ya que a veces no todos los integrantes del grupo pueden presentar casos en una misma sesión, así como las diferentes expectativas, la competencia por la atención del supervisor y la presencia de personas cuya manera de ser, desenvuelta, las lleve a dominar la conversación.

La elección de los miembros del grupo de Supervisión de Coaching es una de las claves para el éxito del proceso. Conviene agrupar a coaches que tengan el mismo nivel de experiencia o que trabajen con la misma clase de clientes.

Teniendo en cuenta el tipo de involucramiento del supervisor, Inskipp y Proctor (2001) diferencian cuatro modelos de Supervisión Grupal:

- ✓ **Autoritativo**. El supervisor está en completo control del grupo. Supervisa a cada persona y los demás aprenden observando.
- ✓ **Participativo**. El supervisor es el responsable, pero incluye al resto de los participantes como co-supervisores.
- ✓ **Cooperativo**. El supervisor facilita, pero la responsabilidad es compartida.
- ✓ **De pares**. La responsabilidad es totalmente compartida por todos los integrantes. La facilitación va rotando.

En mi trabajo como supervisor de grupos, utilizo el estilo *participativo* porque me parece de gran utilidad para el éxito del proceso mantener mi responsabilidad y que a la vez los coaches participen activamente, siguiendo mi facilitación y mi guía. En la sesión que presento en el Capítulo 12 puede verse cómo incluyo a todos los integrantes del grupo invitándolos a compartir preguntas exploratorias, a la vez que me aseguro de que todos participen y se lleven una experiencia valiosa de aprendizaje.

La madurez de los integrantes del grupo de supervisión también puede definir el nivel de participación en la toma de decisiones sobre lo que sucede en la sesión. Por ejemplo, si los integrantes tienen poca experiencia en la profesión, el supervisor toma la mayoría de las decisiones sobre qué intervenciones y herramientas son las más apropiadas para trabajar sobre la inquietud planteada. En cambio, si el supervisor está trabajando junto a personas con mucha experiencia, puede invitarlas a elegir las intervenciones más efectivas para lidiar con la inquietud que se está explorando. Por ejemplo, un miembro puede proponer analizar la situación utilizando una técnica dramática que presento en el Capítulo 8 o el Triángulo de Karpman, que presenté en el Capítulo 2.

En la Supervisión Grupal que se da entre pares, cuando los coaches que se reúnen a discutir casos tienen mucha experiencia pueden optar por no contratar a un supervisor que facilite el proceso y que los participantes roten en este rol. En este tipo de grupos es importante reforzar los *acuerdos* y establecer qué sucederá si no se cumple con lo pactado; así como que haya un responsable de hacer las invitaciones y de encargarse de temas logísticos, como por ejemplo, definir en qué plataforma virtual se producirá el encuentro. Un tema importante a tomar en cuenta en este tipo de Supervisión entre pares es el nivel de compromiso de los participantes, porque la experiencia indica que si no es homogéneo se puede perder efectividad rápidamente.

Acuerdo de Supervisión Grupal

Un *acuerdo* de Supervisión Grupal claro y completo, que incluya una definición de objetivos específicos y de las formas de trabajo que van a utilizarse, favorece el éxito del proceso y evita que se generen dinámicas improductivas. Se puede prever, por ejemplo, que cada persona tendrá un tiempo determinado por sesión para expresar sus problemáticas, o decidir de manera colectiva qué casos se trabajarán en cada encuentro, teniendo en cuenta la urgencia del coach que lo presente o el interés que genere en los demás participantes.

Los grupos diseñan al principio de su trabajo cómo van a funcionar, y es clave para la efectividad del proceso de Supervisión de Coaching Grupal que todo lo que se convenga quede asentado en el *acuerdo*, donde debe figurar, por ejemplo, qué se hará en casos de ausencias, las prioridades de los casos a analizar, cómo se dará *feedback*, el nivel de participación esperado y los límites de lo que se puede seguir discutiendo fuera del ámbito de la Supervisión Grupal.

Dedicar tiempo a reconocer las diferencias culturales y personales puede resultar importante, en particular cuando implican preferencias en cuanto a cómo comunicarse y recibir *feedback*. Un estilo directo puede resultar desafiante para un coach que no quiere "incomodar a sus colegas" a la vez que prefiere no ser confrontado públicamente.

Tanto el *acuerdo* de Supervisión como el de Coaching tienen dos aspectos principales: uno global, que implica definir cómo se trabajará en todo el proceso, cuáles serán las reglas de trabajo y los objetivos generales; y otro particular, donde se incluye lo que se quiere trabajar en cada sesión.

Es importante que en el *acuerdo* se regule el trabajo que se llevará a cabo durante todo el proceso de Supervisión de Coaching. Para alcanzar la máxima eficacia, Julie Hay (2007) propone basarse en los siguientes principios generales:

✓ Respeto.
✓ Responsabilidad.
✓ Apoyo.
✓ Confidencialidad.
✓ Compromiso.
✓ Desafío.
✓ Participación.
✓ Preparación.
✓ Puntualidad.
✓ Escucha activa.

El *acuerdo* tiene que incluir, además, cómo se terminará el proceso y cómo se evaluará el resultado, el progreso de cada integrante del grupo y al supervisor. También es importante definir la forma en que se lidiará con diferencias de opinión o con los conflictos entre participantes que puedan aparecer, por ejemplo, cuando alguien dice algo que hace sentir incómodo a otro.

Competencias del supervisor grupal de Coaching

El supervisor grupal no solo tiene que demostrar habilidades específicas de Supervisión sino también la capacidad necesaria para facilitar dinámicas grupales, para poder verbalizar lo que va sucediendo durante el proceso y para reconocer los diferentes estadios de desarrollo grupal e intervenir apropiadamente. Todo esto sumado facilitará que se cree un clima de confianza que permita a todos los integrantes sentirse cómodos con sus vulnerabilidades.

De acuerdo con lo establecido por el EMCC, el supervisor de Coaching "maneja a los supervisados y la dinámica grupal, permitiendo que todos los presentes se beneficien de la sesión"[1].

---

1. En el Apéndice 3 presento la lista de competencias propuestas por el EMCC.

En su modelo de Competencias de Supervisión de Coaching, el EMCC determina que el supervisor:

1) **Maneja el tiempo de acuerdo con el contrato establecido.** Los grupos de Supervisión pueden definir con anticipación quién presentará casos y cuándo, pero también puede acordarse esto en cada sesión, teniendo en cuenta el nivel de urgencia[2]. Por ejemplo, en un grupo de cinco personas que se reúnen durante dos horas, pueden destinarse veinte minutos para que cada integrante se dedique ininterrumpidamente a la exploración de dos o tres casos. En algunas situaciones, el supervisor elige el caso que considera de mayor valor didáctico, o el grupo vota y decide por mayoría cuál es el que va a abordar. El manejo del tiempo es uno de los desafíos más grandes que enfrenta el supervisor grupal. Requiere la capacidad para poder interrumpir a los participantes cuando sea necesario o redireccionarlos cuando repitan o se desvíen de la conversación medular. Un mal uso del tiempo influido por el monopolio de la conversación por parte de una sola persona puede generar malestar en los demás participantes del grupo.

2) **Crea un espacio seguro para todos los integrantes.** En los grupos de Supervisión de Coaching los participantes necesitan desarrollar confianza para poder abrirse y ser vulnerables frente a sus colegas. El supervisor tiene que crear un espacio apto para esto. Establecer normas de trabajo, ser claro en lo relativo a la confidencialidad y definir la metodología de trabajo son herramientas de las que se vale para lograr crear un ámbito seguro en el que impere la confianza. Eventualmente, el supervisor gru-

---

2. En el Capítulo 12 presento un caso de Supervisión Grupal en el que se acuerda al principio de la sesión el caso a explorar.

pal deberá intervenir si las reglas acordadas no son cumplidas. Esto puede resultar incómodo, pero si no se trabajan estas situaciones se pone en riesgo la confianza de los integrantes entre sí y con el supervisor. Por ejemplo, puede suceder que una persona le haga un comentario crítico con un tono despectivo a otra y que nadie diga nada. En estos casos, el supervisor tiene que intervenir para recordar las reglas grupales, reflexionar sobre lo que pasó en esa situación e, idealmente, lograr que se cierre el tema con una disculpa del integrante que hizo el comentario desafortunado.

3) **Entiende, identifica y maneja los estadios de desarrollo grupal.** Uno de los modelos más conocidos entre los que permiten identificar los diferentes estadios de desarrollo de los grupos es el de Bruce Tuckman (1965), que presenta cuatro etapas: la *formativa* (formación del grupo), la *normativa* (establecimiento de reglas), la *conflictiva* (navegación de los conflictos) y la de *desempeño* (búsqueda de la efectividad).

El supervisor necesita reconocer los estadios de desarrollo del grupo, entender la importancia de clarificar objetivos y de establecer normas, estar atento a la posible aparición de conflictos y adquirir las habilidades necesarias para navegarlos.

Quien supervisa grupos debe prestar atención, además, a la posible aparición de competición entre los integrantes. De acuerdo con Hawkins y Smith (2006) algunos ejemplos de esto se dan en torno a:

✓ Quién hace el mejor trabajo o quién es el mejor coach.
✓ Quién trae los mejores casos, o los más difíciles de abordar.
✓ Quién hace los comentarios más útiles o más profundos.

4) **Maneja con seguridad las dinámicas grupales y adapta su facilitación al estilo requerido**. En todo trabajo grupal hay dinámicas subyacentes. El supervisor debe reconocerlas y articularlas en vez de ignorarlas. Tarde o temprano, el funcionamiento de los grupos genera conflictos con los que se debe lidiar. Una Supervisión de Coaching eficaz requiere que se mantenga un alto nivel de respeto, aunque no haya acuerdo sobre ciertos temas. Por ejemplo, en la sesión de Supervisión Grupal que comparto en el Capítulo 12, no hay acuerdo sobre si los *millenials* existen o no, y el supervisor interviene para valorar las diferentes perspectivas. A veces, pueden darse dinámicas de competición inconsciente, *procesos paralelos* e *identificaciones* entre los integrantes de un grupo, y es función del supervisor competente expresarlas y someterlas a discusión.

5) **Adapta su trabajo a la etapa de desarrollo de cada coach**. Cada participante puede estar en un estadio de desarrollo profesional particular, y el supervisor tiene que adaptarse a cada uno. Idealmente, se busca que los participantes del grupo tengan el mismo nivel de experiencia, pero algunas veces se acepta que un coach con menor experiencia supla este requisito con un alto grado de madurez y de capacidad profesional. El supervisor debe tomar en cuenta que los coaches con poca experiencia profesional requieren más apoyo que los coaches experimentados.

6) **Da variedad a su trabajo para adaptarse a los diferentes estilos de aprendizaje de los integrantes del grupo**. El supervisor grupal tiene que implementar diferentes estrategias para trabajar con los coaches. Por ejemplo, puede invitar a todos los participantes del grupo a hacerle preguntas al coach que trae el

caso y que él decida qué pregunta contestar. El supervisor también puede trabajar con metáforas e invitar a todos los participantes a compartir las imágenes que se les presentan a partir de la exploración del caso analizado. También puede ofrecer un espacio poco estructurado y dejar fluir la conversación dependiendo de los aportes de los integrantes[3].

7) **Favorece la participación de todos los integrantes.** El supervisor tiene que asegurarse de que todos los participantes se involucren. Una estrategia para conseguirlo consiste en pedir comentarios a los que estén más callados. Además, es importante que al final de la sesión cada integrante comparta qué aprendió, qué se lleva de la sesión para aplicar en su trabajo. El supervisor grupal presta atención a las necesidades de cada supervisado y a las de todo el grupo, ya que en la Supervisión Grupal cada integrante del grupo es un cliente, pero también lo es el grupo como un todo, en el que se dan dinámicas a las que se debe estar atento para lograr un ambiente de trabajo grupal que permita la reflexión y el aprendizaje.

8) **Trabaja para el beneficio de todos los presentes**. Una estrategia que ayuda a que la experiencia grupal sea altamente provechosa consiste en enviarle a quien va a presentar un caso un documento que incluya preguntas sobre su cliente. La idea es que este documento guíe la exploración que va a hacerse grupalmente.

De acuerdo con Hawkins y Smith (2006), el supervisor grupal tiene que prestar especial atención a cuatro puntos clave:

---

3. En el próximo capítulo incluyo intervenciones creativas para Supervisión.

153

✓ La creación de un espacio de reflexión que respete las necesidades de cada persona.

✓ La facilitación de las respuestas grupales a los casos presentados por cada coach.

✓ El desarrollo de los procesos y las dinámicas que se dan entre los participantes.

✓ El manejo de los límites del trabajo y del contrato, que debe ser revisado periódicamente para asegurarse de que todos lo estén respetando.

Manejando la vergüenza y la vulnerabilidad

Un coach puede sentirse avergonzado por trabajar en Supervisión por sus miedos, sus errores, sus inseguridades y sus debilidades. Cuando estos temas se exponen frente a un grupo, el riesgo de que la vergüenza se convierta en un impedimento para lograr efectividad es mucho mayor, porque aparece el temor a ser juzgado negativamente por los colegas. El supervisor grupal juega un rol clave en la creación del clima propicio para que todos los participantes se sientan lo suficientemente cómodos como para compartir sus experiencias y sus desafíos, sabiendo que serán apoyados y no juzgados.

En la medida en que el supervisor comparta sus propias inseguridades y sus miedos, logrará actuar como modelo para el resto del grupo. Brene Brown (2012), en su investigación sobre la vulnerabilidad y la vergüenza, explica la necesidad de todos los seres humanos de *pertenecer*, de ser reconocidos y aceptados. En su presentación, Brown explica que el secreto para vivir una vida plena y satisfactoria consiste en abrazar la propia vulnerabilidad y en ser auténtico, sentirse *suficiente* y aceptar las propias imperfecciones. La autora explica la *vulnerabilidad* como la capacidad de dejarse ver, de tomar riesgos siendo auténticos, de exponernos emocionalmente e involucrarnos para estar conectados. Mostrarse vulnerable no es sinónimo de ser débil o de juzgar negativamente las propias imperfecciones.

La Supervisión Grupal no es la mejor estrategia de desarrollo para los coaches que tienen dificultades para mostrarse vulnerables frente a otros colegas. En estos casos, es recomendable trabajar individualmente hasta que se desarrolle el grado de seguridad necesario para poder reflexionar con comodidad sobre el trabajo de Coaching frente a los pares.

Siguiendo el modelo de Bachkirova presentado en el Capítulo 6 ("Diversidad cultural y Supervisión"), si el coach se encuentra en un estadio de *ego sin desarrollar* puede ocurrir que la Supervisión individual sea la más apropiada, porque ofrece privacidad y evita tener que lidiar con la posibilidad de sentirse criticado por varios colegas durante una misma sesión.

Errores comunes de los supervisores grupales

Christine Thornton (2010) considera que hay ciertos errores que el supervisor grupal debe evitar:

- ✓ **Hablar muy poco o hacerlo demasiado**. El supervisor grupal es un modelo y debe exhibir los comportamientos que espera de los integrantes del grupo: curiosidad y calma, para inspirar a todos a que reflexionen colaborativamente.
- ✓ **No balancear la atención puesta sobre el trabajo de reflexión y la que se le brinda a cada integrante del grupo**. En Supervisión Grupal, además de la tarea de presentar y reflexionar sobre los casos, se debe prestar atención a las necesidades emocionales de cada supervisado. Al mismo tiempo, hay que tener

cuidado de que la Supervisión Grupal no se transforme en terapia de grupo.

✓ **No balancear la atención puesta sobre el trabajo de reflexión y la que se le brinda al grupo**. Si el supervisor no distingue y articula las dinámicas grupales, se puede perder la confianza de los integrantes y su apertura para participar tomando riesgos. Por ejemplo, si hay una persona que critica duramente a sus colegas y el supervisor no interviene, puede suceder que el resto del grupo no se muestre del todo participativo, por no sentirse seguro y confiado.

✓ **Ignorar las opiniones de algunos participantes**. El supervisor tiene que ser justo al distribuir el tiempo y cuidarse de no dar prioridad a nadie, de no ser más duro o desafiante con unos que con otros y de tener "favoritos" a los que involucra más en la conversación.

Intervenciones y ejercicios para el supervisor grupal

El trabajo grupal puede ofrecer una oportunidad muy rica para el crecimiento profesional. El funcionamiento de los grupos puede ser facilitado de muchas maneras. Una técnica de posible implementación consiste en que un coach presente en cinco minutos un caso, siguiendo el Modelo de los Siete Ojos de Hawkins, y que cada integrante dialogue con el supervisado sobre cada uno de los ojos. Otro ejercicio consiste en que después de que el supervisado presente su caso, cada integrante del grupo realiza una pregunta, entre las cuales el coach que presentó el caso elige cuál responder[4].

---

4. Para la mejor comprensión de esta técnica recomiendo la lectura del ejemplo que incluyo en el Capítulo 12.

Otra posibilidad es preguntarle a cada persona, después de que el caso sea presentado, qué reacciones tuvo, qué sensaciones corporales experimentó, qué pensó o sintió, qué imágenes se le presentaron, qué palabra se le ocurrió, y que el coach que presentó el caso comparta sus propias reacciones luego de escuchar a los compañeros. También se puede pedir que cada integrante del grupo elabore una metáfora relacionada con el caso. Es importante que cuando los participantes presenten una palabra, una imagen o una metáfora no la expliquen, para dar espacio a que el supervisado que trajo el caso pueda encontrar sus propios significados.

El "juego de roles" constituye otra intervención posible. Consiste en que el coach que presentó el caso actúe como si fuera el cliente, mientras alguno de sus compañeros hace las veces de coach[5]. También se puede poner una silla frente al coach que presentó el caso para que sus colegas se vayan turnando en sentarse en ella y darle supervisión, siguiendo el hilo de la conversación. Esto requiere que cada persona no solo preste atención al caso sino también a cómo está interviniendo cada colega.

Resumen del capítulo

✓ La Supervisión Grupal permite desarrollar sentido de pertenencia (al ser parte de un grupo de pares), la posibilidad de aprender de otros colegas, normalizar situaciones y recibir apoyo de otros profesionales y no solo del supervisor.
✓ La elección de los miembros del grupo de Supervisión de Coaching es una de las claves para el éxito del proceso. Conviene agrupar a coaches que tengan el mismo nivel de experiencia o que trabajen con igual tipo de clientes.

---

5. Ver "Técnicas dramáticas", en el Capítulo 8.

✓ Inskipp y Proctor (2001) diferencian cuatro modelos de Supervisión Grupal: 1) *autoritativo* (el supervisor está en completo control del grupo), 2) *participativo* (el supervisor es el responsable, pero incluye al resto de los participantes como co-supervisores), 3) *cooperativo* (el supervisor facilita, pero la responsabilidad es compartida), y 4) *de pares* (la responsabilidad es totalmente compartida por todos los integrantes; la facilitación va rotando).

✓ En la Supervisión Grupal que se da entre pares, cuando los coaches que se reúnen a discutir casos tienen mucha experiencia pueden optar por no contratar a un supervisor que facilite el proceso y que los participantes roten en ese rol.

✓ Es clave para la efectividad del proceso de Supervisión de Coaching Grupal que todo lo que se convenga quede asentado en el *acuerdo*, donde debe figurar, por ejemplo, qué se hará en casos de ausencias, las prioridades de los casos a analizar, cómo se dará *feedback*, el nivel de participación esperado y los límites de lo que se puede seguir discutiendo fuera del ámbito de la Supervisión.

✓ Es importante que en el *acuerdo* se regule el trabajo que se llevará a cabo durante todo el proceso de Supervisión de Coaching. Para alcanzar la máxima eficacia, Julie Hay (2007) propone basarse en los siguientes principios generales: 1) *respeto*, 2) *responsabilidad*, 3) *apoyo*, 4) *confidencialidad*, 5) *compromiso*, 6) *desafío*, 7) *participación*, 8) *preparación*, 9) *puntualidad* y 10) *escucha activa*.

✓ El supervisor grupal no solo tiene que demostrar habilidades específicas de Coaching sino también la capacidad necesaria para facilitar las dinámicas grupales, para poder verbalizar lo que va sucediendo durante el proceso y para reconocer los diferentes estadios de desarrollo grupal e intervenir apropiadamente.

✓ En su modelo de Competencias de Supervisión de Coaching, el EMCC determina que el supervisor: 1) *maneja el tiempo de acuerdo con el contrato establecido;* 2) *crea un espacio seguro para todos los integrantes;* 3) *entiende, identifica y maneja los estadios de desarrollo grupal;* 4) *maneja con seguridad las dinámicas grupales y adapta su facilitación al estilo requerido;* 5) *adapta su trabajo a la etapa de desarrollo de cada coach;* 6) *da variedad a su trabajo para adaptarse a los diferentes estilos de aprendizaje de los integrantes del grupo;* 7) *favorece la participación de todos los integrantes,* y 8) *trabaja para el beneficio de todos los presentes.*

✓ De acuerdo con Hawkins y Smith (2006), el supervisor grupal tiene que prestar especial atención a cuatro puntos clave: 1) *la creación de un espacio de reflexión que respete las necesidades de cada persona;* 2) *la facilitación de las respuestas grupales a los casos presentados por cada coach;* 3) *el desarrollo de los procesos y las dinámicas que se dan entre los participantes,* y 4) *el manejo de los límites del trabajo y del acuerdo, que debe ser revisado periódicamente para asegurarse de que todos lo estén respetando.*

✓ Un coach puede sentirse avergonzado por trabajar junto a su supervisor sobre sus miedos, sus errores, sus inseguridades y sus debilidades. Cuando estos temas se exponen frente a un grupo, el riesgo de que la vergüenza se convierta en un impedimento para lograr efectividad es mucho mayor. En la medida en que el supervisor comparta sus propias inseguridades y sus miedos, logrará actuar como modelo para el resto del grupo y minimizar los efectos de la vergüenza.

✓ Christine Thornton (2010) considera que hay ciertos errores que el supervisor Grupal debe evitar:

1) *hablar muy poco o hacerlo demasiado;* 2) *no balancear la atención puesta sobre el trabajo de reflexión y la que le brinda a cada integrante del grupo;* 3) *no balancear la atención puesta sobre el trabajo de reflexión y la que le brinda al grupo;* 4) *ignorar las opiniones de algunos participantes;* 5) *no balancear el* feedback *constructivo con el apreciativo,* y 6) *no permitir supervisar a los integrantes del grupo.*

✓ El funcionamiento de los grupos puede ser facilitado de muchas maneras. Una técnica de posible implementación consiste en que un coach presente en cinco minutos un caso, siguiendo el Modelo de los Siete Ojos de Hawkins, y que cada integrante dialogue con el supervisado sobre cada uno de los *ojos.* Otro ejercicio consiste en que después de que el supervisado presente su caso, cada integrante del grupo haga una pregunta, entre las cuales el coach que presentó el caso elegirá cuál responder.

CAPÍTULO 8

INTERVENCIONES CREATIVAS PARA SUPERVISIÓN DE COACHING

En este capítulo presento técnicas y actividades que pueden resultar valiosas para trabajar con clientes de Supervisión de Coaching: la caja mágica, fotografías, collages, expresión corporal, *journaling* y técnicas dramáticas. Sin embargo, es necesario tener presente que el instrumento más importante en el trabajo de Supervisión es el supervisor mismo.

El *self* como instrumento

Tanto el trabajo de Supervisión como el de Coaching dependen de cómo nos usamos a nosotros mismos como recursos. Nuestra capacidad para empatizar, analizar, preguntar e intervenir es clave para el éxito del proceso. Así como el músico trabaja con un instrumento musical y necesita afinarlo para que suene bien, el supervisor se emplea a sí mismo como instrumento para crear un espacio de reflexión junto a sus clientes, y debe mejorar sus habilidades, "afinarse" para la tarea. Su capacidad de autoconocimiento, de reconocer e identificar sus reacciones emocionales y corporales, así como su capacidad para demostrar seguridad en sí y

161

confianza en el cliente y en el proceso a través del lenguaje corporal, y de evidenciar entendimiento de lo que el cliente dice y no dice de una manera amigable y desafiante a la vez, le dan a cada supervisor una forma de ser profesional única e irrepetible. La calidad de su *presencia* y su *inteligencia emocional* son claves para desarrollar una relación efectiva con el supervisado.

Recientemente, una supervisora con mucha experiencia compartió conmigo que después de varios años de llenar su caja de herramientas con modelos, técnicas y otros elementos decidió dejarla atrás para enfocarse en sí misma como instrumento, y en la relación única que construye mientras trabaja con cada uno de sus clientes.

Como explico en el Capítulo 5, cuando nos referimos al *mindfulness*, la *presencia*, definida como la conexión con nosotros mismos y con los otros, permite apreciar cómo nos mostramos frente al mundo, qué patrones repetimos, cómo interactuamos y co-creamos junto a otras personas.

Nuestro cuerpo puede funcionar como termómetro para medir el impacto de lo que nos pasa y la relación mente-cuerpo. De acuerdo con Eunice Aquilina (2016), el cuerpo nos da información clave para identificar lo que nos sucede, si nos sentimos seguros, si podemos confiar o pertenecer. La autora propone algunas preguntas para despertar nuestra conciencia acerca de quiénes somos como instrumentos en el trabajo de Coaching y de Supervisión: ¿para qué soy coach? ¿Para qué soy supervisor? ¿Cómo muestro mi integridad ante los desafíos que representan mis clientes? ¿Cuáles son mis miedos? ¿Cuáles son mis estándares profesionales? ¿Qué es posible cuando me comporto con compasión?

El Talmud sostiene que no vemos las cosas como son sino como somos. En la medida en que reconocemos los filtros que usamos para interpretar la realidad, los anteojos con los que vemos el mundo y las formas habituales de escuchar, logramos movernos y *tener* mayor apertura y autenticidad. El supervisor puede desafiar al coach para que desarrolle conciencia acerca de *quién está siendo* en su práctica profesional, y *despertarlo*, para evitar que trabaje de manera robótica, automática.

"*Quienes somos* es como supervisamos", sostiene Edna Murdoch (2013). En la medida en que podamos ser observadores efectivos de nosotros mismos lograremos preguntarnos si nuestros comportamientos y nuestras formas de mostrarnos son auténticos, si reflejan nuestras intenciones, valores y prioridades. Conseguir esto requiere un cierto grado de vulnerabilidad, disposición para aprender y compasión con nosotros mismos y con los otros, y la capacidad de perdonarnos por nuestros errores y de perdonar a los otros por los suyos. Averiguar qué pasaría si fuéramos más compasivos con nosotros mismos y con los demás requiere una inversión de tiempo en procesos de desarrollo personal que incluyan la Supervisión del coach y la del supervisor.

Si deseamos crear un espacio de aprendizaje y de transformación para los demás, primero tenemos que trabajar en nosotros mismos, estar dispuestos a enfrentar nuestros miedos, completarnos, desarrollar mayor autoconfianza, dejar ir lo que no nos sirve y estar dispuestos a una inquisición constante sobre cómo nos mostramos en el mundo y hasta qué punto somos consistentes. Cuanto más nos conozcamos y mayor seguridad tengamos sobre nuestras fortalezas, más efectivos seremos para crear un espacio de transformación para nuestros clientes.

La *caja mágica*

Esta técnica consiste en la utilización de una caja que contiene miniaturas que le permiten al cliente o al supervisado representar a las personas, las relaciones y las situaciones que está enfrentando. Al explorar en los significados que los supervisados les dan a estas miniaturas, se crea una nueva conciencia a través de su manipulación. El espacio de trabajo que se utiliza para la representación equivale al tamaño de un pañuelo.

La implementación de la técnica de la *caja mágica* es sencilla y efectiva. Cuando el coach trae a una sesión de Supervisión el caso de un cliente, un dilema ético o un desafío personal que le gustaría explorar, se le pide que elija una miniatura que lo represente a él mismo y la coloque sobre el paño. A continuación, se le pide que tome otra miniatura que represente a su cliente y que también la coloque sobre el paño. Luego se le solicita que incluya otras personas que puedan ser parte del sistema en el que se va a hacer la exploración. A continuación, se vuelve a repetir esta indicación hasta que el coach esté seguro de que no hay ninguna persona envuelta en la situación que no esté representada. Opcionalmente, se le puede preguntar al coach si identifica algún otro elemento en el sistema que desee incluir (objetos, prácticas, creencias, etc.).

Una vez que estén sobre el paño todas las miniaturas que representan a los participantes de la situación, se le pide al coach que tome distancia y comparta lo que observa. Se puede tomar una foto que represente la situación tal como está en ese momento, y después de explorarla se le preguntará cómo podrían ser distribuidos los objetos de una manera diferente. A continuación, se le solicita que haga los cambios sobre el espacio de trabajo, que agregue o quite objetos, y que comparta nuevamente lo que observa. Finalmente, se le pide que reflexione sobre el ejercicio.

La *caja mágica* permite trabajar con los clientes en la creación de metáforas creativas y poderosas, para acceder así a la parte menos racional y lógica del cerebro y estimular el desarrollo de una manera de pensar diferente.

En la formación para supervisores de Coaching que ofrezco junto a mi equipo de colaboradores del Goldvarg

Consulting Group incluyo entrenamiento en la *caja mági-ca* como técnica de Supervisión por los resultados positivos que produce. Todos los participantes tienen la oportunidad de utilizar la *caja mágica* con sus supervisados.

Trabajo con fotografías

Hay diferentes productos disponibles en el mercado que permiten apelar al impacto que tiene el trabajo con foto-grafías en Supervisión. El supervisor puede trabajar con este tipo de material de maneras diferentes. Por ejemplo, se le puede hacer una pregunta al coach y ofrecerle fotogra-fías para que responda apelando a metáforas y encontran-do respuestas asociadas a las imágenes presentadas.

Un producto muy empleado, tanto en Coaching como en Supervisión, son las fotografías comercializadas por la em-presa israelí Points Of You, que fueron concebidas como he-rramientas proyectivas. Estas imágenes promueven la creativi-dad y la elaboración de metáforas, invitando así a la reflexión liberada de modelos fijos de pensamiento, lo que posibilita el hallazgo de puntos de vista diferentes e invita a desarrollar planes de cambio personal, de expansión y de crecimiento. La capacidad demostrada por este producto para mejorar los procesos de pensamiento y de comunicación lo convierte en una herramienta práctica, tanto para el trabajo individual como para el grupal. Su funcionamiento es muy interesante, y está basado en enlaces asociativos entre fotografías, pala-bras y el tema que se trae a discusión, lo que las convierte en muy útiles y versátiles, ya que asisten el trabajo de facilitación en cualquier ámbito donde se mantenga una conversación que pretenda conducir a un nivel de reflexión profunda. Por este motivo las emplean coaches, mentores, supervisores, te-rapeutas, psicólogos y todas aquellas personas que trabajan para desarrollar el crecimiento personal.

Las imágenes de Points Of You están basadas en la fototerapia y la gestión de los hemisferios izquierdo y derecho del cerebro, y tienen la particularidad de que, cuando se introduce un tema, las personas que las ven, a partir del estímulo visual que reciben activan tanto su parte racional como la emocional, y logran rápidamente, a partir de preguntas directas, traer al consciente ideas que hasta ese momento yacían en el inconsciente. Este movimiento interno provoca que se activen nuevas respuestas, que son resultado de reflexiones y de emociones.

La metodología que estoy describiendo permite la creación de espacios de reflexión amplios y ricos, en los que las intervenciones producen respuestas creativas, cautivantes, y la generación de interpretaciones valiosas para la persona o el equipo con el cual se está trabajando.

Collage

El *collage* puede resultar una actividad útil y creativa para diseñar un futuro deseado. Por ejemplo, se le puede pedir al coach que dentro de la Supervisión identifique elementos que darían cuenta de un trabajo efectivo con un cliente. Adicionalmente, se le puede pedir que reflexione sobre qué va a requerir del coach y qué condiciones tienen que darse para que lo deseado ocurra. Una vez que quede claro qué quiere significar con su *collage*, se le pide que por diez minutos busque en revistas fotografías y palabras que representen su futuro deseado.

Generalmente, los participantes en estas actividades suelen requerir más tiempo, pero el objetivo no es lograr una obra de arte sino plasmar los elementos deseados visualmente, para que funcionen como guía en el trabajo del coach con su cliente. Trabajar con el hemisferio izquierdo del cerebro, que es el encargado de la creatividad, permite desarrollar, como sucede con las otras técnicas presentadas en este capítulo, la posibilidad de nuevos *insights* y aprendizajes.

Una vez que el *collage* esté terminado, el coach lo puede colocar en un lugar que le permita recordarlo o tomarle una fotografía y ponerla en un lugar apropiado.

Trabajo corporal

Las técnicas corporales son valiosas en Supervisión, ya que el cuerpo es una fuente importante de información para el supervisor, así como lo es para el coach cuando trabaja con sus clientes.

En el ámbito de la Supervisión se pueden explorar junto al coach las reacciones corporales y emocionales que tiene como resultado de trabajar con su cliente en el *aquí* y *ahora* mientras está presentando el caso que trajo a la sesión.

El supervisor también tiene reacciones corporales frente a lo expresado por el supervisado, y poder articular las experiencias de uno y de otro permite acceder a una información que se adentra en el inconsciente y no necesariamente responde a la lógica racional.

Cuando el coach esté agitado durante el relato de su trabajo con un cliente, el supervisor puede invitarlo a enfocarse en su respiración, para alcanzar un nivel de serenidad que le permita pensar más claramente. Los ejercicios de respiración permiten enfocarse en las acciones de inspirar y exhalar, y esto aquieta tanto los pensamientos como las reacciones emocionales y corporales. Estos ejercicios consisten sencillamente en contar las inspiraciones o contar lentamente hasta tres en el momento de inspirar, de nuevo hasta tres conteniendo el aire y hasta tres para expulsarlo, y finalmente, volver a contar hasta tres antes de reiniciar el ciclo. Es importante que todo esto se haga con lentitud.

Hay variables para este ejercicio de conciencia y foco en la respiración.

De acuerdo con Richard Strozzi-Heckler (2014), estar desconectados de nuestro cuerpo limita nuestra capacidad para aprender, evolucionar y desarrollar relaciones fundamentales para tener una vida satisfactoria. El autor explica que hay *prácticas somáticas* que permiten desarrollar nuevas configuraciones de quienes somos. Estas prácticas incluyen hacer foco en la atención, en la respiración, en el movimiento, en la postura y en las conversaciones. El Coaching Somático trabaja a través del cuerpo con sensaciones corporales, respiración, temperatura, peso, movimiento, vibraciones, pulso, gestos, movimientos y también con imágenes, sueños, el lenguaje, los pensamientos y las emociones, y enseña cómo conectarse con la energía vital para usarla en las acciones, las relaciones y las distintas formas de *ser* en el mundo.

Strozzi-Heckler sostiene que el cuerpo refleja nuestra alegría, nuestro dolor, nuestros talentos y nuestras heridas. Trabajar a través del cuerpo implica conectarnos con los patrones energéticos y de expresión, con *quién* está siendo una persona, más allá de lo que exprese en su discurso. Cultivar la conciencia de nuestro cuerpo o *conciencia somática* es clave en este proceso que comienza con la percepción de nuestras sensaciones: temperatura, presión, movimiento. Al enfocar nuestra atención sobre las sensaciones, nos llevamos a nosotros mismos al *aquí y ahora* y nos conectamos con nuestras emociones y con nuestro propio ser. La energía sigue a la atención, que puede ser entrenada. En la medida en que prestamos atención a nuestro cuerpo y nuestra energía, adquirimos mayor capacidad de elección sobre nuestras acciones, y de esta manera nos transformamos, preparándonos para alcanzar el futuro deseado.

Una práctica que permite alcanzar mayor nivel de *conciencia somática* es la que se conoce como *escaneo del cuerpo*. Consiste en imaginar que estamos siendo recorridos por un escáner que avanza desde nuestra cabeza hacia los pies, haciendo foco en cada parte e identificando si están tensas o relajadas. Esta *conciencia somática* permite una *apertura somática* a través de la cual podemos identificar contenidos reprimidos en el cuerpo que aparecen como dolores musculares, de cabeza, zonas contracturadas o áreas adormecidas. La *apertura somática* permite iniciar un proceso útil para disolver hábitos, comportamientos, formas de ser e interpretaciones del mundo, así como contracciones musculares que hemos incorporado, y desarrollar nuevas *configuraciones corporales*. Una vez que hay un mayor nivel de *conciencia somática*, el coach acompaña al cliente en un trabajo de profundización y persistencia de la atención alcanzada, y esto permite conseguir un bienestar generalizado, constante y duradero.

El cuerpo es un espacio de aprendizaje y cambio, de acuerdo con Eunice Aquilina (2016). En la medida en que podamos *despertar* y darnos cuenta de la poca atención que le dedicamos a nuestro cuerpo como fuente de información, podremos vivir más satisfactoriamente. Nuestro cuerpo está configurado de acuerdo con nuestras experiencias, y podemos romper con hábitos y condicionamientos automáticos si tomamos conciencia de cómo están operando y de las consecuencias de nuestra historia en nuestras estrategias adaptativas, e implementamos prácticas que permitan accionar auténticamente, alineados con nuestros reales valores y creencias.

El *trabajo somático* es útil en Supervisión, y se aplica de diferentes maneras. Por ejemplo, proponiendo al coach que haga un ejercicio de *centramiento*, para lo cual se lo invita a encontrar una posición corporal que le permita sentirse seguro, firme, sereno y atento a la vez. Puede pedírsele que se coloque de pie, que estire sus brazos lo máximo posible, que enfoque la atención en el largo, el ancho y la profundidad de su cuerpo, que se mueva hacia la izquierda y la derecha y que se balancee hacia adelante y atrás hasta que se sienta firme. A continuación, se le pedirá que comparta cómo se siente al estar *centrado*, y que relate las experiencias con sus clientes y sobre su trabajo que llevó a la sesión.

En situaciones de estrés o de conflicto, la capacidad de *centramiento* hace una diferencia muy grande en cómo nos mostramos en el mundo. El coach o el supervisor pueden enseñar el *centramiento* como una práctica útil que permite ubicarse en un espacio de mayor sabiduría y serenidad, desde el cual lo que se diga beneficie a quien habla y a quienes están escuchándolo. Esta capacidad permite pensar más claramente en situaciones fuera de control, de ansiedad o de temor.

Con la aplicación de las *prácticas somáticas*, el supervisor puede trabajar junto al coach la *conciencia somática* del cliente a través de la exploración de cómo *encarna* su historia y sus emociones (cómo se mueve, sus gestos), y utilizar esa información para lidiar con las inquietudes que trae a su proceso de Supervisión.

Un ejercicio interesante, que utiliza en su práctica profesional mi colega, la licenciada Andrea Gregoris Kamenszein (2016), creadora de la Ontología del Movimiento, consiste en que el supervisor le proponga al coach supervisado que compare lo que le sucede con algún elemento del reino mineral, vegetal o animal. La comparación puede hacerse con un objeto real o inventado. A continuación, se le pregunta al supervisado a qué se parece lo que le sucede con su cliente y lo que él, como coach, siente y está vinculado al proceso de Coaching que se está explorando. Se le pide, además, que conserve la respuesta en su mente, sin ponerla en palabras. Luego se le indica al supervisado que represente con su cuerpo la idea que tuvo, que lo haga mediante cualquier movimiento, y que perciba e imagine dónde está ocurriendo la escena que representa; que diga qué otras cosas ve a su alrededor, cómo es el lugar donde está e intente desplazarse. También se le pregunta qué ve a lo lejos y en la cercanía, y se le pide que indique qué falta y qué sobra en esa situación.

Andrea explica que "una de las claves es que el supervisor adopte en sus preguntas un ritmo y una cadencia que acompañen lo que verbaliza. No necesita apurarse. Debe meterse, con su imaginación, en la 'película' que el supervisado realiza. Si lo ve inmóvil, lo instará a moverse como eso que se imaginó, como esa metáfora que le aparece".

En el marco del ejercicio propuesto, luego de la primera parte que acabo de detallar habrá un momento conversacional en el que, a través de preguntas clave, se obtendrá información y se hará emerger a un nuevo observador, que será el protagonista de una segunda pasada y el creador de una nueva metáfora.

"Sobre las polaridades, lo presente, lo ausente, la alteridad, lo homogéneo y lo heterogéneo, el supervisor estructurará parte de sus preguntas, y cuando la segunda metáfora tome cuerpo, el supervisado volverá a comparar, a pensar cuál es la imagen que disuelve el quiebre anterior, que pasará por su cuerpo, ya con mucha más información que en el inicio de la sesión. El supervisor tiene el mismo norte, en su accionar, que en la primera pasada. Entonces, el cuerpo será motor de cambio, traerá nuevo material de esta mirada ampliada, con nuevas acciones disponibles", explica Andrea Gregoris (2016). "Y antes del cierre vendrá el momento de extrapolar lo descubierto al proceso en sí, a las acciones y los nuevos enfoques que el supervisado podrá tomar", concluye.

Postulados básicos de la Ontología del Movimiento

✓ Somos como nos movemos y nos movemos como somos. Es una díada indivisible basada en una concepción dinámica, *enactiva* –según Francisco Varela (2000)–, lingüística verbal y no verbal del Coaching.

✓ Cada persona tiene una forma particular de ser que se manifiesta dentro de cierto rango de actitudes, emociones, tipo de lenguaje y formas de moverse. La cultura a la que pertenecemos, el momento histórico-social y el personal vital también imprimen huella en el patrón de movimientos.

✓ *Somos* en el movimiento, en la acción, por más mínima que esta sea.

✓ El movimiento se torna fundante del ser y espejo de la actitud de la persona.

Journaling y ejercicios de escritura

Anotar en un diario las experiencias vividas puede resultar una práctica valiosa. Cuando nos detenemos a reflexionar y escribimos nuestros pensamientos, y también sobre nuestros miedos, nuestras alegrías y las reacciones que tenemos frente a las vicisitudes que se nos presentan, estamos creando una oportunidad de crecimiento personal.

La práctica de *journaling* puede llegar a producir material interesante para ser explorado en Coaching o en Supervisión, aunque no sea una actividad que todas las personas disfruten. Cuando el supervisado trae notas sobre sus reacciones frente a los acontecimientos que se le presentan, se puede desarrollar durante la Supervisión nueva conciencia acerca de patrones que disparen nuevas acciones y liberen la creatividad.

El *journaling* puede resultar valioso, también, cuando el supervisado considera que quedaron temas incompletos en el proceso de Coaching que le brindó a un cliente. Esto puede suceder, por ejemplo, si el cliente interrumpió el Coaching abruptamente, o si cambió de trabajo y el supervisado no pudo despedirse y siente que el proceso quedó trunco. En estos casos, a través de la escritura puede expresarse lo que quedó sin decírsele al cliente. La idea es proponerle al coach que escriba una carta que contenga un mensaje que le gustaría compartir, aunque no sea necesario que la envíe, o que escriba libremente durante cinco minutos sin detenerse a pensar en lo que está escribiendo, que será tema de análisis cuando termine de hacerlo. Una variante consiste en vendarle los ojos mientras hace el ejercicio.

Escribir cartas es algo que también puede hacerse después de una sesión de Coaching difícil. En estos casos, el supervisado puede utilizar esta herramienta para dejar anotado lo que le gustaría decirle al cliente y compartir la misiva con el supervisor, para que juntos analicen qué le está pasando al coach y cuáles pueden ser los futuros pasos de intervención.

Otro ejercicio posible entre los que utilizan la escritura es el ideado por Mooli Lahad (2000), y sirve para reflexionar sobre la relación entre el coach y el cliente. Consiste en dividir la hoja en cuatro partes y completar las siguientes oraciones:

1. Yo me veo…
2. Yo veo al cliente como…
3. Yo creo que el cliente me ve a mí como…
4. Yo creo que mi cliente cree que lo veo como…

Este otro ejercicio, también propuesto por Mooli Lahad (2000), es eficiente para favorecer la comunicación tanto en Coaching como en Supervisión. Consiste en completar las siguientes oraciones:

1. Me gustaría darte…
2. No puedo darte…
3. Creo que esperas de mí que…
4. Tengo que mostrarte que…
5. Es difícil decir que…
6. Espero que tú…
7. Me da vergüenza…

Técnicas dramáticas

A través de las representaciones teatrales o dramatizaciones, el supervisor puede ofrecerle oportunidades de reflexión al supervisado a partir de expresarse de una manera diferente. Pedirle al coach que actúe el papel de su cliente o de otras personas significativas que tienen influencia en el proceso de Coaching y de Supervisión es una estrategia valiosa para desarrollar nuevos *insights*. Por ejemplo, el coach puede hacer las veces de su cliente y el supervisor las del coach y mantener un diálogo ficticio que le permita al supervisado desarrollar empatía con su cliente o ver cosas que no veía hasta jugar ese rol. Otra posibilidad es que el supervisor se convierta en el cliente y desafíe en una conversación al coach, o que el coach trabaje sentado frente a una silla vacía y cumpla alternativamente con los roles de coach y de cliente, cambiando de asiento cada vez que habla desde una voz diferente. El coach también puede llevar esta práctica al trabajo con su cliente para que desarrolle *insights* sobre el tema que está trabajando.

Patricia Veliz Macal, que es coach certificada y actriz, sostiene que "…el teatro es la representación de la vida. Los actores crean personajes que los llevan a nuevas caracterizaciones que incluyen cambios en el cabello, el vestuario, el tono de voz, el modo de caminar, y también en la forma de ver y abordar el mundo. El arte dramático nos hace visualizar, sentir y vivir el personaje que deseamos crear. En una actuación, si quiero ser una persona fracasada, pienso en alguien real que ha luchado por superarse sin lograrlo y adopto la actitud del *no poder*".

El conocimiento de las técnicas teatrales que enseñan a crear un personaje puede resultar importante tanto para el supervisor como para el coach, que pueden compartir esta herramienta con sus clientes. Cuando se crea un personaje teatral, se piensa en cómo es el ritmo de su habla, así como en la entonación y la fuerza de su voz. En el ámbito de la Supervisión, un ejercicio teatral posible es invitar al supervisado a representar a su cliente o representarse a sí mismo durante su sesión enfocándose en el tono de voz, jugando con ritmos, entonaciones, acentos, tonos fuertes y suaves, graves y agudos. También puede ponerse el foco sobre el lenguaje corporal. Cuando los actores crean un personaje tienen que pensar en su edad, la época en que vive o vivió, su posición económica, su medio ambiente y sus limitaciones físicas, si las tiene, entre muchos otros factores. Por ejemplo, si el cliente quiere desarrollar sus dotes de liderazgo, se lo puede invitar a jugar con su cuerpo pidiéndole que muestre cómo se para un líder, cómo camina un líder o cómo saluda un líder.

Uso de historias y películas

El supervisor puede compartir una historia, un cuento, una poesía, una canción o una película para darle al supervisado la oportunidad de reflexionar sobre cómo la situación presentada se relaciona con el trabajo de Coaching que está haciendo con su cliente o el trabajo de desarrollo personal que está llevando adelante en Supervisión.

Comparto este listado de diez libros valiosos que utilicé:

✓ *El principito*, de Antoine de Saint-Exupéry.
✓ *El caballero de la armadura oxidada*, de Robert Fisher.
✓ *Los cuatro acuerdos*, de Miguel Ruiz.
✓ *Amar es dejar ir el miedo*, de Gerald Jampolsky.
✓ *Recuentos para Demián*, de Jorge Bucay.
✓ *Los siete hábitos de la gente altamente efectiva*, de Stephen Covey.
✓ *Sopa de pollo para el alma*, de Jack Canfield y Mark Victor Hansen.

✓ *Volver al amor*, de Marianne Williamson.
✓ *El poder del ahora*, de Eckhart Tolle.
✓ *Las cuatro leyes del éxito*, de Deepak Chopra.

Estas diez películas también ofrecen material de reflexión:

✓ *El discurso del rey.*
✓ *El guerrero pacífico.*
✓ *La vida secreta de Walter Mitty.*
✓ *Avatar.*
✓ *12 hombres en pugna.*
✓ *Hitch.*
✓ *El club de los poetas muertos.*
✓ *Invictus.*
✓ *Quiero ser como Beckham.*
✓ *En busca de la felicidad.*

Resumen del capítulo

✓ El *self* es el instrumento más importante en el trabajo de Supervisión. Nuestra capacidad para empatizar, analizar, preguntar e intervenir es clave para el éxito del proceso. La calidad de nuestra *presencia* y nuestra *inteligencia emocional* son claves para desarrollar una relación efectiva con el supervisado.
✓ La *caja mágica* permite trabajar con los clientes en la creación de metáforas creativas y poderosas, que movilizan la parte menos racional y lógica del cerebro y estimulan así el desarrollo de una manera de pensar diferente.
✓ Las fotografías comercializadas por la empresa israelí Points Of You fueron concebidas como herramientas proyectivas. Estas imágenes promueven la

creatividad y la elaboración de metáforas, invitando así a la reflexión liberada de modelos fijos de pensamiento, lo que posibilita el hallazgo de puntos de vista diferentes e invita a desarrollar planes de cambio personal, de expansión y de crecimiento.

✓ Las *técnicas corporales* son valiosas en Supervisión. Strozzi-Heckler sostiene que el cuerpo refleja nuestra alegría, nuestro dolor, nuestros talentos y nuestras heridas. Trabajar a través del cuerpo implica conectarnos con los patrones energéticos y de expresión, con *quién* está siendo una persona, más allá de lo que exprese en su discurso. Con la aplicación de las *prácticas somáticas*, el supervisor puede trabajar junto al coach la *conciencia somática* del cliente a través de la exploración de cómo *encarna* su historia y sus emociones.

✓ La práctica de *journaling* (anotar experiencias en un diario) puede llegar a producir material interesante para ser explorado en Coaching o en Supervisión. Cuando el supervisado trae notas sobre sus reacciones frente a los acontecimientos que se le presentan, se puede desarrollar durante la Supervisión una nueva conciencia acerca de patrones que disparen nuevas acciones y liberen la creatividad.

✓ A través de las *técnicas dramáticas* el supervisor puede ofrecer al supervisado oportunidades de reflexión a partir de expresarse de una manera diferente.

✓ El supervisor puede compartir una *historia*, un *cuento*, una *poesía*, una *canción* o una *película* para darle al supervisado la oportunidad de reflexionar sobre cómo la situación presentada se relaciona con el trabajo de Coaching que está llevando adelante con su cliente.

Parte 2

SESIONES DE SUPERVISIÓN DE COACHING

En esta segunda parte del libro presento transcripciones de tres sesiones de Supervisión de Coaching individuales y una de Supervisión Grupal con sus respectivos análisis, en los que están aplicados algunos de los fundamentos teóricos que desarrollo en los ocho primeros capítulos de esta obra; en especial, el Modelo de los Siete Ojos, de Hawkins, las distinciones sistémicas y psicológicas, y lo relacionado con temas éticos.

Cada una de las sesiones transcriptas es demostrativa de algunas de las habilidades que se espera que tenga un supervisor de Coaching, así como de las inquietudes más comunes que llevan los coaches a Supervisión.

CAPÍTULO 9

Sesión de Supervisión 1
ALDO

Sesión

Supervisor: Aldo, voy a empezar a grabar esta sesión de Supervisión y te agradezco que me des permiso para hacerlo. ¿Qué te gustaría conseguir en la sesión de hoy?

Coach: Lo que me gustaría conversar hoy es lo que me sucedió en una sesión que tuve hace una semana, con uno de mis alumnos. Me llevó mucho tiempo poder lograr el *insight* con esta persona. El tema que estuvimos tocando fue su relación con la mamá de la novia de su hijo. Es decir, con su consuegra. Hablamos de los juicios que le surgieron con relación a esta señora. Abordé por un lado, busqué por otro y no lograba… Al final se dio cuenta de algo, pero mi percepción es que no se dio cuenta del todo… Lo que me gustaría que exploremos hoy es qué fue lo que ocurrió en esa sesión, qué no hice adecuadamente, por qué no logré ese *insight* que en otros momentos sí logré trabajando sobre otros temas con esta persona.

Supervisor: Hoy nos enfocaríamos, entonces, en explorar esta sesión de Coaching con tu cliente, que es, además, alumno tuyo…

Coach: En realidad, es una alumna…

Supervisor: ¿Quieres ponerle un nombre, para identificarla?

Coach: Vamos a llamarla Petra.

Supervisor: Lo que estoy escuchando es que, en esa sesión, Petra habló de desafíos que se le presentan por juicios que aparecen en la relación con su consuegra, y que quieres saber qué pasó, porque, según lo que escuché, percibes que el trabajo no resultó como te hubiera gustado. Quieres explorar qué fue lo que hiciste, o qué no hiciste adecuadamente, para tener claridad sobre lo que sucedió en esa sesión.

Coach: Sí, quiero reafirmar mi percepción de que no trabajé bien, como sí lo hago en otras ocasiones, porque… va a sonar presuntuoso lo que voy a compartir, pero en mis sesiones anteriores les digo a mis clientes: "Oye, es probable que esta sesión me sirva para mi MCC"[1]. A esta misma persona se lo dije…

Supervisor: ¿Eso es lo que tenías como objetivo? ¿Grabar una sesión para mandar a la ICF a fin de obtener tu certificación como Master Coach Certificado?

Coach: Sí.

Supervisor: Ah, eso es interesante; porque eso está en el *background*, de alguna manera.

Coach: Así es.

Supervisor: Encuentro un *proceso paralelo* en esto del *background*, porque yo también estoy grabando esta sesión con la idea de incluirla en mi libro.

Coach: Durante la sesión con Petra, mi intuición me decía que ella tenía altas expectativas de construir una relación

---

1. Master Certified Coach (MCC), la credencial de mayor prestigio que otorga la Federación Internacional de Coaching.

con su consuegra. Las dos habían tenido su primer encuentro. "Yo iba muy contenta", me contó Petra, "iba muy alegre, y después de que la empecé a escuchar me empezaron a nacer los juicios". Sin embargo, Petra no habló de sus expectativas. Pero, cuando estábamos conversando y le pedí permiso para darle *feedback* y le dije: "Oye, solo quiero repetir lo que escuché. Tú llegaste alegre, contenta. ¿Y qué esperabas?". Me dijo: "Bueno, yo esperaba que tuviéramos una buena relación". Entonces, le pregunté: "¿Y qué de eso no se cumplió?". Y ahí se fue por la tangente y volvió a entrar en el tema de los juicios. Habló de que su consuegra era una persona mal vestida, una persona que no era de su clase. De eso ella se dio cuenta; pero sentí que me llevó mucho tiempo, y que para mi juicio, para mi percepción, lo central estaba en las expectativas, en lo que ella esperaba de esa relación, en cómo la iba a construir y cómo sus juicios fueron desmoronando esa expectativa. Al final, la conclusión de ella fue que tiene que ser más cuidadosa con sus juicios. Dijo que va a retomar la relación y va a cumplir con una serie de acciones. Pero también observé otro detalle: siempre que yo le hablaba al *quién*, ella se escapaba del tema. Como quien dice: se me salía del *quién*[2].

Supervisor: Se te salía del *quién*.

Coach: Se me salía del *quién*. No quería tocar el *quién*.

Supervisor: Entonces, según lo que estoy escuchando, Petra tiene varios juicios sobre su consuegra.

Coach: Sí.

Supervisor: Y además, me parece escuchar, aunque todavía no lo hayas dicho, que tú tienes algunos juicios sobre Petra, y que esos juicios tienen su origen en los juicios que ella tiene sobre su consuegra.

---

2. Cuando el coach se refiere al *quién* está enfocándose en la persona, en sus creencias, sus emociones y las reacciones que tiene frente a su inquietud; y no en el *qué*, el tema a explorar que trae a la sesión.

Coach: Siento que sí. Escuchar a Petra llegó a tocar alguna parte de mis juicios, y me dije: "Esto no es mío. Esto es de ella. Vamos a trabajar, entonces, sobre ella". Sí, me vino esto.

Supervisor: ¿Te parecería valioso identificar tus juicios? A veces, a uno le da un poco de vergüenza reconocer los juicios que hace.

Coach: No es así en mi caso. Esto sí te lo puedo decir abiertamente. Identifiqué los juicios de Petra y me pregunté qué le estaba pasando si iba a buscar una relación y al primer juicio que le surgió la desbarató. Pero creo que esto no es mío. No. Incluso en el momento, durante la escucha, como en un segundo plano, revisé cómo es mi relación con mis consuegros, cómo es nuestra relación, y no tiene nada que ver conmigo. Eso sentí en ese momento, pero ahora me parece muy buena la relación que haces y creo que podemos explorar en eso. Continuemos.

Supervisor: Pudiste reconocer que no era algo que a ti te pasara o con lo que te identificaras; pero la pregunta que tengo para hacerte es: ¿qué juicios se te ocurrieron en ese mismo momento y estarían relacionados con los juicios de Petra?

Coach: Voy a regresar a lo que te comentaba. Creo que me quedé con el juicio de la expectativa, y me dije: "Caray, llega con altas expectativas y no quiere trabajar en el tema de sus expectativas. No quiere tocar el tema". Sin embargo, sí se adentró en los juicios sobre la forma de hablar de su consuegra, sobre su forma de vestir... Incluso tocó un tema... No quiero utilizar palabras que ella no usó, pero en México decimos que hay personas que son "muy mochas", para querer decir que son "muy persignadas", que se espantan de todo. Tocó ese tema. Petra está por concluir su maestría, y dijo: "Bueno, es que yo tengo una maestría y esta persona es como que...". Entonces, le dije: "Lo que a mí me parece

SESIÓN DE SUPERVISIÓN 1 - ALDO

escuchar, si me lo permites, es que tu consuegra no es de tu clase". Ahí hizo un silencio largo. Por todo lo que me decía, le dije: "Mira, a mí me parece que está pasando esto". Y ella volvía a decir: "No, no es por ahí. Es mi juicio. Mi juicio que la ve como una persona así, así, así y así". Le dije: "Bueno, está bien". Y al final, su conclusión fue que lo primero que va a hacer es manejar sus niveles de emocionalidad. En la sesión se dio cuenta de que no es la primera vez que la atacan sus juicios, sino que también le pasó con sus hermanas. Me acordé de algo que ya habíamos tocado en otra sesión, y le dije: "A ver, ¿cómo es eso de que no vale la pena construir una relación con tus hermanas porque se van a ir?".

Supervisor: ¿Cómo es eso?

Coach: Petra habló de sus hermanas. Contó que no tiene trato cercano con ellas. Dijo: "Yo no estoy cercana a mis hermanas. ¿Para qué estar cerca? Si me acerco a ellas, vamos a construir una gran relación y después se me van a ir. Entonces, no le veo caso a invertir tiempo en una relación, aun cuando sean mis hermanas".

Supervisor: ¿Qué quiere decir con "se me van a ir"?

Coach: Que se van a morir o que se van a alejar… Incluso le pedí esta aclaración: "Cuando me dices que se van, ¿a qué te refieres? ¿A que se van a morir o que te van a dejar?". Y ahí fue donde creo que ella tuvo un buen *insight*, cuando le dije: "Bueno, y en esto de que se vayan o te dejen, como dices, ¿tú qué tienes que ver?". Y volvió con: "Tiene que ver con mi juicio".

Supervisor: O sea que se hacía cargo de sus juicios, pero no de sus expectativas.

Coach: Así es.

Supervisor: ¿Y qué te pasó a ti durante esa sesión? ¿Qué reacciones tuviste cuando la clienta no entraba y no contestaba tus preguntas?

Coach: Tuve dos reacciones poco usuales en mí. Yo creo que soy muy paciente y que pregunto de manera muy puntual. Incluso procuro que mis preguntas sean muy cortas y doy espacio; pero en esta ocasión Petra hablaba y hablaba y hablaba, y contaba la historia y la volvía a contar, y yo le decía: "Bueno, espérame. Esta historia ya me la contaste. Cuéntame una historia en la que tú estés y que no me hayas contado hasta este momento". Pero ella volvía con su historia. Me contó tres historias sobre sus relaciones. En una, era la presidenta de una asociación de padres de familia, y tuvo que dejar por sus relaciones. En la segunda, iba a construir una nueva relación con su consuegra y no la construyó. De la tercera, surgió que no tiene una buena relación con sus hermanas…

Supervisor: Lo que estoy observando acá es un *proceso paralelo*. En la sesión de Coaching tu clienta hablaba mucho, pero no hablaba de ella; y ahora, en la sesión de Supervisión, está pasando algo parecido: estás hablando mucho de tu clienta, pero no hablas de ti.

Coach: Déjame terminar, porque estoy poniendo el contexto. Esto mismo le dije a Petra en la sesión: "Oye, no me hables de ellas. Háblame de ti". Hubo un momento en el que perdí la paciencia y le dije: "A ver, ¿esto te sirve a ti? Porque a mí me da la impresión de que no te está sirviendo". Entonces, esa confrontación funcionó como cuando a los niños les dices: "Oye, no estás poniéndote a hacer la tarea. ¡Ponte a hacer la tarea!". Y dijo: "Bueno, sí". En ese momento se abrió un poquito más, pero eso fue como en el minuto cuarenta. Esa confrontación fue, quizás, hasta cierto punto, muy dura. Tuve un momento de poca paciencia.

Supervisor: Comparte un poquito más esto de "dura". ¿Qué quieres decir con que tu confrontación fue dura?

Coach: Duro, para mí, es decirle: "A ver, espérame… Ya me has contado muchas historias y yo quiero saber si hasta aquí, en esta parte de tu sesión, te está sirviendo. Porque tengo un juicio... ¡Tengo un juicio! Escucho mucha historia pero no veo qué has encontrado".

Supervisor: Y volviendo a ti, ahora, ¿qué es lo que crees que te estaba pasando ahí? Por un lado, estaba el tema de la paciencia. Lo que yo estoy escuchando es que en algún momento la clienta te contaba tantas historias que llegaste a perder un poco la paciencia y lo demostraste cuando la confrontaste de una manera dura. ¿Es eso lo que te pasó? ¿O te pasó algo más en la sesión?

Coach: Fíjate que ahora que me haces la pregunta siento que sí, que me pasó algo más. Petra volvía a contarme la historia y fue algo que yo le permití. ¡Ahí está! Me acabo de dar cuenta de que fue eso lo que me impacientó. Que me contó la historia, pero fui yo el que le dejó contarla. Le di tiempo. No me gustaba que repitiera la historia, pero me dije: "Voy a ser *nice*". Pero, después, cuando vi que estaba alargando la parte de contar historias, ahí sí hubo confrontación. Ahí está el punto. Creo que debí haber detenido eso antes de que repitiera las historias. Incluso le dije: "Mira, veo estas historias. La historia uno, que es de tu consuegra; la historia dos, de tu presidencia; y la historia tres, de tus hermanas. ¿Qué tienen en común?". Y ahí me respondió: "No les veo nada en común". Y yo le dije: "¿Ah, sí? ¿No les ves nada en común? Entonces, exploremos; porque si me las contaste ahora todas juntas seguramente tiene que ser por algo".

Supervisor: Eso suena a que tú la hiciste reflexionar y ver cuáles eran los patrones que se repetían. ¿Cuáles fueron los resultados de esa intervención tuya? ¿Pudo Petra encontrar algo con esa exploración?

Coach: Sí, con esa exploración Petra encontró dos cosas: una, que sus niveles de inteligencia emocional no son demasiado altos; y dos, que con mucha facilidad se permite juzgar a los demás.

Supervisor: Y ahora, volviendo a ti y a lo que tú aprendiste de esta sesión, parece que tuviste un *insight* y te diste cuenta de que ella contaba mucho las historias y tú no la detuviste a tiempo. ¿Puede ser?

Coach: Puede… No… Sí, es… Sí, puede ser… Y esto está relacionado con el tiempo. Cuando observé que el tiempo había pasado, dije: "Bueno, el tiempo no tiene que ver. Aquí lo que hace falta es que ella se dé cuenta de lo que yo estoy observando con relación a este tema".

Supervisor: ¿Qué más encuentras en relación contigo? Te invito a que dejemos un poquito a la clienta de lado y nos enfoquemos en ti. ¿Te parece bien?

Coach: Sí, excelente. Esa es la idea de esta sesión.

Supervisor: Entonces, volviendo a ti y a lo que te pasó, explorando lo que te pasó, yo lo que estoy escuchando es que por un lado aparece el tema de impacientarse cuando la clienta contaba muchas historias, y le diste demasiado tiempo a Petra para que contara esas historias. Te diste cuenta de que habrías podido ser más efectivo si hubieses intervenido antes. Lo que te detuvo es esto que te dijiste: "Voy a ser *nice*". ¿Cómo lo ves?

Coach: Claro, claro; y lo relaciono con una situación que tuvimos hace tiempo… Esto de ser permisivo… De permitirle… En algún momento, permitir cosas a los demás tiene consecuencias. En este caso, la consecuencia de ser permisivo fue tardar más tiempo en lograr el *insight*. Si bien tuve cierto grado de efectividad, me hubiera gustado ser más efectivo en cuanto al tiempo. Sin embargo, a pesar de que fui permisivo, Petra logró hacer su *insight* en el tiempo que tenía para ello.

Supervisor: Si pudieras volver atrás en el tiempo, si pudieras hacer *rewind* y trabajar de nuevo en esa sesión con Petra, ¿qué harías de manera diferente?

Coach: No sería tan permisivo en cuanto a esto de que repita historias…

Supervisor: ¿Qué más?

Coach: Algo que me agrada de mí es que no interrumpo al cliente. Le doy tiempo. Sin embargo, creo que en este caso dejé de lado el *timing*. La sesión comenzó con buen *timing*, pero creo que lo perdí cuando comencé con esto de permitirle a Petra que contara tantas historias. Me gustaría modificar eso de esperar más de la cuenta. En el caso de Petra, desde que iniciamos la sesión yo había observado que tenía este patrón de conducta en sus relaciones, y siento que no tendría que haber esperado hasta que ella se diera cuenta, sino que tendría que haber llevado el tema a la conversación enseguida, para, de alguna manera, hacerle las cosas más fáciles.

Supervisor: ¿A qué te refieres con "hacerle las cosas más fáciles"? ¿Para qué hacérselo fácil? Lo pregunto porque en ocasiones es valioso que el cliente llegue a darse cuenta de cosas por sí mismo.

Coach: Sí, pero a lo que me refiero es a que en esas tres historias, de tres áreas de su vida diferentes, sucedieron cosas parecidas, y siento que yo no tendría que haber esperado tanto tiempo para mencionarlo y ponerlo en la conversación de Coaching.

Supervisor: Hacer las cosas "más fáciles" es una idea interesante para explorar. Puede ser un concepto muy subjetivo. A veces, no interrumpir y dejar que el cliente siga hablando lo puede llevar a darse cuenta de ciertas cosas por sí mismo; y por lo que estoy escuchando, pareciera ser que eso no ocurrió en la sesión con Petra, que no presentó historias reflexivas, que le permitieran aprender, sino que, más que nada, habló para no decir nada. ¿Puede ser eso?

Coach: Más que hablar para no decir nada, en la sesión

me parecía que Petra contaba historias para justificarse. Eso me decía en ese momento mi intuición.

Supervisor: Para justificar sus juicios.

Coach: Para justificar sus juicios. Y ahí es donde me gustaría cambiar mi trabajo. Quiero aclarar que cuando hablo de hacer las cosas fáciles no lo digo porque no confíe en que el cliente pueda lograr su *insight* sin mi ayuda, sino que me refiero a esto del *timing*, a no dejarlo irse tanto. Es como cuando nos vamos de pesca. Voy a decirlo con esta metáfora: cuando vamos de pesca a buscar el pez vela, tenemos que soltarle y jalarle; soltarle y jalarle. En la sesión con Petra, creo que yo la solté un poquito de más y cuando quise jalar ya el anzuelo estaba muy adentro, por eso tuve que decirle: "Dime si te está sirviendo".

Supervisor: Es una muy buena metáfora para entender la situación. ¿Qué es lo que ves sobre ti en todo esto? Volviendo a ti, al enfoque en ti mismo, usando la metáfora del pescador, ¿qué harías de manera diferente en el futuro?

Coach: Específicamente, en este tipo de casos, creo que algo que yo haría diferente sería acotar. Voy a definirlo así: una de mis fortalezas es ser muy paciente, incluso cuando me cuentan historias que pueden ser redundantes; pero en el futuro tengo que ir acotando, ir llevando a mi cliente por el carril que él mismo va construyendo, no el que yo construya sino el que él va dibujando. Esto me va a dar mayor efectividad.

Supervisor: Entonces, si pones distancia y miras la situación que se dio en esta sesión, basado en la conversación que tuvimos hasta ahora, ¿cuáles serían tus principales aprendizajes?

Coach: Creo que a partir de aquí voy a hacer tres cambios. Uno es la acotación, lo que tengo que hacer es ir conteniendo todas esas historias. Tengo que poder ser un buen contenedor de historias. Otro cambio es estar atento al *timing*, para ser más asertivo en cuanto al momento en el que deba intervenir. Y el tercer cambio que me propongo tiene que ver más conmigo, con esto de ser permisivo para verme *nice*, para verme lindo. "Qué lindo es Aldo, no me presiona, me deja hacer", me imagino que deben de pensar mis clientes; pero después, cuando aparece el Aldo más duro, hay otra reacción.

Supervisor: ¿Y qué va a requerir de ti poder hacer eso?

Coach: Creo que hay temas de los que soy consciente, pero tengo que trabajar en ese patrón de conducta, en esto de ser permisivo. Creo que este es el gran aprendizaje que me llevo hoy. Tiene que ver con esto de ser permisivo. Si yo no hubiese sido tan permisivo, la historia, probablemente, habría sido diferente. Por eso es algo que me gustaría trabajar, e incluso explorar con esta misma clienta, porque pienso que no cambiamos de la noche a la mañana. Hay que trabajar en los propios procesos... Voy a explorar esto nuevamente.

Supervisor: Para ir terminando, quisiera preguntarte sobre tus emociones. ¿Qué emociones sentiste cuando estabas trabajando con Petra?

Coach: Déjame revisar... La emocionalidad... Bueno, sí, te comentaba que llegó un momento en el que estaba un poco impaciente con tantas historias, y que me causó un poco de molestia que Petra juzgara con tanta facilidad. Entonces, cuando me di cuenta, pensé: "Bueno, esto no es mío. No es tuyo, Aldo. No te metas en eso. Sigue en lo que estás. No te desconcentres". Tuve ese momento de molestia, y después, otra vez retomé mi ritmo, mi tono.

Supervisor: Escucho que en algún momento te sentiste un poco molesto con tus propios juicios, con los juicios que hiciste a partir de los juicios que Petra tenía sobre otra persona.

Coach: Así es.

Supervisor: Porque yo te pregunté eso al principio, pero tú no entraste, dijiste: "No, yo no lo hice". Es normal que tengamos reacciones emocionales al trabajar con nuestros clientes, y lo que escucho es que tú las identificaste, pero dijiste: "Bueno, este no es mi momento". Me pregunto si hay alguna otra cosa más de la que no estemos hablando, si vamos a terminar nuestra conversación sin hablar de algo que pasó en tu sesión con Petra.

Coach: Sí, ahorita me doy cuenta de algo: siento que hay una molestia conmigo, la detecto. Sin embargo, observo que el regalo que podría haberle hecho a Petra hubiera sido decirle: "Oye, déjame compartir contigo algo que me está pasando con esto que me cuentas".

Supervisor: A mí me pasó lo mismo que a ti, en este *proceso paralelo* del que te hablé antes. Así como tú te diste cuenta de que podías ser más efectivo compartiendo lo que te estaba pasando con lo que decía Petra, yo me di cuenta de que me pasó algo parecido con lo que dices. Detecto que se repitió eso en nuestra conversación. Al preguntarte por el *quién*, tú volvías a la clienta en vez de meterte contigo. Por eso creo que es importante que hayamos hablado del *timing*, de cuál es el mejor momento para avanzar en la exploración. Pero, antes de terminar, quiero decirte que tengo la intuición de que hay algo más que pasó en la sesión con Petra, y que quizá sea un *punto ciego*. ¿Qué es lo que quizás no viste que pasó ahí, en ese momento, y pueda serte de utilidad?

Coach: Sí, hay algo más que me surge ahora, porque lo comentamos, y como es algo que me molestó, preferí dejarlo de lado. Dejé de lado esta parte de lo que Petra compartió conmigo para poder concentrarme más en lo otro. Había un cierto nivel especial de conciencia cuando me confió esto, y así lo confirmó ella misma. Petra me dijo:

"Te estoy confiando cosas que no converso ni con mi esposo. Muchísimas gracias. Te lo agradezco". Creo que esta es la otra parte interesante: la emocionalidad compartida.

Supervisor: ¿De qué te diste cuenta, entonces, con esto?

Coach: Me di cuenta de que reconozco la emocionalidad, y no solamente la mía. Creo que esto y tratar de no ser tan permisivo son dos aprendizajes que me llevo. Muy interesante. Más que acotar el tema, más que acertar con el *timing*, más que dejar que corra o no la historia. Creo que estos dos son los puntos más importantes: mi permisividad y poder compartir qué me está pasando. Poder decir: "Mira, me está pasando esto".

Supervisor: Quizá debas tenerlo en cuenta para ver cómo el cliente puede beneficiarse de eso que te pasa cuando lo escuchas. Qué bien, Aldo, que hayas compartido esto que acabas de descubrir. Necesitamos ir terminando. ¿Cómo te gustaría que cerremos la sesión de Supervisión de hoy?

Coach: Me gustaría cerrarla diciendo que la Supervisión me permite observar cosas que en otro momento no me permití observar, y que hacerlo de esta manera no solo me permite ser un mejor coach, sino también una mejor persona. Te lo agradezco muchísimo.

Supervisor: Gracias a ti, Aldo. ¿Estás de acuerdo, entonces, con que podamos usar esta sesión con fines didácticos?

Coach: Sí, por supuesto. No tengo ningún problema.

Supervisor: Muchas gracias.

Análisis de la sesión

Acuerdo de la sesión de Supervisión

El coach explicó qué quería conseguir en la sesión de supervisión: "Lo que me gustaría conversar es lo que me sucedió en una sesión que tuve hace una semana con uno de mis alumnos. Me llevó mucho tiempo poder lograr el *insight* con esta persona". Propuso explorar para entender mejor qué pasó en la sesión de Coaching, qué hizo que no lograra los resultados buscados, y cómo llegar efectivamente a la clienta para que consiga un *insight* más rápidamente. El supervisor clarificó lo que quería conseguir el coach, parafraseando y acordando lo que se iba a trabajar en la sesión de Supervisión: "Quieres explorar qué fue lo que hiciste, o qué no hiciste adecuadamente, para tener claridad sobre lo que sucedió en esa sesión".

Ojo 1: foco en la clienta

En esta sesión, Aldo explicó quién es la clienta (a la que decidió llamar Petra), y los juicios de Petra sobre su consuegra y acerca de sus creencias vinculadas a desarrollar relaciones en general. Además, compartió sus dificultades para que la clienta respondiera preguntas sobre el *quién*.

En el *acuerdo* de la sesión de Coaching se hizo foco especialmente sobre la necesidad de explorar la relación entre Petra y su consuegra, y se mencionó, también, la relación de la clienta con sus hermanas. El supervisor podría haber indagado con mayor profundidad sobre el *acuerdo* de la sesión de Coaching que hicieron Petra y Aldo.

Durante la sesión de Coaching, Petra contó historias que el coach consideró excusas para justificar los juicios negativos que tiene hacia su consuegra.

El coach fue, además, consciente del lenguaje que utilizó para compartir lo que dijo la clienta durante la sesión y presentarla lo más fidedignamente posible. Lo demostró al decir: "No quiero utilizar palabras que ella no usó".

El supervisor pidió clarificación del lenguaje cuando Petra dijo que sus hermanas "se van a ir". Es importante que el supervisor clarifique el lenguaje utilizado por el coach o el cliente para no caer en interpretaciones erróneas.

En esta sesión, el supervisor obtuvo la información necesaria para entender la situación que presentó el coach y parafraseó efectivamente, por ejemplo, cuando dijo sobre la clienta: "Quiere trabajar en los juicios pero no en las expectativas".

Una pregunta que se hacen muchos supervisores es cuánta información tienen que recopilar sobre el cliente del coach para poder trabajar efectivamente en la sesión de Supervisión. Se debe tener en cuenta que los detalles de la vida del cliente pueden no ser tan importantes como la relación entre el cliente y el coach, las intervenciones de este último y sus respuestas emocionales. Los detalles de la vida laboral del cliente pueden ser más relevantes cuando la Supervisión se lleva a cabo en el marco de una compañía, en la que se espera que el cliente obtenga ciertos resultados como producto del proceso de Coaching, o cuando estos detalles son necesarios para entender mejor el trabajo que hizo el coach en la sesión.

Ojo 2: exploración de las intervenciones

El coach explicó que la clienta llegó a un cierto nivel de *insight*, pero dijo también que le hubiera gustado que llegara en menos tiempo, y que esto habría ocurrido si él la hubiera confrontado antes.

Aldo observó que Petra llegó a la reunión con su consuegra con altas expectativas, pero no quiso trabajar sobre este punto a pesar de que le preguntó al respecto. Su hipótesis fue que esas expectativas de la clienta fueron el motivo por el que se sintió defraudada por su consuegra.

El coach consideró que perdió efectividad al no interrumpir a la clienta cuando contaba historias muy largas para justificar sus juicios. El coach dijo: "Creo que debí haber detenido a la clienta antes de que repitiera las historias". Esto representó una buena oportunidad de aprendizaje, porque permitió ver la diferencia entre hablar para clarificar, explorar o lograr *insights* y hablar yéndose por las ramas, para evitar tocar algo que es importante pero desafiante o incómodo. Esto puede suceder consciente o inconscientemente, y el cliente puede o no darse cuenta de que lo está haciendo. Evaluar el nivel de productividad de las descripciones del cliente permite intervenir más rápidamente, si es necesario.

El supervisor fue efectivo cuando indagó acerca del aprendizaje del coach: "Si pudieras volver atrás en el tiempo, si pudieras hacer *rewind* y trabajar de nuevo en esta sesión, ¿qué harías diferente?". La respuesta del coach fue clara: "Creo que haría algunas cosas de otra manera... No sería tan permisivo en cuanto a esto de repetir historias...". Además, el supervisor presentó una oportunidad de reflexión sobre el rol del coach en cuanto a hacerle el trabajo fácil o difícil al cliente. La pregunta que surge es: ¿se debe esperar a que el cliente se dé cuenta solo de las relaciones entre los temas trabajados o esto puede ser presentado por el coach como hipótesis de trabajo? Esto se vio con claridad en esta intervención: "¿Por qué hacérselo fácil?".

Al final de la sesión de Supervisión, el coach compartió que aprendió a ser menos permisivo en cuanto al relato de historias, a tomar más en cuenta el *timing* e interrumpir cuando fuere necesario.

Ojo 3: exploración de la relación entre cliente y supervisado

Aldo expresó que la clienta se sintió cómoda compartiendo en Coaching información que no comparte con otras personas. Esto da cuenta del nivel de confianza que la clienta tiene depositada en el coach. Dado que su clienta es además su alumna, es posible que Aldo haya evitado confrontarla por temor, tal vez inconsciente, de sacarla de su zona de comodidad, hecho que puede ser incómodo también para el coach y puede llegar a tensionar tanto la relación de Coaching como la que tiene con ella como profesor.

El coach reconoció que se sintió impaciente durante la sesión de Coaching. Este tema, que está vinculado con la relación entre Aldo y Petra, aunque fue trabajado durante la Supervisión (de hecho, el coach explicó al principio de la sesión que esto no le sucede con otros clientes), podría haber sido explorado con mayor profundidad, indagando específicamente sobre la relación entre Petra y Aldo y el doble rol (cliente/alumna), e identificando qué elementos de la relación entre ellos podrían estar favoreciendo o entorpeciendo el proceso de Coaching.

Ojo 4: foco en el supervisado

El supervisor le preguntó varias veces a Aldo qué le pasaba al trabajar con Petra, pero el coach respondió compartiendo más información de su clienta en vez de profundizar en sus propias reacciones emocionales. Hizo esto hasta el final de la sesión, cuando reconoció haber perdido la paciencia. Aldo eligió trabajar sobre el patrón de conducta que lo lleva a "ser permisivo". Lo preocupó esta actitud, que interpretó que repite para mostrarse como una persona "*nice*". Además, consideró necesario explorar sobre qué le estaba pasando y se vinculaba con la relación de Coaching y con darle *feedback* a Petra.

El supervisor invitó al coach a indagar en sus propios juicios, surgidos a partir de los juicios de su clienta; pero el coach eludió la pregunta. En cambio, dijo que durante la sesión de Coaching pensó: "Bueno, esto no es mío. No es tuyo, Aldo. No te metas en eso. Sigue en lo que estás. No te desconcentres".

El coach admitió que durante el trabajo con Petra se preguntó por su propia relación con los consuegros y no encontró ninguna identificación con la clienta. Esto se podría haber explorado más. Aldo no respondió a preguntas puntuales del supervisor. Frente a esto, se abren los siguientes interrogantes: ¿qué juicios aparecen en el coach a partir de conocer los juicios que Petra tiene sobre su consuegra? ¿Qué le pasa al coach trabajando con esta clienta y lo lleva a justificarse por sus juicios? ¿Le recuerda a alguien?

El supervisor creyó encontrar un punto clave en los "juicios", y volvió sobre el tema: "¿Y qué te pasó a ti durante esa sesión? ¿Qué reacciones tuviste cuando la clienta no 'entraba' y no contestaba tus preguntas? Volviendo a ti, ¿qué te pasaba? Perdiste la paciencia, ¿qué más te pasó? ¿Te parece que dejemos a la clienta y nos enfoquemos en ti?". Aparece así el tema de la impaciencia, de querer ser *nice* y no detener a Petra en la narración de historias, de ser "permisivo".

Resultó efectivo que el supervisor compartiera sus propias reacciones, lo que le estaba pasando durante la sesión, porque esto ayudó a que el coach confiara lo suficiente como para abrirse y hablar de lo que sintió en el trabajo con Petra, y se propusiera utilizar esta información para explicarle a su clienta lo que los demás sienten frente a los juicios de ella.

Finalmente, el supervisor le preguntó al coach cómo le gustaría cerrar la sesión, y este respondió: "Me gustaría cerrarla diciendo que la Supervisión me permite observar cosas que en otro momento no me permití observar, y que hacerlo de esta manera no solo me permite ser un mejor coach, sino también ser una mejor persona".

Ojo 5: foco en la relación de supervisión y en los procesos paralelos

En esta sesión de Supervisión se apreció una relación de apertura y de confianza. Fue grabada para ser utilizada con fines didácticos, para este libro, así como la de Coaching fue grabada para ser enviada a la ICF como parte del examen de certificación de Master Coach. Fue importante la explicitación de este *proceso paralelo*, porque creó conciencia de condiciones que operaron en el *background* (contexto de la sesión de Supervisión). Estas condiciones afectan lo que sucede en las interacciones y, en la medida en que se identifican, se hablan y se exploran, se crea la oportunidad de utilizar esa información para beneficio de todos los implicados.

Cuando se graba una sesión, suele aparecer una necesidad adicional de hacer un buen trabajo, sabiendo que será escuchada en el futuro por terceros. Esto a veces opera a favor y otras veces en contra de la eficiencia del Coaching o de la Supervisión.

Se observaron varios *procesos paralelos*:

✓ Tanto el cliente en la sesión de Coaching como el coach en la de Supervisión compartieron demasiados detalles de lo sucedido, y esto impacientó a los respectivos interlocutores.

✓ Ante preguntas sobre el *quién*, ni la clienta ni el coach respondieron rápidamente. Llevó tiempo profundizar en las inquietudes.

✓ La clienta es alumna de Coaching del coach y el coach es alumno de Supervisión del supervisor (aunque esto último no se refleje en la grabación).

✓ El coach deseaba hacer su trabajo con maestría, para presentar la grabación de la sesión en su examen de MCC, y el supervisor deseó hacer su trabajo con maestría, para usar la transcripción de la grabación de Supervisión en este libro.

Durante la sesión de Supervisión, el supervisor trajo a la conversación los *procesos paralelos* en dos ocasiones: "Encuentro un *proceso paralelo* en esto del *background*, porque yo también estoy grabando esta sesión con la idea de incluirla en mi libro"; y "Lo que estoy observando acá es un *proceso paralelo*. En la sesión de Coaching, tu clienta hablaba mucho, pero no hablaba de ella; y ahora, en la sesión de Supervisión, está pasando algo parecido: estás hablando mucho de tu clienta, pero no hablas de ti".

Ojo 6: foco en el supervisor

El supervisor se mostró vulnerable y compartió sus reacciones personales con el coach: "Qué bueno que digas eso, porque a mí me pasó lo mismo que a ti, en este *proceso paralelo* del que te hablé antes. Así como tú te diste cuenta de que podías ser más efectivo compartiendo lo que te estaba pasando con lo que decía Petra, yo me di cuenta, en este momento, de que me pasa algo parecido a lo que dices".

El supervisor demostró *presencia*, y tomó ciertos riesgos cuando intervino diciendo: "Pero, antes de terminar, quiero decirte que siento que hay algo más que pasó en la sesión con Petra. Algo que estoy tratando de ver qué fue, y que quizá sea un *punto ciego*. ¿Qué es lo que quizás no viste y que pasó ahí, en ese momento, y pueda serte de utilidad?"

El supervisor también demostró su vulnerabilidad al compartir que se impacientó cuando el coach no le respondía preguntas sobre el *quién*.

Ojo 7: exploración del contexto ampliado

El coach comentó, al comienzo de la Supervisión, que tenía la intención de incluir la sesión de Coaching que iba a ser explorada en su examen para MCC de la ICF, y el supervisor explicó que pensaba utilizar la transcripción de la sesión de Supervisión con fines didácticos, en este libro. Ambas expectativas, que suponen un esfuerzo redoblado para obtener el mejor desempeño posible, operan en el contexto de las conversaciones y pueden entorpecerlas.

Los otros sistemas que influyeron en la sesión de Supervisión fueron: 1) el programa de Certificación en Supervisión de Coaching del cual el coach es alumno y el supervisor es el director; 2) la Federación Internacional de Coaching y la comunidad de Mentor Coaching de las cuales los dos son miembros, y 3) la comunidad de Coaching que leerá el libro. Todos estos sistemas influyeron para que tanto el coach como el supervisor buscaran hacer un aporte valioso para sus colegas[3].

---

3. Esta dinámica se repite en todas las sesiones presentadas y analizadas en los próximos capítulos.

CAPÍTULO 10

Sesión de Supervisión 2
SUSANA

Sesión

Supervisor: Susana, quería agradecerte que me des permiso para grabar esta sesión de Supervisión y utilizarla en el libro que estoy escribiendo.

Coach: Claro que sí.

Supervisor: ¿Qué quieres trabajar en la sesión de hoy?

Coach: Lo que quiero trabajar es un tema relativo a que no fui suficientemente buena en un proceso de Coaching. Esto sucedió en una empresa multinacional muy grande, donde soy la única coach. Me encargaron los procesos de cuatro directores y me fue muy bien. Excelentemente. Todos quedamos muy contentos con todos los cambios. Me sentí muy orgullosa de trabajar para esta empresa. Pero resulta que hace nueve meses me encargaron otro proceso de Coaching, que ya terminó. La clienta, en este caso, era la directora comercial. Te aclaro que esta empresa es totalmente comercial, y es importantísima. Cuando me encargaron el proceso para la directora comercial me advirtieron que iba a ser muy difícil, que iba a ser el reto más grande de mi vida. "El Coaching más difícil de tu vida", me dijeron. Esta mujer, la clienta, tiene un estilo totalmente directivo. Trata mal a la gente. Cuando empezamos el proceso, ya había dos quejas por su forma de tratar a la gente en Recursos Humanos. Esta clienta es una persona que tiene un muy mal balance entre su vida personal y su vida laboral. Además, cuando me encargaron el proceso, me advirtieron que es muy *charming* (encantadora), que es una manipuladora y que podía darme la impresión de que estaba cambiando; pero en realidad me iba a estar manipulando. "Va a intentar manipularte", me dijeron.

Supervisor: ¿Cuál fue tu reacción cuando te dijeron todo eso de tu clienta antes de conocerla?

Coach: Fue todo un desafío. Un desafío tremendo. En la empresa me dijeron: "Te escogimos a ti porque ya lograste cosas importantes, y sabemos que también vas a lograr el éxito en este caso". Así que para mí este proceso representaba un reto muy fuerte. Estaba emocionada, además, porque este es el tipo de Coaching que me gusta. Ya en el proceso, todo me pareció que andaba bien. Al principio me costó crear un clima de confianza con esta mujer. Ella era todo *charm*, era todo "sí claro, yo quiero cambiar, mejorar". Pero yo notaba que esto no era real. Así que tardé en construir esa confianza. Creo que en la tercera o cuarta sesión esta mujer empezó a abrirse, cuando empecé a retarla con más fuerza. Ahí fue cuando todo comenzó a avanzar. Creo que es importante que diga esto, porque en ese punto cometí uno de mis errores. En los otros procesos mantuve un vínculo muy fuerte con las personas de Recursos Humanos que me asignaron como contactos. En este caso, la chica de Recursos Humanos que me asignaron era nueva. La movieron de otra parte de la empresa. Esta chica no quería involucrarse demasiado, y eso me llevó a no dar reportes de avance como acostumbro hacer. Ahora que miro hacia atrás, creo que fue un error. Mi sorpresa fue que hoy me llamó otra persona de la empresa y me dijo: "Oye, Susana, ¿sabes que la persona a la que le diste Coaching ya no trabaja aquí desde hace cuatro días?". Quedé en estado de *shock*. Ya habíamos terminado el proceso; pero de todos modos, es obvio que la despidieron. Apenas pueda voy a hablar con ella. Todavía no la llamé porque de esto me enteré hoy; pero mis emociones... Siento que fracasé en ese Coaching. Siento que no logré hacer lo que me había propuesto: aunque sea un movimiento pequeño junto a esta clienta. Me siento mal. Estoy analizando qué hice bien, qué hice mal y qué pude haber hecho mejor. De esto quiero que conversemos hoy, de esta emoción que siento al pensar: "Guau, ¡qué mal Coaching hice!". Es obvio que la despidieron, que no funcionó. Me gustaría saber si esta emoción que siento es normal. Quisiera aprender de esta experiencia. Quiero saber qué pude haber hecho diferente y cómo puedo salir de esta emoción, porque me siento muy mal. Me siento un fracaso. Todavía no hablé con nadie de Recursos Humanos. Tampoco hablé con ella, con mi clienta. La verdad es que ni siquiera sé qué decir. No sé hasta dónde hacerme cargo de lo que pasó. Quiero saber si esto es responsabilidad del cliente. Eso es lo que quiero que exploremos.

Supervisor: Lo que estoy escuchando es que quieres que exploremos juntos, en esta sesión de hoy, estas emociones que sientes después de haber trabajado junto a una clienta que posteriormente fue despedida. Escuché varios juicios mientras hablabas, y tal vez te parezca que exploremos por ese lado.

Coach: Claro.

Supervisor: Por ejemplo, el juicio "me siento un fracaso". Dijiste: "Siento que fracasé en ese Coaching. Siento que no logré hacer lo que me había propuesto: aunque sea un movimiento pequeño junto a esta clienta". Escucho esos juicios y me pregunto qué reacción tienes cuando te los devuelvo en forma de parafraseo.

Coach: Lo que creo que siento, ahora que te estoy escuchando, es que estoy poniendo toda la culpa en mí, que no estoy depositando nada de responsabilidad en la clienta. Estoy poniéndome en víctima. Fue un *shock* para mí la llamada de esta mañana. Seguro que tiene que ver con esto el nivel de la empresa y el de la persona dentro de la empresa. Mi emoción es: "Yo soy la fracasada". Me cuesta ver esto como un *partnership*. Me cuesta verlo como surgido de una sociedad, y el Coaching lo es. En realidad, no fracasé yo, sino que algo no sucedió en este caso. El éxito del Coaching no es solamente del coach. Lo mismo pasa con el fracaso.

Supervisor: Me parece que lo que acabas de decir está en el corazón de lo que estamos explorando. Cuando el cliente consigue éxitos, ¿te los atribuyes?

Coach: Lo que me dices me hace pensar que hacer esos juicios negativos sobre mi trabajo es como decir "yo soy la que debió haber hecho todos esos cambios", y no es así. La que tiene que asumir no soy yo sino la clienta. En este caso, en particular, a pesar de que me advirtieron que esta clienta era una manipuladora y que se presentaba como una persona encantadora, creo que me compré varias de sus historias. Le creí que iba mejorando y esto no era verdad, así que quisiera aprender a darme cuenta de si es real o no lo que me dicen mis clientes, porque yo no los veo trabajando.

Supervisor: Una manera de medir eso es hacer un análisis de 360 grados al principio del proceso y otro al final, para ver si hay movimiento, si la percepción que tienen los demás de tu cliente se modifica gracias al trabajo de Coaching. También puede entrevistarse a las personas del entorno del cliente al principio y al final del proceso.

Coach: De hecho, lo hice.

Supervisor: ¿Y qué pasó cuando hiciste eso?

Coach: Antes de la última sesión, que fue hace un mes, la gente del entorno me dijo: "Qué cambio hizo, qué barbaridad, qué impresionante…".

Supervisor: O sea que sí hubo movimiento… Y es distinto cuando te lo dice el cliente que cuando te lo dicen otras personas.

Coach: Hubo movimiento, según los entrevistados. Fíjate qué interesante: entrevisté al director general de la empresa, que era su jefe. Primero tuve una entrevista a solas con él, y después una tripartita, en la que estaba la clienta, que es lo que acostumbro hacer. El director general me dijo: "Hay un gran cambio, pero le falta delegar, y yo querría que esta persona hiciera un segundo proceso de Coaching con este objetivo particular". Cuando escuché esto, me fui de la entrevista pensando: "Guau, esta persona va a seguir desarrollando". Pero creo que, como ya te dije, tendría que haberme acercado más a Recursos Humanos, para saber lo que veían ellos. Poder escucharlos y que me dijeran si todo iba bien, porque ellos son los que están adentro de la empresa. Eso fue lo que me faltó en este caso.

Supervisor: Ahí tienes un aprendizaje, entonces. Cuando empezamos la sesión dijiste: "En ese punto cometí uno de mis errores. En los otros procesos mantuve un vínculo muy fuerte con las personas de Recursos Humanos".

Coach: Totalmente.

Supervisor: Ahí encuentro una posibilidad de aprendizaje que va a permitirte hacer algo diferente la próxima vez. Lo que también quería comentarte tiene que ver con esto que hablamos acerca de si el éxito de tus clientes es o no necesariamente tu éxito como coach. El éxito o el "fracaso". Y pongo "fracaso" entre comillas; porque, ¿cuál es el fracaso? Hay que ver por qué despidieron a tu clienta. Tal vez no tenga absolutamente nada que ver el motivo del despido con el Coaching. Tal vez sucedió alguna otra cosa y esta persona terminó siendo despedida por algo que no conoces. Sin embargo, enseguida, tú misma lo dijiste, tomaste toda la responsabilidad a tu cargo, y me gustaría desafiarte un poco con eso de qué es lo que te hace tomar la responsabilidad, qué hace que te hagas cargo sin conocer los detalles del despido de esta persona sin saber qué pasó, por qué la despidieron. ¿Qué te hace sacar tan rápidamente una conclusión y tomar toda la responsabilidad? Creo que ahí hay una oportunidad de aprendizaje.

Coach: Es una gran oportunidad, porque creo que es algo que hago. Tiendo a hacer juicios antes de conocer todos los hechos. Sí, creo que tengo una oportunidad de aprender de esto. Tengo que investigar qué pasó. Esa emoción que traigo… Creo que lo que más me duele es que en la empresa crean, o piensen, que no se lograron los objetivos. No quiero quedar mal.

Supervisor: ¿No quieres que quede la imagen de que no fuiste efectiva?

Coach: Exacto, no quiero quedar mal donde fui la estrella. Sin embargo, creo que tengo que aprender, primero, que debo averiguar cómo fueron los hechos antes de meterme tantos juicios en la cabeza, y segundo, que una gran parte de los cambios los tiene que hacer el cliente. Porque, si yo evalúo mi trabajo, si me pregunto si fue bueno mi Coaching o si no lo fue, te diría que sé que mi trabajo fue bueno. Creo que fui efectiva. Tengo claro que pude haberme relacionado más con Recursos Humanos, pero eso no es parte de los cambios internos en los que acompaño a mis clientes. Entonces, sí creo que me estoy juzgando muy fuerte. Es una sensación incómoda la que tengo, porque uno siempre quiere que todas sus historias sean de éxito, pero esto no siempre va a ser así.

Supervisor: Se me ocurre compartir contigo una distinción. Me pongo durante un momento el *sombrero didáctico*. Hay una definición psicológica que se conoce como *herida narcisista*. La comparto contigo porque dijiste "me duele", y esto me hizo pensar en una herida. Se habla de *herida narcisista* cuando algo que sucedió desafía el *ego*, y lastima el narcisismo, el sentido de éxito y el amor propio. El *narcisismo* es el amor que dirige la persona hacia sí misma tomada como objeto. Alude al mito de Narciso, que amaba su propia imagen, y por dejarse cautivar mientras la miraba reflejada en un lago, se cayó y murió ahogado. Es relativo que te haya ido mal en este Coaching. No debemos olvidar que los demás encontraron transformaciones en tu clienta. La pregunta que me surge es sobre las emociones. ¿Qué crees que te emocionó tanto y te hizo sentir tan mal?

Coach: Pienso en esto que me dices, en la *herida narcisista*. Reflexiono sobre eso y noto que es verdad que lo que sucedió en ese Coaching me pegó en el *ego*. Obviamente es eso lo que me sucede, porque, ahora que lo veo, haber sido la gran coach de esa empresa y de repente ya no serlo... bueno; o pensar en no ser ya la gran coach... me duele. Sin embargo, cuando algo no sale bien no tiene por qué cambiar la imagen de una persona. Yo trabajo esto con mis clientes. Por ejemplo, si se equivoca alguien que quieres, ¿dejas de quererlo? No, no dejas de quererlo. Esa es una lección que tomo para mí: un evento no puede cambiar la imagen de uno. De todos modos, lo que sucedió me pegó en el *ego*. Y hay otra cosa. Estoy *down*, porque yo valoro a esta persona, a esta clienta, y ella ni siquiera me buscó después de que la despidieran, que fue hace unos días. Siento que esto también me toca el *ego*. Esto también me provoca una *herida narcisista*. No sé por qué no me buscó. Yo soy la que está pensando en buscarla a ella. Eso también me duele. Tampoco me enteré de esto por medio de Recursos Humanos. Me enteré por la segunda de a bordo de la que era mi clienta, que me habló para contarme. "Me pusieron a mí, por el momento", me dijo esta otra persona. Lo que te estoy contando hace que me pregunte cuál es mi papel en todo esto, cuál es mi rol. Ahora, durante esta conversación, creo que todo tiene que ver más con mi necesidad que con lo que pueda estar pasando en la empresa.

Supervisor: Está bueno que lo veas, porque, tal vez, si la organización perdió a esta persona que ocupaba un lugar clave, la energía y la atención no están puestas en llamar a la coach para avisarle que su clienta fue despedida, sino en otras cosas.

Coach: Es verdad, pero no vi eso hasta ahora. Seguramente, en algún momento me van a llamar, pero ahora deben de estar viendo cómo trabajar sin esta persona.

Supervisor: Creo que es importante validar esta sensación de que hay algo que podrías haber hecho de otra manera.

Coach: Sí.

Supervisor: No lo dijiste, pero me parece que puedes estar pensando que si hubieras hecho las cosas de manera diferente, tal vez no habrían despedido a tu clienta. Esta es una fantasía que en algún momento puede aparecer. ¿Qué te parece este comentario que te hago?

Coach: Me hace reflexionar, porque fue una clienta que me dio trabajo. No fue un Coaching fácil. No, no fue nada fácil por el hecho de que yo pretendía que aprendiera algo, y creo que me quedé con lo que me dijo. Creo, también, que en algunos casos tengo que dar *retro* un poco más fuerte acerca de lo que observo. A lo mejor tengo que entrarle más duro a algunos clientes. Quizás la palabra sea "directiva". Quizás tenga que ser más directiva. Por ejemplo, si yo esa *retro* que logré darle a esta persona en la quinta sesión la hubiera dado un poco antes, quizás hubiera acelerado su proceso de cambio... Creo que ella no quería cambiar. Creo que su perfeccionismo no se lo permitía. Necesitaba mucho más Coaching. Pero, ahora que lo pienso contigo, creo que pude haberle entrado más duro a esta persona, que pude haber dado *retro* antes.

Supervisor: En esto hay una oportunidad para que reflexiones, para que pienses que quizás no sea tu estilo ser directiva; pero a veces tendrías que tomar el riesgo de hacer las cosas antes, de dar *feedback* antes, por ejemplo. Me refiero a que hay un *timing*, un tiempo para hacer las cosas, y esto presenta un dilema para el coach. La pregunta es: ¿cuál es el tiempo apropiado para hacer esto? Porque si se hace muy temprano, se puede perder la confianza del cliente.

Coach: Esto es, en parte, lo que sucedió. Quería ganarme la confianza de esta clienta, porque al comienzo ella creía que yo iba a contar lo que habláramos en la sesión. Necesitaba ganarme su confianza. Escucharla muchísimo. Por eso tardé. Esa fue mi idea.

Supervisor: Quiero desafiarte ahora, para que reflexiones, porque quizás lo que hiciste fue lo que tenías que hacer. Quizás no tendrías que haber dado *feedback* antes, sino que necesitabas esperar para desarrollar confianza y entonces sí poder darle el *feedback*. De hecho, se lo terminaste dando y tuvo resultados positivos. Ahora ya sabes que eso es algo a lo que tienes que prestarle atención en tus futuras sesiones.

Coach: Creo que en el Coaching con esta persona me dejé llevar por mi intuición, y creo también que es importante tu *feeling*. Si reflexiono sobre este caso, creo que mi aprendizaje sería que con gente como esta clienta, con gente que no es totalmente sincera, que manipula, que dice cosas para quedar bien y para que yo le diga a Recursos Humanos que va todo bien, aunque en este caso yo no lo haya hecho, quizás convenga hacer más entrevistas cuando el proceso va por la mitad, tal vez acercarme en estos casos a

Recursos Humanos para que ellos me cuenten qué ven y así yo pueda tener una mejor "foto" y no creerme historias que no son reales... Y también tengo que estar muy atenta a de dónde saco mi información, porque esta clienta de la que estamos hablando me invitó a muchas reuniones de grupo, y fui y la vi en esas reuniones como una líder muy empática; pero claro, cuando los coaches vamos a las reuniones, somos una interferencia...

Supervisor: Pero tú dijiste que entrevistaste a otras personas y te dijeron que hubo cambios. Si esto es así, lo que encuentro es que nuevamente te estás guiando por tus propios juicios cuando dices que le creíste a la clienta sus historias, porque en realidad las entrevistas te indican que los cambios se dieron. Te digo esto para que te observes haciéndote juicios sobre ti misma y para que reflexiones. ¿Puede ser que estés siendo dura contigo misma? Escucho que eres dura cuando dices que tendrías que haberle dado *feedback* antes a esta clienta y que no tendrías que haberte creído sus historias. ¿Qué reacción tienes frente a esto que te digo?

Coach: Mi reacción es que siento que me acabas de hacer ver cosas bien importantes que no había visto antes de esta conversación. Lo primero es que sí fue una *herida narcisista* lo que sufrí, este Coaching tocó mi *ego*. Y me hice cargo de una responsabilidad que ahora creo que no es mía. En realidad, creo que hice un gran Coaching. Hice lo que tenía que hacer. Hablé con su equipo, trabajé con la clienta, entrevisté a la gente, entrevisté dos veces a su jefe... Hice lo que tenía que hacer. Me dolió que, a lo mejor, no haya salido todo como yo hubiera querido. Me hubiera encantado que le dieran una promoción a mi clienta, porque esto habría significado otra historia de éxito para mí; pero creo que lo que estoy aprendiendo ahora es que este Coaching hirió mi *ego* y que me equivoco al pegarme tan duro con mis juicios, porque los movimientos del cliente no son responsabilidad exclusiva del coach. Me voy más tranquila. Estuve triste todo el día de hoy, y ahora me voy más tranquila, porque analizándolo contigo, me doy cuenta de que hice lo que tenía que hacer. A veces, el Coaching no puede resolverlo todo... Además, sé que esta persona tuvo una junta con su jefe el viernes pasado, y tal vez algo haya pasado en esa junta...

Supervisor: Quizás lo que sucedió no tuvo absolutamente nada que ver con lo que trabajaron ustedes en el Coaching. Eso no lo sabemos. Hay muchas posibilidades. Tal vez esta persona tomó una decisión equivocada y obtuvo un mal resultado de esa decisión. Uno no tiene una bola de cristal que le permita saber qué es lo que realmente está pasando en la vida de los clientes, en el funcionamiento de las organizaciones y de los equipos; y a veces es bueno averiguar qué pasó y llenar los blancos...

Coach: Al final de cuentas, lo que más observo es mi autoexigencia, que aparece constantemente. Ese querer hacer las cosas tan, tan bien, en vez de decirme: "Bueno, hice lo mejor que pude y esto es lo que salió; y ya". Creo que ese es mi aprendizaje.

Supervisor: Estuve pendiente de mis reacciones mientras te escuchaba, y cuando dijiste que te ponías en lugar de víctima, la metáfora que se me ocurrió, la imagen que me vino es que te estabas cargando con una bolsa pesada, llena de piedras, en la espalda. Algo pesado y que no es tuyo. Pensaba en que te estabas adueñando de algo ajeno, en que te estabas haciendo cargo de algo de otro y que estabas muy cargada con esa energía emocional. Lo vinculo con lo que dices ahora, cuando me cuentas que te sientes aliviada. Lo que creo que sucede ahora es que dejaste ir todo eso, todo ese peso ajeno.

Coach: Claro que sí. Siguiendo tu metáfora, te digo que sí, que me voy mucho más aliviada, sin cargar cosas extras que no me corresponden. Guau, me encantó.

Supervisor: Algo de lo que me estoy dando cuenta es que te interrumpí varias veces. No soy de interrumpir y estoy tratando de pensar por qué te interrumpí tantas veces. ¿Te diste cuenta de eso?

Coach: Sí, bueno... Sí, nos encimamos un poco durante la conversación.

Supervisor: Es verdad. Me pregunto por qué te interrumpí, y creo que tal vez sea porque me daba un poco de ansiedad escuchar este caso y lo que te estaba pasando. Lo que estoy tratando de ver es qué me pasaba a mí trabajando contigo en esta sesión, cuáles fueron mis propias reacciones emocionales. Estoy tratando de identificar por qué mi reacción, mi comportamiento, fue interrumpirte. Estaba pensando si esas interrupciones tuvieron que ver con que una parte mía se estaba impacientando... No sé, quizás me identifique contigo en este tema de las *heridas narcisistas*, en esto de creer o tener la fantasía de que cuando al cliente le va bien es nuestro el éxito y cuando al cliente le va mal el fracaso es nuestro. Quizás me identifique con eso.

Coach: Guau.

Supervisor: Qué interesante ver cómo eso me pasa a mí también.

Coach: A mí, al escucharte, me da tranquilidad saber que esto es algo que nos pasa a los coaches: queremos que nuestro éxito sea grande, ser reconocidos, y a veces las cosas salen así, y otras veces no. En este sentido, las sesiones con un supervisor son aliviadoras. Alivia saber que una no está sola en esto, que esto nos pasa a todos.

Supervisor: Y también, mientras te escuchaba, pensaba en el *proceso paralelo*. Esta conversación va a ser leída o escuchada por nuestros colegas, así que de la misma manera que tú quieres que te vean bien en esa empresa, yo quiero tener una buena imagen frente a los colegas que nos van a escuchar. Creo que también, quizás, podría estar jugando eso.

Coach: Claro, totalmente.

Supervisor: ¿Hay alguna cosa que quieras decir antes de concluir esta sesión?

Coach: Que me ayudó muchísimo, porque es verdad que venía cargada de una emoción muy fuerte, y ahora me voy aliviada. ¡Mil gracias! Aprendí a no cargar lo que no es mío.

Supervisor: Me alegro mucho. En la próxima sesión me gustaría que me cuentes de qué te enteraste, qué información conseguiste acerca de lo que pasó en la empresa, y también sugiero que le demos seguimiento a los temas que trajiste. Podemos seguir explorando cuándo dar *feedback* y cuándo no, cuál es el momento apropiado, y también trabajar sobre el tema de creerse historias, que también compartiste hoy. ¿Cómo lo ves?

Coach: Lo veo excelente, creo que son temas interesantes y que voy a prestarles atención en el futuro. Gracias, me encantó la sesión. Creo que me voy muy cargada de energía. Gracias.

Supervisor: Gracias a ti. ¿Sigues de acuerdo con que utilice la sesión para mi libro con fines didácticos?

Coach: Claro, claro. Con mucho gusto.

Análisis de la sesión

Acuerdo de la sesión de Supervisión

La coach llegó a la sesión emocionalmente cargada. Dijo: "Guau, ¡qué mal Coaching hice! Es obvio que la despidie-

215

ron, que no funcionó". Y después agregó: "Me gustaría saber si esta emoción que siento es normal. Quisiera aprender de esta experiencia. Quiero saber qué pude haber hecho de una manera diferente y cómo puedo salir de esta emoción, porque me siento muy mal. Me siento un fracaso". El supervisor hizo una síntesis de lo que entendió que se iba a trabajar en la sesión: "Lo que estoy escuchando es que quieres que exploremos juntos, en esta sesión de hoy, estas emociones que sientes después de haber trabajado junto a una clienta que fue despedida. Escuché muchos juicios mientras hablabas, y tal vez te parezca interesante que exploremos por ese lado".

El acuerdo de trabajo para la sesión de Supervisión incluye un análisis de las intervenciones de la coach (que podría haber hecho un mal Coaching, de acuerdo con sus palabras), normalizar sus emociones (quería saber si la emoción que sentía era normal) y definir qué podría haber hecho diferente.

Ojo 1: foco en el cliente

La coach compartió que antes de empezar el proceso le advirtieron que la clienta era difícil y manipuladora. Contó, además, que le gustan los desafíos y que tomó este proceso como una oportunidad. Susana dijo: "Cuando me encargaron el proceso para la directora comercial me advirtieron que iba a ser muy difícil, que iba a ser el reto más grande de mi vida… La clienta tiene un estilo totalmente directivo. Trata mal a la gente (…). Me advirtieron que es muy *charming* (encantadora), y que es una manipuladora".

La coach brindó la información necesaria sobre su clienta y su relación con la empresa y Recursos Humanos como para hacer una exploración efectiva durante la Supervisión, y por lo tanto no fueron necesarias demasiadas preguntas del supervisor sobre este *ojo*.

Ojo 2: exploración de las intervenciones

La coach llegó a la Supervisión interesada en explorar sus emociones y con dudas sobre la efectividad de su trabajo. Al comienzo de la sesión se preguntó si había hecho algo mal, pero sobre el final reconoció que resultaron efectivas las intervenciones que realizó durante su Coaching. Susana dijo: "...Creo que hice un gran Coaching. Hice lo que tenía que hacer. Hablé con el equipo de la clienta, trabajé con, ella, entrevisté a la gente, entrevisté dos veces a su jefe...". La coach también compartió que no se conectó lo suficiente con Recursos Humanos: "En los otros procesos mantuve un vínculo muy fuerte con las personas de Recursos Humanos (...). En este caso, la chica de Recursos Humanos que me asignaron era nueva (...). Ella no quería involucrarse demasiado, y eso me llevó a no dar reportes de avance como acostumbro hacer. Ahora que miro hacia atrás, creo que fue un error". Este comentario hace notar que la coach pudo identificar algo que faltó en este proceso de Coaching.

Susana contó, además, que su estrategia fue ganarse la confianza de la clienta antes de dar *feedback*: "...Quería ganarme la confianza de esta clienta, porque, al comienzo, ella creía que yo iba a contar lo que habláramos en la sesión, y yo necesitaba ganarme su confianza, escucharla muchísimo. Por eso tardé. Esa fue mi idea".

La coach incluyó estudios de 360 grados al comienzo del proceso y cerca de su final, y al analizar el *feedback* que recibió del entorno de la clienta encontró que hubo cambios.

Un tema a seguir explorando es el *timing*, porque resulta clave determinar cuál es el momento apropiado para dar *feedback*, ya que cuando se está trabajando para construir una relación puede resultar inconveniente confrontar con el cliente o hacerlo antes de tiempo. La determinación del momento adecuado está íntimamente vinculada con la relación coach/cliente, las características del cliente, con cuánta confianza siente, con la situación y con si el cliente está listo para recibir ese *feedback*. El conocimiento del cliente, su empresa y la intuición del coach deben entrar en juego a la hora de elegir si es el momento de dar *feedback* o conviene esperar mejores condiciones. En este caso, Susana esperó el momento adecuado, y aunque luego se preguntó si podría haberlo hecho antes, lo hizo cuando consideró que las condiciones estaban dadas para ser escuchada. Sin embargo, uno de sus aprendizajes fue prestar mayor atención y quizás no esperar hasta la cuarta sesión para confrontar a la clienta, sino hacerlo antes, si las condiciones están dadas.

Otro tema que surgió y al que debería dérsele seguimiento fue el de creer o no las historias que cuentan los clientes. Es importante que Susana pueda darse cuenta de hasta qué punto le dicen lo que quiere escuchar, aunque no refleje la realidad. En este caso, la coach empezó a dudar sobre la información que recibió de su clienta y se preguntó si se "compró" las historias o si realmente ocurrieron.

Entrevistar a los colegas del cliente es una manera efectiva de colectar información que permita confirmar lo que se escucha en la sesión. En el caso explorado, aunque Susana fue efectiva al hacerlo, se quedó con dudas acerca de la veracidad de lo dicho por su clienta.

Al final de la sesión, el supervisor podría haberle preguntado a la coach, además de cuáles eran los aprendizajes que se llevaba, si iba a tomar alguna acción específica al respecto, como por ejemplo, comunicarse con Recursos Humanos o con quien fue su clienta, para clarificar la razón del despido.

Ojo 3: exploración de la relación entre cliente y supervisado

La coach tardó en establecer confianza, pero sabía desde el principio que la relación iba a ser compleja, dadas las características de la clienta. Susana dijo: "…Así que tardé en construir esa confianza. Creo que en la tercera o cuarta sesión esta mujer empezó a abrirse, cuando empecé a retarla con más fuerza. Ahí fue cuando todo comenzó a avanzar".

Puede haber sucedido que la coach estuviera influenciada por lo que le dijeron antes de empezar el proceso y esto la haya llevado a dudar sobre si la clienta la estaba manipulando. De la exploración surge que Susana dudaba de que su clienta fuera sincera cuando compartía sus logros. La coach dijo: "Ella era todo *charm*, era todo 'sí claro, yo quiero cambiar, mejorar'. Pero yo notaba que esto no era real. Así que tardé en construir esa confianza".

Además, Susana contó que le preocupaba quedar mal con Recursos Humanos, porque su relación con la organización es muy buena, y que temía frente a las posibles consecuencias del despido de su clienta. Manifestó, también, que le dolió que la clienta o Recursos Humanos no la llamaran para contarle del despido, aunque el proceso de Coaching ya hubiera terminado.

Ojo 4: foco en el supervisado

La mayor parte de la sesión se enfocó en analizar las emociones de la coach relacionadas con el despido de su clienta y varios de los juicios sobre sí misma al respecto. Dijo: "Siento que fracasé en ese Coaching. Siento que no logré hacer lo que me había propuesto: aunque sea un movimiento pequeño junto con esta clienta".

La sesión de Supervisión fue restaurativa de la autoestima de la coach, que relacionaba su propia eficacia con el éxito o el fracaso de su clienta. Por otro lado, lo que llevó Susana al trabajo de Supervisión estuvo basado en suposiciones, dado que estaba recién enterada de lo sucedido, y esto le impidió cerciorarse de los hechos antes de emitir juicios.

Durante el *acuerdo*, el Supervisor sintetizó que lo que quería trabajar la coach en la sesión eran sus emociones y la invitó a explorar sus juicios. A la coach la hirió que Recursos Humanos o su clienta no se comunicaran con ella para contarle lo que había pasado y por lo cual se sentía responsable.

Susana estuvo de acuerdo con el supervisor cuando él le hizo ver que sus emociones eran resultado de una *herida narcicista* que afectó su *ego*.

Además, el supervisor invitó a la coach a explorar la relación entre su éxito y el del cliente, la definición de la coach del concepto de "fracaso" y la posibilidad de que estuviera sacando conclusiones sin tener suficiente información o interpretando que hizo algo mal sin conocer las razones del despido de su clienta.

El supervisor desafió a la coach en sus conclusiones: "...Tomaste toda la responsabilidad a tu cargo, y me gustaría desafiarte un poco con eso de qué es lo que te hace tomar la responsabilidad, qué hace que te hagas cargo sin conocer los detalles del despido de esta persona (...), por qué sacas tan rápidamente una conclusión y tomas toda la responsabilidad. Creo que ahí hay una buena oportunidad de aprendizaje". A lo cual la coach respondió: "Tiendo a hacer juicios antes de conocer todos los hechos. Sí, creo que tengo una oportunidad de aprender de esto".

Cuando reflexionó sobre la *herida narcicista*, dijo: "...No quiero quedar mal donde fui la estrella. Sin embargo, creo que tengo que aprender. Primero, que tengo que averiguar los hechos antes de meterme tantos juicios en la cabeza, y segundo, que una gran parte de los cambios los tiene que hacer el cliente".

El supervisor exploró en las emociones de la coach: "La pregunta que me surge es sobre las emociones: ¿qué crees que te emocionó tanto y te hizo sentir tan mal?". Susana respondió: "Estoy *down*, porque yo valoro a esta persona, a esta clienta, y ella ni siquiera me buscó después de que la despidieran, que fue hace unos días. Siento que esto también me toca el *ego*. Esto también me provoca una *herida narcicista*".

También dijo la coach: "Al final de cuentas, lo que más observo es mi autoexigencia, que aparece constantemente. Ese querer hacer las cosas tan, tan bien, en vez de decirme: 'Bueno, hice lo mejor que pude y esto es lo que salió; y ya'. Creo que ese es mi aprendizaje".

Como resultado de la sesión de Supervisión, la coach supervisada se siente consciente de su autoexigencia, más tranquila y aliviada.

Ojo 5: foco en la relación de Supervisión y en los *procesos paralelos*

La relación entre supervisor y supervisada fue cordial. Se trataron como dos colegas que están en un mismo nivel. Se observó confianza y respeto entre ambos, y esto tuvo que ver con que no era la primera vez que trabajaban juntos.

El supervisor desafió a la coach y fue cálido a la vez; además, fue eficaz al crear un espacio que le permitió a la coach mostrarse vulnerable. Además, hizo referencia al *proceso paralelo* que se planteó porque la coach quería ser bien vista en la organización y el supervisor quería mantener la buena imagen que tienen sus colegas de él.

Ojo 6: foco en el supervisor

El supervisor compartió la reacción que tuvo cuando la coach comenzó a describir a su clienta y la situación en la que se encontraba: "¿Cuál fue tu reacción cuando te dijeron todo eso de tu clienta antes de conocerla?". Por otra parte, utilizó una imagen que le sirvió a la coach: "Estuve pendiente de mis reacciones mientras te escuchaba, y cuando dijiste que te ponías en lugar de víctima, la metáfora que se me ocurrió, la imagen que me vino es que te estabas cargando con una bolsa pesada, llena de piedras, en la espalda. Algo pesado y que no es tuyo. Pensaba en que te estabas adueñando de algo ajeno, en que te estabas haciendo cargo de algo de otro y que estabas muy cargada con esa energía emocional". Esta metáfora fue muy útil para la coach, que al final de la sesión confirmó que se sentía más aliviada como resultado de la sesión.

El supervisor también fue consciente de sus interrupciones durante la sesión: "Algo de lo que me estoy dando cuenta es que te interrumpí varias veces". La ansiedad de la supervisada generó, a su vez, ansiedad en el supervisor, quien la manifestó con sus interrupciones.

Ojo 7: exploración del contexto ampliado

El contexto tuvo un peso importante para la coach. En este caso el contexto incluyó la compañía donde trabajaba la cliente, Recursos Humanos y la persona que contactó a la coach para comunicarle que su exclienta había sido despedida. A la coach le preocupó mucho cómo el despido de su exclienta podía afectar su propia reputación en la organización.

En cuanto a la compañía, Susana expresó: "Esto sucedió en una empresa multinacional muy grande, donde soy la única coach. Me encargaron los procesos de cuatro directores y me fue muy bien (…). Te aclaro que esta empresa es totalmente comercial, y te repito que es importantísima".

La coach cuestionó durante la sesión de Supervisión su propia efectividad, al expresar que los éxitos que había obtenido en la organización con otros clientes podrían verse empañados porque su clienta fue despedida. En ese momento, el supervisor desafió los juicios de Susana, que había sacado conclusiones sin tener toda la información necesaria.

Además, el supervisor ayudó a Susana a reflexionar sobre el hecho de que Recursos Humanos no se hubiera comunicado con ella: "...Tal vez si la organización perdió a esta persona que ocupaba un lugar clave, la energía y la atención no estén puestas en llamar a la coach para avisarle que su clienta fue despedida, sino en otras cosas".

CAPÍTULO 11

Sesión de Supervisión 3
ANA

Sesión[1]

Supervisor: Estoy grabando la sesión, Ana. ¿Qué quieres trabajar en la Supervisión de hoy?

Coach: Traigo el caso de un cliente que es CEO en una compañía multinacional de presencia global y origen familiar. Estuve trabajando con este cliente en sus habilidades blandas para liderar equipos. Es muy competitivo, muy duro consigo mismo. Trabajé mucho con él, y el objetivo final del Coaching es lograr que se convierta en un líder recordado como alguien que hace la diferencia en su equipo, que ayuda de manera profunda a las personas del equipo. Es un deseo que partió de él y estuvimos trabajando sobre sus creencias, porque aparece su parte competitiva. Por ejemplo, cuando dice: "A mí no me importan las personas". Cuando hace esos comentarios, busco reflexionar con él sobre la dicotomía que se da entre ese tipo de pensamiento y los momentos en los que se conecta con su deseo y puede hablar

---

1. Ana recibe Supervisión como parte de la Certificación para supervisores que ofrezco junto a mis colaboradores del Goldvarg Consulting Group. El programa terminó, pero ella tiene pendientes algunas tareas para completarlo.

de ser alguien que marque la diferencia. Entonces, me dice cosas como: "No es que quiera hacer una diferencia para ellos. Lo que quiero es que me admiren. Es mi *ego*". Eso me dice. Es una lucha interna que tiene. Este cliente es muy inteligente y se sabe muy inteligente. Ya recibió *feedback* sobre el hecho de que se nota que lo que hace en bien del equipo lo realiza porque quiere ser el mejor y no porque realmente le importen lo demás. Traigo este caso porque noto que a veces me echo para atrás con este cliente. Siento que es una persona con la que hay una parte de mí que se siente muy agradecida de que me tome muy en serio y me considere. Es muy exigente y siento que a mí me respeta. En eso veo mi *ego* y me siento agradecida; pero por otro lado, este cliente, a veces, me conecta con mi parte competitiva, y al estar retándolo siento que lo que más tengo que sacar es mi corazón, mi vulnerabilidad. Siento que ese es el lugar que él tiene que aprender a habitar un poco más seguido... Creo que en eso puedo apoyarlo para que haga un buen trabajo con su equipo. Estoy dando vueltas en torno a cómo ayudarlo mejor. Al mismo tiempo, las sesiones de Coaching son muy espaciadas. Me gustaría darle más formalidad a los tiempos en que nos reunimos; pero él viaja mucho, siempre está posponiendo las sesiones y pidiéndome cambios de días y horas. Estoy en duda acerca de cómo servirle mejor. Siento que ve cosas, pero después es como si se le olvidaran. ¿Entiendes lo que te estoy diciendo?

Supervisor: Lo que estoy escuchando es que en la sesión de hoy te gustaría explorar tu relación con este cliente, que está dando mensajes ambivalentes acerca del trabajo que hace con su equipo. Que este cliente por un lado quiere apoyar a su equipo, pero por otro lado dice que no le importa la gente, o que si le importa es en función de cómo se ve él, porque quiere ser admirado. Entonces, lo que te gustaría explorar es cómo servirle mejor. También hablaste de sacar tu vulnerabilidad, y entiendo que vamos a explorar sobre *quién* estás siendo como coach con este cliente cuando modelas algo que quizás él podría intentar: ser más vulnerable, conectarse y tener otro tipo de relación con sus colegas. ¿Cómo ves este resumen de lo que estuve escuchando?

Coach: Excelente.

Supervisor: ¿Por dónde te gustaría que empecemos a explorar la relación con este cliente?

Coach: Creo que dentro del tema de mi efectividad es medular cómo me estoy permitiendo ser vulnerable frente a él, cómo estoy creando ese espacio de vulnerabilidad. Creo que por ahí me gustaría empezar.

Supervisor: Cuando hablas de vulnerabilidad, ¿con qué lo asocias?

Coach: Yo asocio la vulnerabilidad con verdadera autenticidad, con mostrarse íntegramente, incluso con las dudas que se puedan tener, con eso de *no saber*, con permitirse explorar, con poder decir: "No sé bien esto. Vamos a explorarlo juntos, para ver qué encontramos".

Supervisor: Dentro de lo que acabas de decir me resuena la palabra "autenticidad". Si tuvieras que medir con una escala del uno al diez tu nivel de autenticidad en este trabajo de Coaching, ¿qué número elegirías?

Coach: Creo que uno bien alto, y creo que me lo gané. Sí, me siento auténtica. Lo que siento ahora, al hablar sobre esto, es una voz interna que me dice que no preparo lo suficiente mis sesiones; y cuando digo esto me refiero a no ordenarme, para destinarle un tiempo previo a reflexionar sobre el camino recorrido y llegar a la sesión teniendo claro en qué etapa del proceso estamos. Siento que me refugio mucho en estar ahí, para él, y que confío en la espontaneidad. Creo que está bien la espontaneidad, pero también siento que debería añadirle más preparación. Tendría que pensar en recursos, en cómo ser más eficiente. Tendría que hacer lo que estamos haciendo en esta conversación de Supervisión. Siento que me falta esa parte. Y por otro lado no sé si tengo que enfocarme tanto en esa parte o en valorar más lo que mi cliente ve y poder festejarlo más. No sé... Todo esto me hace pensar...

Supervisor: Me parece que hay algo que está faltando en lo que estás explorando. Quizás lo que esté faltando no sea autenticidad. Hay un *proceso paralelo de inconsistencias.* Compartes que tu cliente dice "quiero ayudar a la gente, pero la gente no me importa", y tú dijiste "quiero poder mostrarme más vulnerable", pero sin embargo, después, cuando te pregunté sobre tu vulnerabilidad la asociaste con la autenticidad y te diste una puntuación alta. Encuentro un *proceso paralelo* vinculado al tema de la vulnerabilidad, de la autenticidad. ¿Qué piensas?

Coach: Sí, y después digo "no, ya está"... Entonces, ¿qué es lo que quiero traer de mi vulnerabilidad?

Supervisor: ¿Qué te pasa cuando tu cliente pospone las sesiones porque está viajando o por lo que sea y el trabajo de Coaching se vuelve más espaciado?

Coach: ¿La verdad? A veces siento alivio: "Ay, voy a tener este espacio rico". Tengo esta sensación de estar muy abrumada, y al mismo tiempo siento que esta es una historia que me digo a mí misma más que la realidad.

Supervisor: Escucho una inconsistencia, porque hay una ambivalencia, por un lado hay una frustración, porque el cliente pospone las sesiones; pero por otro lado, dices "bueno, está bien, que no venga, así me da un espacio rico". A veces es posible interpretar que cuando los clientes posponen y cancelan las sesiones es porque el Coaching no es prioritario para ellos. En estos casos, el mensaje puede ser "el Coaching no es importante" o "tu tiempo no es importante" o "verme a mí no es una prioridad". ¿Qué reacción tienes frente a esto que te estoy diciendo?

Coach: Lo que me estás diciendo me hace pensar en que no fui muy efectiva al mostrarle que la cadencia de nuestras sesiones es importante para sus *insights* y para su crecimiento. Creo que en esto hay algo bien práctico, que puede generar una distinción importante para este caso, para con este cliente. Tendríamos que conversar más sobre la formalidad, sobre los tiempos entre sesión y sesión, armar un calendario, aunque tengamos que ser flexibles en algún momento. Tendríamos que tener este nivel de formalidad. ¿Y sabes qué siento? Que es algo que estoy necesitando ahora mismo en mi vida, no solamente en esta efectividad que estoy explorando en este Coaching, sino en este *proceso paralelo* que aparece en mi vida.

Supervisor: ¿Cómo lo estás viendo? ¿En qué sentido?

Coach: Ya se acabó enero, y durante todo el mes me dije que iba a hacer mi planeación anual; y lo fui dejando, lo fui dejando... Y ya estamos en febrero, a punto de empezar con un montón de actividades que ya están agendadas. Siento que de repente se viene un tsunami y lo dejo venir sin estar organizada, y voy reaccionando a medida que va llegando... Fíjate cómo estoy dejando que mi cliente maneje los tiempos, decida cuándo volvemos a vernos, a pesar de que veo que eso no está siendo demasiado efectivo. Este es el paralelo que encuentro con mi vida. Y todo esto me hace sentir que tendría que tener una visión clara de mis trayectorias y de mis finalidades, de lo que voy haciendo y de adónde quiero llegar.

Supervisor: Lo que estoy escuchando es que lidiar con este tsunami que traes como metáfora va a requerir de ti crear un espacio para desarrollar una visión clara, que te permita armar un plan para todo este año que comienza.

Esto requiere que te dediques tiempo. De la misma manera que tu cliente necesitaría dedicarle tiempo al Coaching, tú necesitas dedicarle tiempo a ordenar –uso la misma palabra que usaste, "ordenar"– tu calendario, tus actividades, porque esto te va a dar después oportunidades para tomar decisiones. Este enfoque estratégico te va a permitir varias cosas; por ejemplo, tener esa planificación de la que hablas. ¿Qué más va a requerir de ti poder crear ese espacio?

Coach: Lo que requiere es responsabilidad, compromiso. Tengo que anotarlo en mi agenda. Eso es fácil. Y también tengo que cumplirlo. Tengo que darme la prioridad a mí. Y te voy a decir qué más: tengo que hacerlo por partes, en pedazos chicos. Entonces, si le voy a dedicar una hora, será una hora, pero tengo que hacerlo. Con respecto al cliente, justamente ahora me está pidiendo renovar nuestro contrato por un cierto número de sesiones, y en esta renovación vamos a tener clara la cadencia entre sesión y sesión. Es importante la cadencia.

Supervisor: Sí, como sucede con la música.

Coach: Con este cliente vamos a convenir un calendario, para que queden establecidas y anotadas las fechas y las horas de sesión. Esto va a aumentar el nivel de compromiso.

Supervisor: Creo que esto se relaciona con lo que decías antes, refiriéndote a este cliente, cuando hablabas de preparación, de prepararte. Como sabrás, en los programas de Mentor Coaching digo que el único que tiene que prepararse es el cliente, que no se supone que el coach tenga que estar preparado para las sesiones. Sin embargo, no está de más dedicar unos minutos, antes de cada sesión, a ver las notas de la anterior y a cosas por el estilo. Tal vez dedicar unos diez minutos a revisar y a mirar las notas de la sesión anterior, pero más allá de eso, en términos de preparación, no sé qué otra cosa podrías hacer.

Coach: Es simplemente eso lo que necesito como preparación. Hasta pena me da decirte que no tengo bien claro ni siquiera cuántas sesiones tuve con este cliente, porque a veces me dice que tiene más tiempo, y trabajamos durante dos horas, que sería como una sesión doble, o dos sesiones. Siento que nuestro trabajo de Coaching está muy desordenado. Hasta físicamente desordenado, porque no ordeno mis notas, y eso que soy súper ordenada, súper estructurada. Veo que de pronto rompí esa estructura, y esto, por un lado, funcionó bien, colaboró con mi relación con este cliente, porque romper la estructura también me permitió soltar, ir más profundo con él. Pero, sin embargo, creo que es momento de retomar lo que sí me funcionaba de ser estructurada.

Supervisor: Una cosa que yo veo, en esta sesión de Supervisión, es que eres una supervisada muy *insight-full*, porque te das cuenta de las cosas. Creo que eres una buena supervisada y creo que ese es un requisito para ser un buen supervisor. Me pregunto a veces si alguien que no es un buen supervisado puede convertirse en un supervisor efectivo. Tú eres muy efectiva como supervisada, porque te das cuenta de las cosas, porque profundizas. Como repetición de patrones, eso también lo observé en el programa de Certificación de Supervisión que terminó sin que recibieras tu *feedback*.

Coach: ¿Sabes qué me pasa? De repente desaparezco. Es algo que hago también con mis relaciones personales. De repente digo *"too much"*. Me canso y tengo mi conversación interna de *break*... No se lo digo a nadie. De repente, desaparezco... Después siento vergüenza. Me digo: "¿Por qué hago esas cosas?". Esto tiene que ver con mi relación con la autoridad. De repente le quito autoridad a la gente. No sé. Lo vi con lo de la Supervisión, cuando mandaste un mensaje diciendo que en diciembre no ibas a dar sesiones de Supervisión... En ese momento dejé de lado mi formación como supervisora… Me enfoqué en otras cosas y me dije: "Eso lo voy a hacer después", y después pensé que era una pena, que te había hecho lo mismo con Mentor Coaching. "¿Qué pasa?", pensé; "estoy repitiendo lo mismo". Y lo hago también con amigas. Las veo seguido y de pronto digo: "Ya. *Too much*. Ya no las quiero ver". No lo hago conscientemente. Es un patrón que recién ahora estoy empezando a ver.

Supervisor: Trabajo contigo en diferentes contextos y te aprecio mucho; pero dejando de lado lo afectivo, te veo como una profesional que respeto y admiro. Sin embargo, tengo que decirte que el mensaje que das tiene que ver con tu falta de compromiso. Da la impresión de que todo lo que haces lo realizas a medias, sin estar completamente comprometida.

Coach: Sí, se ve que hay algo que me echa hacia atrás.

Supervisor: Sé que estás metida en muchas cosas, que tienes tu familia, tus hijos, que estás muy ocupada; pero el mensaje que la gente puede llegar a recibir es que no se puede contar contigo. Que lo que das lo das a medias, que no te entregas completamente. Me pregunto, volviendo al cliente, si hay algo de esto que pueda tener que ver con él. Me pregunto si no es algo vinculado con esto lo que está faltando. Eso que el cliente te produce, la ambivalencia entre lo que dice que quiere hacer y no quiere hacer. ¿Hasta qué punto te estás entregando completamente al cliente y hasta qué punto no? Puede ser que lo que esté faltando, quizás, sea leer las notas diez minutos antes o tener un plan; pero también puede estar faltando explorar en cómo apareces, cómo te presentas, *quién estás siendo* con él durante el proceso de Coaching. ¿Qué reflexión te merece esto?

Coach: Es una reflexión fuerte… Regreso mucho a este punto, pero creo que es una historia que me cuento. Para mí es fuerte ver este mensaje que doy de falta de compromiso. Creo que a veces me pasa lo mismo con los clientes. Me hace pensar en que si me entrego totalmente y no obtengo un buen resultado, es una linda excusa decir "claro, pues es que tengo muchas cosas", y en realidad lo que me faltó es compromiso. Es una linda salida para mí. Un síndrome del impostor.

Supervisor: Encuentras una buena excusa...

Coach: Es fuerte, porque convoca a mi capacidad para decir que no a ciertas cosas. Estuve trabajando mucho en diseñar la calidad de vida que quiero tener. Quiero tener menos clientes y poder tener un buen nivel de compromiso, entregarme al cien por ciento, sentirme a gusto, plena. Sentir que tengo la cantidad adecuada de trabajo, que cuido mis tiempos de descanso, que cuido mis tiempos para seguir creciendo, que puedo estudiar, leer. Estoy en este rediseño, y esto aparece ahora, con este cliente. Me llevó mucho esfuerzo y trabajo poder preguntarme a qué estoy comprometida con él, sobre todo porque me está pidiendo que trabajemos con todo eso relacionado con su equipo. A veces siento que le quiero pasar a otro coach esta parte de mi trabajo, lo relacionado con el equipo. Y a lo mejor esté bien hacerlo, porque eso me permitiría profundizar más con él. De hecho, ya había empezado a tener conversaciones con una colega para pedirle que ella tomara la parte del equipo. Es muy valioso, para mí, esto que estamos reflexionando sobre mi nivel de compromiso. ¿A qué estoy comprometida? A este año le puse como tema "Contribución", y me pregunto cuál es la contribución que quiero hacer, que viene a ser lo mismo que preguntarme con qué estoy comprometida. Esta sensación de poco compromiso la genero, por ejemplo, en otros equipos de trabajo, y ya no quiero generarla... Quiero generar... Empiezo a sentir como si estuviera totalmente *presente* todo el tiempo, como si fuesen a pedir más y más cosas de mí, como si yo no tuviera la capacidad de decir "esto no puedo" o "esto sí y esto no". Es como si entregara ese poder a los demás. Pero después me retiro sin aclarar. En este sentido, no me hago predecible. Finalmente, creo que no se trata de dar más sino simplemente de comunicar, de hacerme predecible.

Supervisor: Porque si no eres predecible la gente no va a saber si desapareces porque hubo algo de los demás que te pareció mal, por ejemplo. Este sería el momento de que empecemos a cerrar la sesión. ¿Cómo te gustaría que cerráramos?

Coach: Déjame hacer un resumen de lo que me estoy llevando, porque empezamos con el tema de la vulnerabilidad, y creo que con respecto a esto el punto medular es esta cuestión de cómo muestro el compromiso. Al fin y al cabo, el compromiso tiene que ver totalmente con los acuerdos. Entonces, me llevo esta gran distinción de que no es que no esté comprometida, sino que a veces me falta ser más clara en los acuerdos, y si me voy a retraer o no voy a estar, o lo que sea, verbalizarlo antes. Me pasa ahora que veo más juntos que nunca dos temas: vulnerabilidad y compromiso.

Supervisor: La vulnerabilidad tiene que ver con la autenticidad, con ser realmente auténtica.

Coach: Y auténtica conmigo misma.

Supervisor: Algo que no salió en la conversación pero yo estaba pensando, en términos de autenticidad, es que de la misma manera que tu cliente dice que quiere apoyar a su equipo, pero en realidad no le importa la gente –y en esto no está siendo auténtico–, tal vez haya una parte tuya que pierda autenticidad en ese trabajo de Coaching, porque dices que quieres ayudar a tu cliente, pero por otro lado parece que no quieres ayudarlo en ese punto en particular, si quieres pasárselo a otra coach. El mensaje pareciera ser: "Yo no quiero ayudar a mi cliente si mi cliente no quiere ayudar a la gente". Es una hipótesis posible.

Coach: Algo así me pasa con este caso. Pensé en eso. Incluso le dije: "A mí no puedes esconderme tu corazón. Yo lo veo".

Supervisor: Es muy bueno que llegues a eso...

Coach: El tema es que así es como yo escondo mi corazón cuando empiezo a sentir "*too much*"... Eso lo conozco porque yo misma lo siento. Probablemente eso sea lo que estoy viendo en él. Veo que cuando realmente empieza a conectar con su equipo, cuando empieza a sentir esa cercanía, se echa para atrás... Eso lo veo claramente...

Supervisor: Se asusta, quizás...

Coach: Sí.

Supervisor: Ahí tienes una puerta de trabajo que puedes intentar abrir.

Coach: Sí, es una excelente puerta de trabajo. Y probablemente pueda empezar compartiendo lo mío...

Supervisor: Tenemos que dejar aquí. ¿Hay algo más que quieras decir antes de terminar?

Coach: Voy a enfocarme, en el nuevo contrato con el cliente, en determinar claramente las expectativas de cómo vamos a trabajar en el futuro, y voy a reflexionar sobre mi compromiso, cómo prepararme para cada sesión y quién quiero ser como coach trabajando con él. Muchas gracias por todo.

Supervisor: Voy a detener aquí la grabación.

Análisis de la sesión

Acuerdo de la sesión de Supervisión

El supervisor sintetizó lo que la coach quería conseguir en la sesión: explorar su relación con un cliente que es CEO y tiene como *acuerdo* de Coaching trabajar para ser más efectivo en sus habilidades blandas a fin de liderar equipos.

La coach expresó que quiere ayudar al cliente, y también explorar sus propias reacciones. Dijo, además, que con este cliente "se echa para atrás" y que tiene dudas de cómo "servirle mejor". El supervisor notó los mensajes ambivalentes que le ofreció la coach y co-creó la relación de Supervisión, invitándola a que eligiera por dónde comenzar la exploración de su relación con el CEO.

Ojo 1: foco en el cliente

El caso que llevó la coach a Supervisión es el del CEO de una compañía multinacional con presencia global y origen familiar. Se trata de un cliente muy competitivo, que quiere lograr ser un líder recordado, alguien que marque la diferencia dentro del equipo, pero que reconoce: "No me importan las personas (...) lo que quiero es que me admiren". Hay una contradicción en su discurso. Por un lado, dice que quiere hacer una diferencia en la gente, y por otro, solo quiere que lo admiren, para reforzar su *ego.*

La coach considera que el cliente es inteligente, y contó que el ejecutivo recibió *feedback* que le indica que se nota su individualismo.

Las sesiones de Coaching con este cliente son espaciadas, porque él viaja mucho y está todo el tiempo posponiendo. La coach dijo: "Me gustaría darle más formalidad a los tiempos en que nos reunimos".

La preparación con que la coach llegó a la sesión de Supervisión hizo innecesario que el supervisor explorara con mayor detenimiento detalles del cliente. La información aportada por Ana fue suficiente para reflexionar sobre su trabajo de Coaching.

Ojo 2: exploración de las intervenciones

La coach consideró que trabajó efectivamente en las habilidades blandas del cliente, pero no logró establecer la continuidad de las sesiones, que es importante para el crecimiento del cliente y para generar los *insights*. Durante la sesión de Supervisión se dio cuenta de que necesita tener una conversación con él sobre el tema: "Tendríamos que conversar más sobre la formalidad, sobre los tiempos entre sesión y sesión, armar un calendario". Dado que tiene que renegociar su contrato de Coaching, al final de la sesión la coach se comprometió a desarrollar un contrato con más claridad sobre las expectativas del proceso.

Cuando el supervisor le preguntó a la coach qué podría hacer para ser más efectiva, ella le respondió que quería preparar mejor cada sesión (ordenar sus notas, revisar las sesiones anteriores, asegurarse de que haya un hilo conductor más claro); porque, según explicó, a la fecha de la Supervisión ni siquiera sabía cuántas horas había trabajado con su cliente.

El supervisor le sugirió dedicarle algunos minutos, antes de cada sesión, a ver sus notas, para estar mejor preparada.

La coach también comentó que podría festejar más los logros de su cliente. Esto podría ser explorado con mayor detenimiento en próximas sesiones.

Ojo 3: exploración de la relación entre cliente y supervisado

La coach se relaciona efectivamente con su cliente, y durante la sesión de Supervisión contó que él la valora y la respeta, así como valora la relación que hay entre ambos, por lo cual se siente agradecida.

Sin embargo, Ana se dio cuenta de que en la dinámica de la relación había algo que la detenía, que no confrontaba a su cliente y "se echaba para atrás". Dijo: "...Este cliente a veces me conecta con mi parte competitiva, y al estar retándolo siento que lo que más tengo que sacar es mi corazón, mi vulnerabilidad. Siento que ese es el lugar que él tiene que aprender a habitar un poco más seguido...". La coach se identificó con su cliente al sentirse competitiva y a la vez poco vulnerable. Reconoció que tanto ella como su cliente necesitaban trabajar en este aspecto.

Con relación a las cancelaciones, el supervisor le preguntó a la coach cuál era su reacción frente a esto, y le mostró la posibilidad de interpretarlo como una actitud de poco interés por el Coaching. Ana reconoció que no fue efectiva al explicarle a su cliente la importancia de la continuidad.

Ojo 4: foco en el supervisado

La coach dedicó la mayor parte de la sesión de Supervisión a explorar qué le pasaba a ella con los temas que llevaba el cliente a Coaching, y fue muy efectiva al desarrollar *insights* sobre sus propias reacciones. Por ejemplo, habló de su vulnerabilidad, de clarificar la importancia de la continuidad del proceso y de que siente que demuestra falta de compromiso con sus actividades.

El supervisor intervino sintetizando y preguntando qué va a necesitar hacer la supervisada para alcanzar sus metas personales. Dijo: "...De la misma manera que tu cliente necesitaría dedicarle tiempo al Coaching, tú necesitas dedicarle tiempo a ordenar (...). ¿Qué más va a requerir de ti poder crear ese espacio?".

Ana respondió: "Lo que requiere es responsabilidad, compromiso. Tengo que anotarlo en mi agenda. Eso es fácil. Y también tengo que cumplirlo. Tengo que darme la prioridad a mí".

La coach expresó que se sentía auténtica trabajando con su cliente, pero que tenía una voz interna que le decía que no preparaba lo suficiente sus sesiones. Dijo que quería ordenarse y poder repasar el camino que llevaban recorrido.

El supervisor le preguntó a la coach qué le pasaba cuando el cliente posponía las sesiones, y ella respondió que se sentía aliviada. En esto se apreció una contradicción, porque Ana se quejaba de que el cliente posponía las sesiones, pero las postergaciones le traían alivio.

El supervisor desafió a la coach para que explorara *quién* es ella con su cliente, cómo se mostraba y se relacionaba con él: "Puede estar faltando explorar acerca de cómo apareces, cómo te presentas, *quién* estás siendo con él durante el proceso de Coaching. ¿Qué reflexión te merece esto?".

Ana respondió: "Para mí es fuerte ver este mensaje que doy de falta de compromiso (…). Me hace pensar en que si me entrego totalmente y no obtengo un buen resultado, es una linda excusa decir 'claro, pues es que tengo muchas cosas', y en realidad lo que me faltó es compromiso. Es una linda salida para mí. Un síndrome del impostor". El supervisor podría haber explorado el "síndrome del impostor" y la metáfora del tsunami que utilizó la supervisada.

Ana dijo: "…Es muy valioso, para mí, esto que estamos reflexionando sobre mi nivel de compromiso. ¿A qué estoy comprometida?… Creo que no se trata de dar más sino simplemente de comunicar, de hacerme predecible". Este *insight* es muy valioso para la coach, que encontró paralelos entre su trabajo con sus clientes y su vida personal. Ana valoró la oportunidad de reflexionar sobre cómo se relaciona con sus clientes y sus colegas, cómo se presenta ante ellos, y descubrió que tiene que comunicar más efectivamente y hacerse predecible.

Ojo 5: foco en la relación de Supervisión y en los *procesos paralelos*

La coach y el supervisor tuvieron una relación de trabajo cordial y colaborativa. El supervisor invitó a la coach a decidir por dónde empezar la exploración al co-crear la sesión de Supervisión, y la desafió mostrándole inconsistencias entre sus ideas. Por ejemplo, con relación a su vulnerabilidad, y a la frustración y el alivio que sentía cuando el cliente cancelaba sus sesiones. El supervisor también mencionó el *proceso paralelo* entre lo que sentía Ana y las inconsistencias del cliente, quien dijo que quería trabajar en equipo pero solo le interesaba su propia imagen.

El supervisor elogió a Ana, al reconocer que la respeta, la admira y la aprecia; y se mostró vulnerable cuando tomó el riesgo de compartir que no estaba seguro de poder contar con ella en otros contextos en los que interactúan. Además, el supervisor dio *feedback* sobre cómo se muestra ella en otros contextos (la Certificación de Supervisión, por ejemplo), donde aparece como una profesional que no está lo suficientemente comprometida o que no se entrega completamente. Este *feedback* fue valorado por la coach y se convirtió en un tema al que se pactó darle seguimiento.

Un *proceso paralelo* entre el cliente y la coach que se exploró tuvo relación con la falta de vulnerabilidad tanto del CEO como de Ana. Podría seguir explorándose al respecto en futuras sesiones de Supervisión.

Ojo 6: foco en el supervisor

El supervisor le ofreció *feedback* a la coach sobre su forma de participar en diferentes programas de formación, y expresó su juicio acerca de esto, que está vinculado con la falta de compromiso. Tal vez podría haber compartido sus sentimientos al respecto, cuál era su experiencia, e incluirse en el sistema emocionalmente. En cambio, aportó esta reflexión más racional: "Trabajo contigo en diferentes contextos y te aprecio mucho; pero dejando de lado lo afectivo, te veo como una profesional que respeto y admiro. Sin embargo, tengo que decirte que el mensaje que das tiene que ver con tu falta de compromiso".

El supervisor sintetizó las ideas que presentó la coach mostrando entendimiento y empatía, determinó el acuerdo de trabajo claramente, la invitó a elegir por dónde empezar y cómo terminar la sesión. Detectó *procesos paralelos* y exploró el *quién* de la coach. Además, brindó *feedback* acerca de la efectividad de Ana como supervisada y de su dificultad para completar procesos.

Ojo 7: exploración del contexto ampliado

En esta sesión, el supervisor habló de experiencias traídas de espacios compartidos con la coach fuera de la Supervisión, como por ejemplo la Certificación de Supervisión, y brindó *feedback* relativo a eso. La coach compartió experiencias personales que tuvo con amigas y otras personas en su vida. En un momento habló de su relación con la autoridad y de quitarle autoridad a la gente. Esta idea podría haber sido explorada con mayor detalle. El contexto ampliado se podría haber profundizado aún más durante la sesión.

CAPÍTULO 12

SESIÓN DE SUPERVISIÓN GRUPAL

Sesión[1]

Supervisor: Bienvenidos al grupo de Supervisión. Les agradezco que me den permiso para grabar la sesión y para utilizarla con fines didácticos en el libro que estoy escribiendo. Le voy a pedir a cada uno de ustedes que utilice un minuto para compartir algo que quisiera que trabajemos hoy. Los que por el momento no tengan nada en especial que compartir, por favor digan "paso". ¿A quién le gustaría empezar?

---

1. La sesión que presento en este capítulo muestra el trabajo de un supervisor con un grupo de cinco participantes que fue conformado virtualmente con fines didácticos y con profesionales de cinco ciudades diferentes. Cuatro de estas personas fueron compañeras en la Certificación de Supervisión que ofrezco, y este conocimiento previo hace que exista una relación de confianza que facilita la vulnerabilidad y agiliza la participación. Es importante tomar en cuenta que este grupo no se reúne periódicamente para ser supervisado, lo cual, si bien implica cierta artificialidad, no impidió que la coach que presentó el caso explorado exhibiera su alto grado de generosidad al momento de compartir sus preocupaciones y cómo la afectaba este Coaching a nivel personal. Para facilitar la inclusión del material en este libro, decidí que la sesión durara cuarenta minutos, que es la mitad del tiempo que habitualmente empleo con los grupos que superviso.

Mónica: Yo tengo un caso en el que me gustaría revisar dudas sobre cómo abordar a mi cliente por un tema de, según creo, *millennials.* Es un chico de veintiséis años que no sabe si entrar a trabajar en una empresa o ser un *entrepreneur.* Ahí está mi duda: quiero saber si es un caso de *millennials* o es un tema de él, personal.

Supervisor: Muchas gracias, Mónica. ¿Quién quiere seguir?

Tania: Paso.

Nora: Paso.

Dora: Paso.

Supervisor: Y tú, Claudia, ¿tienes algo que te gustaría compartir?

Claudia: Tengo dos temas. No sé cuál guardar para la Supervisión individual y cuál compartir con el grupo. Uno de los casos es con una chica jovencita. La atiendo hace ya dos años, por estrés. Empezamos trabajando con otros temas; pero la segunda parte de nuestro trabajo se enfocó en su estrés. La chica me preguntó ahora si puede venir su padre. Cuando me hizo la pregunta, pensé que se refería a que su padre trabajara con nosotras en su estrés; pero en realidad me estaba preguntando si el padre podía iniciar un proceso conmigo. El otro caso que tengo es bastante confidencial. Se trata de un cliente que me pone en un dilema ético que no puedo resolver sola. Este cliente, en determinado momento, dejó de venir a las sesiones. Cuando retomamos el trabajo, aunque no me decía nada, yo notaba que se sentía atraído por mí. Después empezó a hacerme insinuaciones. Bueno, creo que no manejé bien el tema… ¡Lo saqué corriendo!

Supervisor: Tenemos tres propuestas. Son tres situaciones con clientes. Una es sobre *millennials*, para explorar qué aspectos del caso tienen que ver con la cultura de los *millennials* y qué con este cliente en particular. La segunda propuesta tiene que ver con qué pasa cuando estamos trabajando con un cliente y algún integrante de la familia también quiere recibir Coaching con nosotros; y la tercera, con qué pasa cuando trabajamos con un cliente que se siente atraído por el coach. Esta última propuesta está vinculada con el tema de la *transferencia*. Para estar seguros, te pregunto si esa sería la situación, Claudia.

Claudia: Sí, sí... Y quiero decir que creo que no pude manejar la situación porque me gustaba el cliente. Me parecía lindo, pero nada más...

Supervisor: Les voy a pedir que cada uno diga cuál de las tres es la que más le interesaría explorar en la sesión de hoy. Empiezo por Nora. ¿Cuál de las tres te interesa más?

Nora: A mí me gustó la de los *millennials*...

Supervisor: Todos los temas suelen ser interesantes. Generalmente, se pueden trabajar hasta dos. Algunas veces se pueden trabajar todos. Sin embargo, hoy vamos a enfocarnos en uno. ¿Cuál de los tres eliges, Dora?

Dora: Creo que estoy pensando cuál de los tres es mejor para incluir en el libro, y en este sentido, posiblemente sería mejor el de Mónica: el de *millennials*.

Supervisor: ¿Para ti, Tania?

Tania: Sí, comparto: el de Mónica.

Supervisor: ¿Y tú, Mónica?

Mónica: A mí me llama la atención el de la ética. El tercer caso, el de Claudia.

Supervisor: ¿Y a ti, Claudia?

Claudia: Opino lo mismo que Dora. Es mucho mejor para el libro el tema de *millennials*. Los otros dos son muy complejos.

Supervisor: Empecemos, entonces, Mónica, con tu caso, si te parece bien. Háblanos un poco más sobre el cliente. Empecemos por el Ojo 1.

Mónica: Voy a elegir un nombre de fantasía para mi cliente: Arturo. Es latinoamericano. Lo vi por primera vez cuando tenía 20 años. Lo mandó su mamá a hacer Coaching. En ese entonces, yo vivía en New Jersey. Este chico, Arturo, empezó aquel proceso cuando todavía estaba en la universidad. Lo noté bastante ansioso. Estudiaba Finanzas y trabajó dos años en una empresa financiera muy grande, aquí, en los Estados Unidos. Después de esos dos años, decidió dejar ese trabajo, que no le gustaba. Se sentía muy presionado y dijo "basta, no quiero más". Durante esos dos años yo no le daba Coaching todo el tiempo, sino cada vez que él sentía que se desenfocaba. Venía y conversábamos. Teníamos una conversación y él me decía: "Me gusta conversar contigo porque vuelvo a enfocar mis objetivos". ¿Cuáles eran sus objetivos? El principal era ser un triunfador. Sus padres son médicos, es el hijo mayor de cuatro hermanos y siempre se le vendió la idea de que tenía que ser un triunfador. Los padres son triunfadores, según su propia mirada y la del resto de la familia. Cuando Arturo dejó la empresa volvió a contactarme. Le pagaban muy bien y estaba muy bien conceptuado, pero de todas maneras dejó la empresa porque no soportaba la presión. Cuando vino esa vez, me dijo que quería ser un *entrepreneur*, que quería tener su propio negocio y vivir en libertad. "Creo tener las habilidades para poder ser un *entrepreneur* y voy a triunfar siendo un *entrepreneur*", me dijo. En ese momento trabajamos sobre los pros y los contras de trabajar en una empresa y los de trabajar por cuenta propia, sobre qué desafíos se presentan en uno y en otro caso. Trabajamos sobre sus emociones y lo que predominaba era la ansiedad por ser un triunfador. Así fue como decidió probar en Latinoamérica, porque según él Latinoamérica es virgen y se puede triunfar siendo un *entrepreneur* que viene de los

Estados Unidos. Hace poco volvió a tomar contacto conmigo para pedirme una sesión. Cuando volvimos a trabajar, me dijo que había intentado durante un poco más de un año ser un *entrepreneur* y no lo había logrado. Esto está impactando en su autoestima, aumenta su ansiedad. Sobre todo, impacta sobre su meta final, sobre eso de "quiero ser un triunfador". Esto es algo en lo que intenté trabajar varias veces, pero es difícil. Se le hace difícil quitar esto de su mente, porque es la cultura que se maneja en su familia. Me dice: "¿Y ahora qué? Probé uno. Probé el otro. No me gustó ninguno. Uno no me gustó y con en el otro no puedo ser el triunfador que quiero ser". Y también me dice: "Estoy deprimido". Pero yo creo que la depresión es mucho más que solamente decir "estoy deprimido". Me pregunto cuáles son las emociones que este chico me despierta cuando estoy con él o cuando termino de trabajar con él. Me doy cuenta de que siento curiosidad. Una curiosidad mezclada con un poco de ansiedad. Siento que me transmite esa ansiedad del "¿y ahora?". ¿Qué hace? ¿Qué hace él o qué hago yo para ayudarlo? Encuentro ese *proceso paralelo*. Porque tengo una ansiedad positiva, de curiosidad, y también una ansiedad de miedo. Mi hijo tiene la misma edad y está pasando exactamente por lo mismo. Entonces, pienso: "Uy, esto… ¿Cómo…?". De hecho, me puse a leer sobre *millennials*. Me puse a estudiar a los *millennials* y encuentro en Arturo mucho de *millennials*. La falta de compromiso. Tiene eso de querer todo ya. Eso de "hoy firmo el contrato y ya soy millonario", eso de estar tratando de comerse el mundo. Entonces, en eso estoy con este chico, y tengo dudas. No sé qué más hacer con él. Por eso traigo su caso, para que ustedes me ayuden, con sus miradas, a responder lo que planteé al comienzo: cuánto de *millennials* hay acá y cuánto de él y de sus creencias. Sobre todo, de esa creencia limitante: "Tengo que ser un triunfador, porque si no soy un fracasado". Porque en su mirada es blanco o negro. Lo que siento es que este chico, Arturo, habla de la falta de valoración de sus padres. Ya tiene 26 años. Ya no vive con sus padres, pero el fantasma de sus padres está ahí.

Supervisor: Creo que en estos seis minutos que tomaste para explicar el caso lo presentaste efectivamente. ¿Cómo es tu relación con Arturo?

Mónica: Creo que me tiene muchísima confianza. Lo dice. Me dice: "Uy, me encanta conversar contigo porque tú me levantas, y juntos vemos cosas que con otras personas no veo, como por ejemplo, pros y contras, qué está sucediendo, hacia dónde estoy yendo". Le hago preguntas de reflexión que le gustan y hay confianza. Definitivamente, hay confianza.

Supervisor: Lo que escuché también es que él te busca. Termina con un Coaching y al tiempo vuelve a buscarte. Veo que hay confianza y credibilidad, que lo puedes apoyar, que lo puedes acompañar.

Mónica: Sí, sí.

Supervisor: Vamos a darle ahora intervención a los colegas que nos están acompañando. Les voy a pedir que hagan las preguntas que se les hayan ocurrido a partir de la presentación del caso de Mónica. Lo que va a hacer Mónica es recolectar todas las preguntas y elegir en qué pregunta se quiere enfocar para explorar el caso que trajo. Estaría bueno, también, si quieren, que escriban las preguntas en el *chat-room*, porque de esa manera Mónica podrá leerlas. ¿A quién le gustaría empezar? De acuerdo a como levantaron sus manos, primero Claudia, después Nora y después Tania.

Claudia: Se me ocurre, tal vez porque es bien descriptiva la relación que comparte Mónica, que piense en una metáfora sobre la relación que tiene con su cliente.

Supervisor: Voy a anotar lo que acabas de decir. Nora escribió en el *chat-room*: "¿Cómo resolviste el *proceso paralelo*

que se da entre esta relación y la que tienes con tu hijo?".
¿Alguna otra pregunta, Nora, que quieras hacer sobre eso?

Nora: Sí, me gustaría saber si Mónica utilizó algún tipo de herramienta en el trabajo con este chico. Ya sea la *caja mágica* o alguna otra de las distintas herramientas que vimos.

Supervisor: ¿Tania?

Tania: Escribí: "¿Qué quiere trabajar Arturo en este momento?".

Mónica: Todas las preguntas son interesantes. Todas y cada una.

Supervisor: Dora pregunta si se hizo una investigación sobre las características de *entrepreneurs* exitosos, para poder entender y ver cuáles son los requisitos para ser exitoso como *entrepreneur*.

Dora: Me surge esto porque Arturo dice que no quiere trabajar en una organización, que quiere ser *entrepreneur*, y lo que creo que hay que tratar de saber es qué características tiene que lo puedan ayudar en este camino que eligió, porque su deseo, obviamente, no es suficiente… Pero, si supiera cuáles son las características necesarias para poder trabajar independientemente, esto le brindaría una oportunidad para prepararse.

Supervisor: Vamos a hacer una segunda vuelta de preguntas. Están todas anotadas, así que no perderemos las preguntas que ya se hicieron. Después, Mónica, tú podrás ir y volver a unas y a otras al ritmo que quieras. La segunda pregunta que me gustaría hacerles es si creen que la ansiedad de Arturo es normal para su edad o si puede haber algo relacionado con su salud mental. Recordemos que él habla de depresión. Concretamente, lo que quiero saber es, Mónica, si en algún momento consideraste la posibilidad de que Arturo necesite, además de Coaching, una consulta con un profesional de la salud mental, para poder lidiar con la presión de su familia. Empecemos por Claudia. ¿Qué se te ocurre? ¿Qué otra pregunta harías?

Claudia: No sé qué herramientas usó Mónica, pero estaría bueno usar una *escala de estrés*. Te ofrezco la que yo tengo, Mónica… Comparto que en el caso que ofrecí, el de la chica, derivé a la clienta a un psiquiatra. O sea que no solamente la estoy atendiendo yo, por su estrés, aportando lo que yo pueda hacer, sino que hay un psiquiatra trabajando en el tema. Lo primero que hice fue derivarla.

Supervisor: Claudia hizo una sugerencia que probablemente sea de mucha utilidad para Mónica. ¡Muchas gracias, Claudia! Nora, ¿alguna otra pregunta de seguimiento?

Nora: Estoy en la misma línea de Claudia, y me resonó lo mismo que a ti, el tema de la depresión. También me resonó el tema de la insistencia en la ansiedad. Porque no es la ansiedad que aparece frente a una situación concreta, sino que pareciera ser una ansiedad instalada, una ansiedad que ya viene de muchos años. Arturo empezó con ansiedad a los 20 años, y a los 26 sigue con ansiedad. O sea que puede estar sucediéndole algo que quizás esté más allá de lo que podamos abordar como coaches. Hay que atender también a que expresa que se siente deprimido. Él mismo habla de "depresión". Para mí, no estaría de más algún tipo de consulta psicológica.

Supervisor: Gracias, Nora. Tania, ¿alguna otra pregunta de seguimiento?

Tania: Mi pregunta para Mónica es qué desafío siente ella, como coach, al observar todo esto.

Supervisor: Dora, para terminar la vuelta, ¿alguna otra pregunta?

Dora: Lo que tengo para compartir es una hipótesis. Muchos *millennials* tienen como característica la falta de atención, y como resultado de eso, muchas veces les echan la culpa a los padres, en vez de hacerse responsables de sus decisiones.

Supervisor: Mónica, te pido que elijas una pregunta para empezar. Tal vez no tengamos tiempo para responderlas todas. ¿Qué pregunta eliges para que empecemos a explorar?

Mónica: Hay dos que me parecen importantes: qué herramientas utilicé y si Arturo vio a un psiquiatra o necesita derivación a un profesional de salud mental... Con respecto a esto último, yo le pedí, cuando tenía 24 años, que hablara con sus padres, porque los dos son médicos. En ese momento pensé que si desde los veinte años Arturo sentía ansiedad, y a los 24 seguía sintiéndola, esto merecía atención. En ese momento, los padres, más el padre que la madre, le dijeron que no creían que fuera algo preocupante, que él desde chiquito era ansioso, que era una característica suya... ¡Típico! En ese momento recuerdo haberle dicho que ya tenía 24 años, que podía ir solo a un psiquiatra y ver qué le decía. No lo hizo, respaldándose en lo que le dijeron sus padres. La otra pregunta que elegí es sobre las herramientas que utilicé, y respondo que son las mismas que empleé en todos los procesos: la *rueda de la vida*, Points Of You, que son esas cartas o tarjetas con las que la persona proyecta y visualiza, y también *role-playing*. La *escala de estrés* no la utilicé, y te agradezco muchísimo, Claudia, por mencionarla, porque creo que con esa herramienta Arturo, a sus 26 años, puede darse cuenta de algo más acerca de su ansiedad. Es un punto importante. También utilicé con este cliente mucha reflexión. Empezamos a leer. Le pedí que leyéramos el libro *Los siete hábitos de las personas altamente efectivas,* de Steven Covey, con el objetivo de que se creara esos siete hábitos, que a mí me parece que funcionan muy bien.

Arturo empezó a leer el libro, pero luego lo dejó, porque no continuó conmigo. Esto se viene repitiendo: empieza conmigo, y cuando se siente bien, se va. Entonces, empieza y deja, que es algo que en nuestra última conversación, la semana pasada, se tocó porque yo saqué el tema. Fue así. Me dijo: "¿Y ahora qué hago?". Le respondí: "¿Te das cuenta de que empiezas con algo y lo dejas? Empiezas y dejas". Esto es lo que viene haciendo desde los 20 años. Estuvo dos años en Finanzas. Dejó. Empezó con lo de hacerse *entrepreneur*. Lo dejó. Se pregunta: "¿Y ahora, hacia dónde voy?". "No sé", se responde. Personalmente, creo que tiene algo de ansiedad. No creo que tenga depresión, pero no soy psicóloga ni psiquiatra; por lo tanto, no puedo decir más, simplemente me parece que no hay depresión. Por lo menos, no una depresión que lo haga cerrarse, que le impida hacer algo. No sé. En ese tema no soy experta; por lo tanto, no me atrevo a hablar.

Supervisor: Si el cliente te dice que se siente deprimido, deberías derivarlo a un psicólogo nuevamente. Por lo que estamos escuchando, Mónica, se repite un patrón. Empieza y deja el Coaching, empieza y deja su trabajo en Finanzas, empieza y deja lo de *entrepreneur*. ¿Cómo interpretas o qué sentido le puedes dar a esto? En parte puede tener que ver con lo que dijo Dora de los *millennials*, pero tal vez haya algo más. ¿Qué puede ser?

Mónica: Justo iba a decir eso. Creo que en parte hay mucho de *millennials* en esto. Buscar la gratificación al minuto, la gratificación instantánea, y si no la tengo, pierdo la motivación y abandono. Lo otro que encuentro es esta creencia limitante: "Tengo que ser un triunfador; porque si no soy un triunfador, soy un perdedor".

Supervisor: ¿Y qué peso tiene esa creencia?

Mónica: Hasta ahora no la logra ver.

Supervisor: A mí se me ocurrió otra cosa, Mónica. Creo que cuando alguien empieza y deja, además de dejar por no encontrar la gratificación, lo que se ve es poca tolerancia a la frustración. ¿Cómo ves esto? ¿Cómo lo ven los demás?

Mónica: Sí, coincido con lo que dices.

Supervisor: Esa escasa tolerancia frente a las cosas que no salen bien de entrada impide seguir adelante. En este caso, si a Arturo no le van las cosas bien como *entrepreneur*, tiene poca tolerancia a esa frustración y quiere salir corriendo, en vez de lidiar con esa frustración y con las expectativas. Quizá se trate de las expectativas que tenga Arturo. Uno no puede ser un *entrepreneur* exitoso en un año. Por lo general, armar un negocio lleva más tiempo…

Mónica: Exacto. Conversamos de eso con el cliente. Pero ahí es donde me viene la duda. No sé cómo abordar el tema, porque hay mucho de *millennials* acá, pero no creo que eso lo explique todo sino solamente una parte del problema. Mi duda es cómo traerlo a su *aquí y ahora*, cómo decirle: "Ubícate un poco. Dejemos el romanticismo de tener que ser el caballero de la armadura dorada, el triunfador. Eres un ser humano". No llego a eso.

Tania: Escucho la conversación y se me ocurre que no sé si él sabe adónde quiere llegar, porque están buenas las frases, está bueno eso de ser "un triunfador", pero creo que hay un poco de capricho en todo este caso, porque cuando no le resulta cómodo, se va y deja todo.

Supervisor: Lo que está trayendo Tania es claridad acerca de hacia dónde quiere ir este cliente. Me parece una respuesta estratégica; y viene bien, porque creo, Mónica, que tu pregunta es sobre estrategia. Preguntas *qué hacer*.

Claudia: Y tiene que ver con lo que Mónica ya le dio a este cliente. Me refiero a que le recomendó el libro *Los siete hábitos…*, y yo, como entrenadora certificada por Steven

Covey, digo que el segundo hábito es escribir la *misión de vida*. ¿Llegó este cliente a escribir su misión de vida?

Mónica: Llegó a escribir misiones, y a su misión de vida la trabajamos utilizando la estrategia de la visualización de las tarjetas. La trabajamos muy bien. En ese momento se fue a Latinoamérica para empezar como *entrepreneur*, porque se convenció de que era lo que quería. Pero ahora regresó…

Claudia: Ahí tenía la misión de vida. ¿Escribió también la *misión laboral*?

Mónica: La misión que escribió no fue la de vida sino la laboral. La de vida no llegamos a escribirla porque dijo que "todavía no"… Aún lo dice… Dice que quiere conversar sobre su trabajo…

Claudia: Claro, pero ¿cómo va a tener una misión laboral si no tiene una misión de vida? Gracias por tu sonrisa…

Mónica: Yo lo sé, pero cuando conversamos de eso con él y le digo: "¿Cómo vas a tener…? Empecemos por la de vida: ¿quién eres tú? ¿Dónde estás? ¿Hacia dónde quieres ir?". Me dice que hablemos de su profesión, porque eso es ahora lo más importante para él. Le pregunto, entonces, si a través de la profesión vamos a llegar a su vida, y me dice que sí, pero que trabajemos sobre su profesión. Ahora me queda claro que tendría que presionarlo un poco. Decirle: "No, vamos a hablar ahora de tu misión de vida".

Claudia: Porque si no busca conocer la misión de vida, no va a conocer lo que se llama el *sentido profesional*, que es uno de los roles que propone Covey. No sé qué visualización usaste, si la que propone Covey u otra, pero la realidad es que la vida es un todo, en el cual todo tiene que encajar. Pienso ahora en el tercer hábito, que es *establecer prioridades*. Esto es lo que creo que no puede hacer tu cliente, Arturo. No establece prioridades, por eso reincide y vuelve y deja y va y viene…, porque las prioridades no están ordenadas por valores.

Dora: Otra cosa que tiene que tener clara este cliente es que el promedio de tiempo que toma establecer una compañía nueva, como *entrepreneur*, es de siete años. Y si él abandona al año de empezar no tiene ni la menor oportunidad de saber si tuvo una buena idea o no. Eso es lo malo, porque cada vez que uno fija una meta y no la consigue se siente peor, en vez de avanzar en un proceso positivo, *nutritivo*, podríamos decir. Además, pienso que este chico, si no tiene experiencia como *entrepreneur*, necesitaría un coach que lo acompañe en ese proceso.

Mónica: No tiene.

Supervisor: Por eso yo creo que, en término de estrategias, hay cosas que están faltando, porque –y esto nos pasa con muchos clientes– puede ser que este chico tenga expectativas que no son realistas. Lo que Dora está diciendo es que si no se conoce un poco de *entrepreneurship* y lo que implica, cuáles son los elementos necesarios para llevar un emprendimiento adelante desde cero, es más difícil poder guiar o acompañar. En este caso creo que hay una oportunidad de hacer eso. Sostengo que tu pregunta tiene que ver con estrategias, y creo que tus colegas te están brindando algunas buenas ideas, que te conducen a enfocarte en la vida de Arturo, en vez de hacerlo solamente en su trabajo. Eso puede ayudarlo a entender lo que significa realmente ser un *entrepreneur*. Pero ahora te propongo que lo dejemos a él y nos enfoquemos en ti. ¿Te parece bien?

Mónica: Sí.

Supervisor: Tú reconociste que este cliente, Arturo, te hace recordar a tu hijo y que hay algo que te está pasando con esto. Entonces, volviendo a ti ahora, dejando a Arturo y entrando en ti, en tu desafío, ¿qué crees que te está pasando?

Mónica: Lo mismo que me estaba pasando con este chico. Tenía puntos ciegos. Recién ahora me acaban de aportar ustedes un poco de claridad. Por ejemplo, ahora veo que necesita un coach de *entrepreneur* y necesita hacer un desarrollo de *misión-visión*, pero de su vida y no solo de su trabajo. La otra cosa que me dijeron es que debería indagar un poco más sobre lo que significa ser un *entrepreneur*, y que el proceso para alcanzar el éxito dura un promedio de siete años. Creo que esto es lo mismo que le tengo que decir a mi hijo.

Supervisor: Resolviste dos problemas.

Mónica: Exacto. La duda también venía por este lado. Yo me decía: "Ay, Dios mío, es lo mismo que le pasa a mi hijo"; porque mi hijo también está ansioso.

Supervisor: Y volviendo a ti, ¿de qué más te diste cuenta en esta conversación?

Mónica: De que tengo *puntos ciegos*, y posiblemente más ciegos que otra persona, porque tengo a mi hijo en el mismo dilema. Entonces, esto de las estrategias... Estoy leyendo mucho sobre *entrepreneurismo*; y cuando leo, digo "ahí están los chicos"... Están en una época difícil, creo yo... Están pasando un momento difícil...

Supervisor: Lo que escucho es que estamos explorando sobre algo que no tiene que ver solamente con las características de los *millennials*, sino que todo esto, en parte, está relacionado con cómo es cada persona, sus desafíos únicos.

Supervisor: Para ir cerrando la conversación, vamos a dar una última vuelta en la que me gustaría trabajar sobre el *proceso paralelo* con cada uno de ustedes; y las preguntas que voy a hacerles, para que vayan pensando mientras Claudia hace su comentario, son las siguientes: ¿qué les pasó a ustedes durante esta conversación? ¿Cuáles fueron sus reacciones emocionales, corporales, sus creencias? ¿Qué les pasó cuando escucharon a Mónica compartir su caso?

Claudia: Yo tengo una creencia horrible. Creo que los *millennials* no existen. En realidad, las generaciones siempre han existido. Siempre hay un cambio generacional al que le ponemos un nombre, y este es uno más. Pero creo que los *millennials* pertenecen a una elite muy pequeña. En Perú lo podemos ver y en la Argentina también lo vemos: en una villa miseria no hay *millennials*. A veces comparto esto así de brutamente con los *millennials*. Creo que ser un *millennial* es el padecimiento de ser rico, o de pertenecer a esa pequeña elite a la que a veces no nos damos cuenta que pertenecemos, a un lugar que abre un espacio de compasión con otros desde la posición que da sentirse privilegiado y hacerse problema por lo tan privilegiado que se es. Lo que quiero significar es que para un *millennial* ser privilegiado es un problema.

Supervisor: Y a ti, Claudia, ¿qué te pasó con el caso?

Claudia: Eso… Si un *millennial,* viene y me muestra que es *millennial,* lo primero que hago, mi primera intervención, sería decirle: "Mira, no es que en tu ADN te vino ser *millennial.* No es una condición social".

Mónica: En ningún momento hablamos con este cliente sobre *millennials.*

Claudia: Eso ya lo sé, pero él se mostró como un *millennial,* al decir: "Tengo este problema de la ansiedad. Tengo este problema que no aguanto…".

Mónica: Claro, pero no tendría cómo decirle "oye, esto de los *millennials* no existe".

Claudia: Pero le puedes preguntar, por ejemplo, si se siente identificado con esto de las generaciones. O puedes empezar con el tema desde la *apertura del coach,* a ver qué dice él, qué les pasa a sus amigos.

Supervisor: Hay diferentes perspectivas. Hay muchas investigaciones sobre los *millennials…*

Claudia: No digo que no los haya. Digo que no es algo que esté en el ADN…

Mónica: Claro que no está en el ADN. Se trata de cómo se fue construyendo la generación, influida por la cantidad de tecnología disponible que existe hoy en día, y creo que aquí, en los Estados Unidos, hay gente muy pobre que también es *millennial*.

Supervisor: Sugiero dejar esto para otra conversación, por falta de tiempo. Hay mucha gente que dice lo mismo que Claudia: que los *millennials* no existen. No es la primera vez que lo escucho… Hay diferentes opiniones al respecto. Por eso creo, Mónica, que es bueno que esto aparezca en los grupos de Supervisión, para que expongan las personas que tienen diferentes perspectivas, que son todas válidas.

Claudia: De hecho, hay empresas que lo están implementando. Por ejemplo, uno de mis hijos, que es *millennial*, trabaja en Accenture y una de las cosas que les dice a sus empleados *millennials* es que no son *millennials*. Les dice que ser un *millennial* es algo relacionado con la crianza, con la cultura, que está lleno de jóvenes que no cumplen con ese estereotipo. Es como decirles: "Ábrete, no te encajones en eso que te dijeron que tienes que ser".

Supervisor: Esto está relacionado con otro tema: cumplir con los estereotipos… Sigamos con Tania.

Tania: Siguiendo con esto, yo tengo una creencia: no le pongo nombre, pero sí creo que las generaciones somos distintas, y que hay tal abismo entre nosotros… por lo menos yo siento que me separa tal abismo con la generación de chicos de 30, que entrené a un grupo de jóvenes para que den Coaching, porque parece que tienen un idioma común entre ellos, una velocidad común. Llamémoslo como queramos, pero hay temas que tienen que ver con la generación. Todos tenemos memoria. Recuerdo cuando era joven

SESIÓN DE SUPERVISIÓN GRUPAL

y hablaba alguien grande, los de mi generación decíamos: "¿Qué hace este viejo hablándome de esto?". Creo que tiene que ver con eso. Cuando logramos que alguien joven nos pida Coaching, fantástico, pero hay que reconocer que hay una frecuencia diferente. Me parece muy bien, Mónica, que hayas abierto esta posibilidad de que conozcamos este tema y aprendamos. A mí me generó curiosidad saber qué le pasaba a Mónica con esto, y me apareció esto de las diferencias, porque para mí el tema generacional es importante. Muchas gracias a todos. Aprendí con lo que escuché.

Supervisor: Gracias, Tania... Adelante, Nora.

Nora: Yo me sentí totalmente identificada con Mónica, porque este año veraneé durante un mes con mis nietos, y después, cuando escuché una conferencia sobre los *millennials*, que era un tema del que solamente tenía una leve idea, me dije: "Pero claro, soy una bestia, por eso no los entendía". Me sentía muy mal en algunos momentos con actitudes de ellos, pero si hubiera podido tener más elementos, más herramientas, podría haberlos visto desde un lugar totalmente diferente. Tienen características especiales. Eso de la velocidad... La impaciencia... Eso de estar conectados completamente con la tecnología. Hay algo, características parecidas que tienen que ver con la cultura, con la educación, con el acceso a la tecnología. A mí tampoco me gusta etiquetar, pero bueno, hay diferencias generacionales. Yo veo a mi nietito de tres años y no es lo mismo que cuando nacieron mis nietos que ahora tienen 13 y 14. Ya nacen despiertos. Es una cosa impresionante. No sé qué van a hacer en el futuro.

Mónica: Lo importante de esas diferencias es que nosotros, como coaches, podamos entenderlas para saber cómo abordarlas.

Nora: Claro, claro.

Supervisor: Dora, ¿quieres agregar algo?

Dora: Tengo dos emociones fuertes. La primera es de mucha compasión y de empatía. Me siento mal porque Arturo es el hijo mayor. Yo era un bebé a los 26 años. No sabía nada a los 26 años. No tuve mi propio camino hasta los 40 años. Estaba enseñando kínder porque me dijeron que las mujeres no podían ser arquitectas. Cuando comenzó esta conversación no sabía para dónde iba, pero de todos modos me puso muy impaciente, porque yo he trabajado por mi cuenta durante todos estos años. Hay riesgos, momentos buenos y malos. No es sencillo y no es para todos. Creo que tal vez la razón por la cual este cliente quiere trabajar solo es porque estuvo mucho tiempo solo. Por ejemplo, si no fue parte de equipos o de organizaciones en su vida, tal vez no sepa más que estar solo. Puede ser que a este chico le falte esa visión… No sé… Debe de estar sintiendo mucha impaciencia… Pobre… Me siento mal por él…

Supervisor: Mónica, antes de terminar la sesión… Tengo presente la participación de todos en esta conversación. Pienso en esto que apareció, de los *millennials*, y me gustaría enfocarlo también desde lo que se conoce como la *inteligencia cultural*. Creo que esto es como ponerle una etiqueta mayor a lo que se está hablando. Me refiero a lo que pasa cuando uno está trabajando con personas que son diferentes a uno. Puede haber diferencias generacionales, pero también puede haber diferencias de género, culturales, religiosas… Son distintos tipos de diferencias que pueden aparecer, y uno tiene que preguntarse si hay algo que no está viendo porque el cliente viene de una cultura diferente a la propia. Y también tenemos que preguntarnos cómo, al mismo tiempo, podemos impedir que las etiquetas que tengamos sobre esa cultura influencien el trabajo que estamos haciendo. Lo digo por lo que dijeron Claudia y Nora. Creo que el hecho de que la otra persona sea más joven o más vieja, o de otra religión, no tiene que significar nada hasta que la conozcamos y trabajemos con ella. La *competencia cultural*, la *inteligencia cultural*, me parece algo importante para traerlo como una distinción que se puede relacionar con la diferencia generacional. Mónica, para terminar, ¿dónde estás parada? ¿Dónde estás en este momento? ¿Qué estás pensando? ¿Qué reacciones tuviste?

Mónica: Estoy pensando que me siento mucho más sólida, más en mis raíces, más diciendo "*okey*, ya". Aquí hay varias cosas. Hay que ver esto de la etiqueta, de la *inteligencia cultural* que acabas de mencionar. Luego está la importancia de preparar lo que es el "yo estoy etiquetando de *millennial* a esta persona", que en este caso son dos, pero vamos a hablar de Arturo nada más, aunque le caiga al otro también. Creo que tengo que empezar a verlo como a ese chico de 26 años que está tratando de avanzar en la vida, y lo más probable es que toda esta carga de ansiedad y toda esta carga de querer ser un triunfador es lo que está impulsándolo. Entonces, lo que siento es un poco como decir: "*Okey*, regresa. Regresa a ti. Regresa a tu raíz. Mira las cosas desde otro lado". Siento que ustedes me invitaron a hacer eso y lo voy a hacer. ¡Muchísimas gracias! También voy a hacer un seguimiento por el tema de la depresión, y una nueva derivación a un psicólogo.

Supervisor: Gracias a ti, Mónica. Para terminar, les pido que cada uno comparta lo que aprendió en la Supervisión de hoy. ¿Qué aprendieron? ¿Qué se llevan ustedes, como coaches que también son supervisores? ¿Qué se llevan de aprendizaje aplicable a su trabajo? Les pido un resumen breve, de un minuto, de esta sesión.

Tania: Insisto en que la Supervisión nos viene bien, porque es un espacio de reflexión sobre nuestra práctica y sobre las diferentes herramientas que podemos aplicar, acerca de cómo usarlas y cómo no usarlas. Las sugerencias me parecieron fantásticas. ¡Muchas gracias!

Nora: Coincido con Tania. Me parece que este espacio es valioso, porque el aprendizaje fue importante, fue profundo, y las herramientas, los consejos, la bibliografía, las posibilidades de ver en video y demás… Bueno, a mí, por lo menos, me enriqueció muchísimo esta sesión. Ustedes me aportaron muchísimo para seguir trabajando en el tema. Sigo aprendiendo, porque cada situación es única, más allá de las etiquetas y de los puntos en común que se le pueda poner. Me parece muy importante entender eso: que esta situación es única…

Claudia: Pienso lo mismo que Tania. El espacio de Supervisión es muy importante, y quiero compartir con ustedes algo muy personal: el espacio de Supervisión se abrió para mí con las sesiones que tuve con Damián, y luego vino el de mi formación como supervisora, en una etapa de mi vida muy difícil, en la que necesité ser muy introspectiva para poder superarla. No sé si estoy aséptica para decir lo que voy a decir, pero creo que los conocimientos que dan las supervisiones, hacer estas reflexiones compartidas, me dieron a mí, personalmente, una capacidad de reflexión enorme sobre mí misma. De cada sesión de Supervisión me llevo toneladas de aprendizajes. De todas esas preguntas, de todas esas reflexiones, me llevo posibilidades para pensar en mis propios temas. Agradezco, entonces. Honro este espacio…

Supervisor: Mónica, ¿hay algo que quieras agregar a lo que ya compartiste?… Y después, Dora termina.

Mónica: Quiero agradecerles a todos. A Claudia, y a ti por todos los datos. Me llevo toneladas de aprendizaje. Apunté todas las preguntas, para seguir reflexionando, porque esto no termina acá sino que aquí empieza.

Supervisor: Si hubiéramos tenido más tiempo, me hubiera gustado pedir que todos pensaran una metáfora, para graficar lo que visualizan, como propuso Claudia. No alcanzó el tiempo, Mónica, pero esta es también una buena técnica para trabajar en grupos. Es bueno que cada uno comparta una metáfora sobre la situación que está trayendo el coach para el análisis. Y Dora, la última, ¿qué te llevas como aprendizaje de hoy?

Dora: Por un lado, me parece que es un caso más para terapia que para Coaching. Se pueden utilizar materiales de Coaching, lenguaje de Coaching, y hacer un trabajo muy positivo y productivo de Coaching, pero este cliente, Arturo, dijo que no estaba listo para algo más profundo, y creo que requiere un tratamiento o una consulta con un profesional orientado a los problemas de familia. De todos modos, me parecen muy buenas las teorías y los modelos que se mencionaron aquí; y a título personal, me viene bien reflexionar sobre quiénes son los *millennials*, así como quiénes son los políticos, quiénes son los extranjeros… Todos tienen su propio lenguaje, sus propias normas, sus propias maneras de percibir el mundo. La tendencia mía es a ir, como ustedes proponen, más profundo, a lo que es esencial. Y creo que no tiene nada que ver con los años que uno tenga. Lo importante es mirar al corazón. Eso es lo fundamental, creo yo.

Supervisor: Sí, Dora, muchas gracias por tu participación. Les agradezco mucho a todos. Creo que la sesión de hoy fue muy productiva. Te agradezco, Mónica, por traer el caso, y a todos les agradezco por elegirlo. ¿Se sienten cómodos con que incluya esta sesión en el libro que estoy escribiendo? (todos asienten). Antes de hacerlo, voy a compartir la grabación con ustedes. ¡Muchas gracias!

Análisis de la sesión

El grupo de coaches se reunió con el objetivo de participar de un ejercicio que iba a ser utilizado con fines didácticos en la Certificación de Supervisión de Coaching y en este libro. Por lo tanto, en el contexto hay un compromiso de participar, de hacer un "buen trabajo", tanto para beneficiar a los integrantes del grupo como a quienes lean la sesión presentada y su análisis.

Los cinco participantes del grupo ya se conocían previamente. Cuatro fueron compañeros de la primera Certificación de Supervisión ofrecida por el Goldvarg Consulting Group, y esto le dio a todo el trabajo un contexto de confianza que ya existía antes de empezar la sesión. Dado que en la invitación se explicó que era una sesión con fines didácticos, no fue necesario recordar la importancia de la confidencialidad ni otros aspectos del *acuerdo* que se dieron por sentados. Sin embargo, es bueno recordar que el supervisor de Coaching Grupal puede empezar cada sesión recordando los acuerdos grupales, en especial el de confidencialidad, si lo considera necesario.

El supervisor, en este caso, facilitó un proceso en el cual se cumplió con diferentes pasos, que pueden ser desarrollados en diferente orden, según la preferencia tanto del supervisor como del grupo.

Los pasos seguidos fueron los siguientes:

1. Todos los coaches hicieron un *check-in*, compartieron que estaban presentes, y quienes tenían casos para presentar y explorar los ofrecieron.
2. Se eligió, mediante votación, el caso que sería trabajado.
3. La coach explicó el caso. Compartió información sobre el cliente (Ojo 1 del Modelo de Hawkins), sus intervenciones (Ojo 2), y sus respuestas emocionales al trabajo con el cliente (Ojo 4). El supervisor preguntó por su relación con el cliente (Ojo 3).
4. El supervisor propuso dos ruedas de preguntas. En la primera, cada coach hizo una pregunta que le

permitió a Mónica explorar la inquietud presentada; y en la segunda, la consigna fue tomar en cuenta lo escuchado hasta el momento por todo el grupo.

5. La coach respondió las preguntas que eligió.

6. El grupo compartió las hipótesis que le surgieron a cada integrante en ese punto de la conversación de Supervisión, y luego el supervisor le pidió a cada uno que compartiera sus experiencias emocionales, incluyendo las imágenes, las metáforas y las reacciones corporales que tuvieron como respuesta al caso presentado por la colega.

7. La coach compartió las reacciones que tuvo frente a las reacciones que habían tenido sus colegas, y a continuación se hizo una exploración respecto de la *transferencia* y la *contratransferencia.*

8. Se hizo foco en Mónica, en lo que le estaba pasando (Ojo 4).

9. Mónica compartió lo que aprendió durante la sesión.

10. Cada uno de los demás integrantes del grupo compartió lo que había aprendido y podía ser trasladado a su práctica profesional.

A continuación presento un análisis de la sesión tomando como base las competencias de supervisor de Coaching Grupal propuestas por el EMCC.

Manejo del tiempo de acuerdo con lo establecido

El supervisor fue efectivo en el manejo del tiempo y esto hizo que se pudiera cumplir con el trabajo acordado. Esto permitió que la sesión fluyera con una cadencia apropiada. Se abordaron diferentes temas y la coach se llevó como aprendizaje estrategias para trabajar con su cliente.

Uno de los desafíos en el trabajo grupal de Supervisión es alcanzar niveles de profundidad. En esta sesión hubo profundidad, pero se podría haber ahondado aún más en la relación de la coach con el cliente y en cómo manejar la *contratransferencia* que se dio por identificarlo con su hijo.

Creación de un espacio seguro para todos los integrantes

El supervisor creó un espacio seguro, y lo hizo a través de sus preguntas, mediante la forma en que las expresó, y al mostrar un genuino interés en que todos los participantes contribuyeran. En este caso, quienes participaron de la experiencia ya tenían una relación de confianza con el supervisor porque habían participado de otros programas y actividades junto a él.

Durante la sesión, los participantes se mostraron comprometidos con el proceso y colaboraron con el objetivo de aprendizaje. A su vez, el supervisor fue respetuoso y trató a sus colegas como pares, aunque mantuvo la responsabilidad por la facilitación de la sesión. Al parafrasear y aclarar las ideas de los integrantes del grupo, demostró entendimiento, y esto solidificó la confianza.

Variación en las intervenciones de acuerdo con los diferentes estilos de aprendizaje

En la sesión presentada observamos cómo el supervisor utilizó diferentes niveles de intervención: a nivel cognitivo, pidió a los integrantes que hicieran preguntas; y a nivel emocional, preguntó qué reacciones interiores tuvieron frente a la presentación del caso. Se podría haber trabajado con metáforas, como propuso una de las participantes.

Dado que es un grupo formado artificialmente, con fines didácticos, no se llegaron a conocer con profundidad las preferencias de estilo de aprendizaje de cada integrante ni el estadio de desarrollo grupal. Aunque el supervisor les preguntó a los participantes por sus reacciones emocionales, las respuestas que dieron se enfocaron en sus creencias y en información. Sobre este punto, el supervisor podría haber buscado nuevas respuestas, que contestaran su pregunta original.

Favorecimiento de la participación de todos los integrantes

El supervisor estuvo pendiente no solo del coach que estaba presentando el caso sino también de cada uno de los demás integrantes del grupo. Esta es la razón por la cual es tan importante que un grupo no tenga más de siete participantes. En este caso hubo cinco, que es el número de personas ideal, de acuerdo con la experiencia del Goldvarg Consulting Group, porque de esta forma se asegura que todos los participantes de la experiencia de aprendizaje compartan sus comentarios y colaboren en las diferentes etapas de la sesión.

Trabajo para el beneficio de todos los presentes

El grupo de Supervisión debe beneficiar a todos los presentes y no solo al coach que presenta el caso. En esta sesión observamos que, al final, el supervisor preguntó a cada coach qué aprendió de la experiencia y que puede utilizar en su propia práctica profesional.

Análisis aplicando el Modelo de Hawkins al trabajo grupal

La coach expuso claramente según los ojos 1, 2 y 4 cuando presentó el caso: habló de las características de su cliente, de sus intervenciones y de sus reacciones emocionales.

El Supervisor indagó acerca del Ojo 3, la relación entre la coach y Arturo; pero se podría haber explorado más este vínculo, incluyendo, además de a la coach y al cliente, el mandato familiar, la fantasía de que la coach puede resolver problemas que los padres no pudieron, y la ilusión de que no solo el cliente puede llegar a ser un triunfador como resultado del proceso de Coaching, sino que también puede llegar a serlo la coach.

En cuanto al Ojo 4, se podría haber explorado aún más la posible competencia entre la coach y los padres; en particular, cuando se expuso que ellos no apoyaron la recomendación de la coach de buscar la ayuda de un psicólogo.

La coach se mostró muy dispuesta a analizar sus reacciones emocionales, el vínculo entre el caso y su propia relación con su hijo, y cómo hacer para mantener estos dos temas separados. Al final, se podría haber reiterado la necesidad de derivar a Arturo a un servicio de salud mental.

El supervisor aportó dos distinciones: la poca tolerancia a la frustración y la de *competencia cultural*. Estas distinciones podrían haberse explorado con mayor detalle; en particular, sobre cómo aplicarlas al caso presentado. Lo dicho aquí se encuadra en lo que Hawkins propone como el Ojo 2, que hace foco en las intervenciones del coach. Al finalizar la sesión, no quedó claro qué era exactamente lo que iba a hacer la coach con su cliente.

Además, el supervisor podría haber compartido más sobre sus propias reacciones emocionales frente al caso (Ojo 6), como intentó que lo hicieran los demás colegas.

Cuando el grupo discutió el tema de los *millennials* y qué se espera de ellos, lo que se exploró corresponde al Ojo 7, ya que está relacionado con el contexto de la sesión y con cómo impacta en el trabajo entre el cliente y la coach.

Por su parte, la coach compartió los aprendizajes que se llevó de la sesión, aunque se podría haber sondeado más en cómo lidiar con las ideas limitantes y qué más podría hacer en el proceso de Coaching que trajo a Supervisión.

APÉNDICES

CONTRATO DE SUPERVISIÓN DE COACHING

Damián Goldvarg, MCC, como su supervisor, y usted, como supervisado, acuerdan entrar en una relación de Supervisión de Coaching tomando en cuenta que:

El EMCC define la Supervisión de Coaching como "la interacción que ocurre cuando el coach lleva al supervisor las experiencias vividas con sus clientes, con el objetivo de recibir apoyo y establecer un diálogo reflexivo que colabore con el aprendizaje y el desarrollo del coach, y beneficie a él, a sus clientes y a las organizaciones a las que pertenezcan"[1].

Las funciones principales de la Supervisión de Coaching son:

1. Asegurar el profesionalismo, la integridad y el ejercicio ético del supervisado. (Función normativa.)

2. Contribuir con el desarrollo y el aprendizaje personal y profesional del supervisado a partir del análisis de sesiones de Coaching. (Función formativa.)

3. Reabastecer emocionalmente y apoyar el trabajo del supervisado, al explorar cómo lo personal interfiere en su ejercicio profesional. (Función de apoyo.)

---

1. Para mayor información, visitar la página web del EMCC: www.emccouncil.org.

Como supervisado, usted:

1. Podrá traer a Supervisión desafíos, preguntas e inquietudes.

2. Estará dispuesto a compartir abiertamente sus experiencias, sus errores, lo que espera de su trabajo y los temores que surjan de sus procesos de Coaching.

3. Comprobará que se preste atención al proceso, a sus sentimientos y relaciones, así como al contenido de lo presentado.

4. Llegará preparado a la Supervisión para presentar el caso o inquietud en la sesión.

Como supervisor, yo:

1. Administraré el proceso, lo que implica establecer la estructura y la logística.

2. Mantendré la confidencialidad sobre todos los temas presentados.

3. Aseguraré que el proceso sea respetuoso y el espacio seguro para desarrollar vulnerabilidad.

4. Me aseguraré de que las preguntas sean de utilidad para el coach.

5. Evaluaré la efectividad del proceso a intervalos apropiados, según las necesidades que surjan en todas las partes interesadas.

Juntos acordamos:

1. Cumplir con todo lo indicado por el Código de Ética de la ICF y el EMCC en todos los aspectos de nuestro acuerdo.

2. Adherirnos al plan y a la logística de las sesiones diseñadas.

3. Elaborar toda la documentación necesaria y acordada, y mantener la confidencialidad necesaria sobre todos los aspectos del proceso.

4. Honrar los términos financieros establecidos en el acuerdo decidido mutuamente.

5. Llegar a las sesiones puntualmente y, de ser necesario, reajustar su día y hora con por lo menos 24 horas de anticipación, para que no sean cobradas aunque no se realicen.

Lugar y fecha: ---

---   ---
Supervisor   **Supervisado**
Dr. Damián Goldvarg, MCC, ESIA

PLANILLA DE *FEEDBACK* DE SUPERVISIÓN DE COACHING

Aplicando el *Modelo de los Siete Ojos*, de Hawkins

Supervisor	Coach	Fecha

Acuerdo de Supervisión

Modelo de los Siete Ojos	Observaciones
Ojo 1: **Foco en el cliente** ¿Quién es el cliente? ¿Cuál es el acuerdo?	
Ojo 2: **Exploración de las estrategias e intervenciones** ¿Por qué el coach hizo eso y no otra cosa? ¿Qué otras cosas podría haber hecho?	
Ojo 3: **Exploración de la relación cliente/coach** ¿Cómo es la relación? ¿Cómo es la *danza*?	

Modelo de los Siete Ojos	Observaciones
Ojo 4: **Foco en el coach (supervisado)** ¿Cómo afecta al coach el trabajo con sus clientes? ¿A quién le recuerda el cliente?	
Ojo 5: **Procesos paralelos** ¿Se repite la dinámica de la relación con el cliente en la sesión de Supervisión?	
Ojo 6: **Foco en el supervisor** ¿Qué le pasa al supervisor? (Emociones que emergen, *contratransferencia*.)	
Ojo 7: **Contexto ampliado** Sistema del cliente, el coach y el supervisor. Contexto político, económico, social.	

COMPETENCIAS DEL SUPERVISOR DE COACHING SEGÚN EL EUROPEAN MENTOR AND COACHING COUNCIL (EMCC)

1. Establece un contrato/acuerdo de Supervisión

El supervisor:

a) Establece un contrato claro de relación de Supervisión teniendo en cuenta los lineamientos éticos que invitan al respeto de la confidencialidad y la responsabilidad.

b) Identifica las necesidades de aprendizaje del supervisado.

c) Negocia un acuerdo de trabajo con los supervisados, que incluye las responsabilidades del coach y lo que es y no es apropiado para la relación de Supervisión.

d) Incluye en los acuerdos a terceros, cuando fuere pertinente.

e) Acuerda y planea el flujo de la Supervisión y proporciona una estructura apta para que el supervisado trabaje eficazmente.

f) Establece criterios apropiados de evaluación del proceso.

g) Tiene la capacidad para explicar qué es la Supervisión y cómo se diferencia del Mentoring y del Coaching.

2. Administra el proceso de Supervisión

El supervisor:

a) Monitorea y revisa la relación que tiene con el supervisado para asegurar una efectiva alianza de trabajo.

b) Se asegura de comprender y de aceptar las expectativas del cliente y del patrocinador, si lo hay.

c) Monitorea el proceso de Supervisión y propone desafíos aptos para el desarrollo del aprendizaje y la relación de Supervisión.

d) Revisa y renegocia el contrato de trabajo, cuando sea necesario.

e) Es consciente de las etapas de desarrollo que atraviesa el supervisado y ajusta a ellas sus intervenciones.

f) Fomenta la confianza del supervisado a través de un apoyo activo y alentador.

g) Recomienda, si es necesario, otras actividades al supervisado (capacitaciones, psicoterapia, etc.).

h) Da *feedback* constructivo para facilitar el aprendizaje del supervisado.

i) Aborda las cuestiones relativas a la *transferencia* que surjan durante la relación de Supervisión.

j) Escribe informes cuando sea necesario, según lo establecido en el acuerdo de Supervisión.

3. Facilita el aprendizaje para asegurar mayor eficacia en la práctica de Coaching

El supervisor:

a) Facilita el aprendizaje vivencial para apoyar el desarrollo del supervisado en *insights* y tomas de conciencia (ayuda al supervisado a descubrir cómo sus pensamientos, creencias, percepciones, emociones, etc., impactan en su práctica de Coaching), en habilidades reflexivas y en aprender a aprender, dar y recibir *feedback*, autoevaluación realista e inteligencia emocional.

b) Crea un espacio reflexivo seguro.

c) Tiene la capacidad necesaria para hacer evaluaciones acerca de en qué nivel de competencia está trabajando el supervisado en favor de sus clientes.

d) Estimula la creatividad y la experimentación.

e) Desafía apropiadamente.

f) Introduce diferentes modelos de aprendizaje, referencias, ideas y las herramientas que considere útiles para el supervisado.

g) Da *feedback*:

1) Tiene la capacidad necesaria para observar y dar *feedback* con compasión y en el *aquí y ahora*.

2) Escucha cada parte del trabajo del supervisado y lo evalúa, de ser necesario, de acuerdo con los criterios establecidos.

h) Demuestra habilidades de comunicación avanzadas:

1) Tiene la capacidad necesaria para producir cambios en el supervisado y ayudarlo a trabajar fuera de su zona de confort en un entorno seguro.

2) Tiene la capacidad de hacer preguntas poderosas que conduzcan a descubrimientos, nuevos conocimientos, compromiso y acción.

3) Escucha tanto lo que se dice como lo que no se dice.

i) Es capaz de trabajar con una perspectiva *multimeta* y de tener una *visión de helicóptero*.

j) Crea un cambio en el contexto, al alentar y desafiar al supervisado para que se comprometa y accione.

4. Facilita la sensibilidad, la conciencia ética y el manejo de límites para asegurar una práctica efectiva y ética del Coaching

El supervisor:

a) Apoya al supervisado para que explore en desafíos éticos, aprecie los límites que existen entre el Coaching y otras profesiones o disciplinas, y tome decisiones éticas en este sentido.

b) Opera dentro de los límites de su propia competencia y deriva al supervisado a otro profesional, si es necesario.

c) Construye en el supervisado la capacidad necesaria para que reflexione sobre su postura ética y sobre los dilemas que en esta materia surjan durante el Coaching para que pueda actuar adecuadamente.

d) Anima al supervisado a ser parte de un organismo profesional, tener seguro de responsabilidad civil, participar regularmente en programas de desarrollo profesional continuo (CPD) y suscribirse a un código de ética.

e) Asegura el control de calidad y garantiza que sean mantenidos altos estándares profesionales de Coaching.

f) Aumenta en el supervisado el nivel de conciencia sobre la importancia que tiene la congruencia entre sus acciones y su práctica profesional.

g) Apoya al supervisado para que considere temas vinculados a cuestiones sistémicas/contextuales/organizacionales y el impacto que tienen sobre su trabajo y sobre sí mismo.

h) Interviene adecuadamente cuando están en juego temas éticos. (Por ejemplo, no dañar a nadie, tergiversaciones, a quién contactar, cuándo, etc.) Tiene conciencia de su propia cultura, género, orientación sexual, antecedentes, supuestos, valores, creencias, experiencias y prejuicios y otras áreas de diferencia individual, y apoya al supervisado para que considere cómo estos factores pueden impactar en su trabajo y en sí mismo.

i) Tiene conciencia de las responsabilidades legales y morales propias de un supervisor.

5. Comportamientos característicos necesarios para realizar con eficacia las actividades mencionadas

El supervisor:

a) Modela respeto y aceptación de las diferencias, y muestra apertura y curiosidad frente a sus propias respuestas internas y a las del supervisado sobre lo que podría estar pasando en las relaciones supervisor-supervisado y supervisado-cliente.

b) Desarrolla la confianza y crea un contexto de aprendizaje desafiante.

c) Tiene la capacidad de manejar el poder y el rol de autoridad de modo responsable y no discriminatorio.

d) Se siente cómodo al establecer y mantener límites efectivos en la relación de Supervisión.

e) Está abierto al *feedback* y a llevarlo a la acción aplicando la información recibida, cuando sea apropiado.

f) Está abierto a "no saber", a tomar riesgos y tanto a equivocarse como a estar en lo correcto.

g) Está abierto a experimentar con nuevas posibilidades de acción.

6. Supervisión y CPD (Desarrollo Profesional Continuo)

El supervisor:

a) Reflexiona activamente sobre el impacto de sus valores, conocimientos, experiencias y creencias, y sobre sí mismo como supervisor.

b) Se siente confiado al trabajar con emociones fuertes, tiene capacidad para autogestionar y no ser dominado o enredado por las emociones del supervisado, y ofrece apoyo emocional.
c) Tiene la capacidad necesaria para administrar y contener la ansiedad.
d) Demuestra capacidad de práctica reflexiva.
e) Tiene la capacidad necesaria para reconocer y trabajar con *procesos paralelos*, encontrar *puntos ciegos* y patrones de comportamiento en sí mismo y en el supervisado, y para utilizar esta información en la mejora de la práctica del supervisado.
f) Tiene capacidad para utilizar su intuición.

7. Trabaja eficazmente en Supervisión Grupal

El supervisor:
a) Tiene competencia en el manejo de dinámicas de grupo, y capacidad para facilitar el desarrollo del trabajo grupal y para reconocer las etapas que el grupo de Supervisión podría estar transitando.
b) Tiene la capacidad necesaria para percibir y poner en palabras lo que está sucediendo en el grupo y explorar cuál podría ser el impacto de esto sobre el proceso de Supervisión, los integrantes del grupo y otras partes interesadas.
c) Es consciente del proceso de Supervisión Grupal y de cuándo y cómo intervenir adecuadamente.
d) Comprende las dinámicas grupales.

PREGUNTAS PARA LA SESIÓN DE SUPERVISIÓN[1]

1. Acuerdo
- ✓ ¿Cómo quiere usar el tiempo de la sesión de Supervisión?
- ✓ ¿Qué quiere conseguir en la sesión?
- ✓ ¿En qué se quiere enfocar?
- ✓ ¿Cómo puedo apoyarlo en la sesión de hoy?

2. Escuchar / Generar *insights*
- ✓ ¿Quién es el cliente?
- ✓ ¿Qué dudas tiene sobre la sesión?
- ✓ ¿Cómo se siente con relación a este cliente?
- ✓ ¿Su cliente le recuerda a alguien?
- ✓ ¿Cómo es la relación con su cliente?
- ✓ ¿Puede pensar otra forma de ver la situación presentada?

3. Recursos
- ✓ ¿Cuáles son las dudas que tiene sobre sus intervenciones o sobre qué hacer en el futuro?
- ✓ ¿Tiene las habilidades y la seguridad que necesita?
- ✓ ¿Cómo actuaría alguien que usted admira?
- ✓ ¿Tiene alguna duda ética?

---

1. Adaptado de Hawkins y Smith (2006).

4. Acción

- ✓ ¿Qué acciones quiere tomar?
- ✓ ¿Cuándo las va a tomar?
- ✓ ¿Su plan es realista?
- ✓ ¿A quién necesita involucrar?

5. Evaluación

- ✓ ¿Qué aprendió de la sesión?
- ✓ ¿Qué le sirvió de la sesión de hoy?

Otras preguntas sugeridas para el proceso de Supervisión[2]

Preparación para el encuentro

- ✓ ¿Qué deseo compartir sobre lo que hablamos en el último encuentro (avances, *insights*, dificultades, etc.)?
- ✓ ¿Cuándo obtuve más satisfacción en mis casos de Coaching y por qué?
- ✓ ¿Cuándo tuve más dificultades en mis casos de Coaching y por qué?
- ✓ ¿Cuál es el caso o el tema específico que deseo llevar al próximo encuentro?
- ✓ ¿Qué me lleva a elegir justamente este tema?
- ✓ ¿Cómo espero que mi supervisor me acompañe en la conversación sobre este asunto?
- ✓ ¿Qué deseo llevarme exactamente como aprendizaje y/o reflexión al final del encuentro?

Reflexión después del encuentro

- ✓ ¿Cuál fue el foco del encuentro?
- ✓ ¿Qué sucedió?
- ✓ ¿Qué aprendí?
- ✓ ¿Cómo voy a aplicar estos aprendizajes?
- ✓ ¿Qué más puedo hacer para desarrollarme en esta área?
- ✓ ¿Cómo experimenté el seguimiento de mi supervisora?
- ✓ ¿Le falta algo o hay algún *feedback*/solicitud que desee añadir en la próxima conversación con mi supervisor?

---

2. Adaptadas del documento provisto por Eva Hirsch Pontes.

CÓDIGO DE ÉTICA GLOBAL DEL EMCC Y LA AC

Código Ético global para coaches y mentores

Introducción y objetivo

Las siguientes entidades son firmantes de este Código Ético:

- ✓ Association for Coaching (AC).
- ✓ European Mentoring and Coaching Council (EMCC).

Como entidades miembros estamos comprometidas a mantener y promover una práctica excelente del Coaching y el Mentoring. Todos nuestros miembros se comprometen y están de acuerdo en adherirse a los elementos y principios de este Código Ético.

Este Código Ético se alinea con el contenido y los requisitos del Professional Charter for Coaching and Mentoring. El Charter, que fue escrito de acuerdo con la Ley Europea, está registrado en la base de datos correspondiente de la Unión Europea, que lista iniciativas autorreguladoras en Europa.

Este Código Ético marca las expectativas de mejores prácticas en el Coaching y el Mentoring, y promociona la excelencia del desarrollo del Coaching y el Mentoring. Sus objetivos son:

- ✓ Proporcionar pautas apropiadas, responsabilidad y estándares de conducta ejecutables para todos nuestros miembros.
- ✓ Definir cómo se espera que nuestros miembros actúen, se comporten y se desempeñen al trabajar con los clientes.

✓ Junto con las competencias profesionales de nuestros respectivos órganos, orientar el desarrollo y el crecimiento de nuestros miembros en la profesión.

✓ Servir como una guía para aquellas personas que no necesariamente se identifican a sí mismas como un entrenador profesional o mentor, pero sin embargo utilizan habilidades de Coaching o de Mentoring en su trabajo.

Cuando los miembros no cumplan con estas expectativas y directrices al trabajar con los clientes, este Código de Ética se utilizará como base para cualquier denuncia o audiencia disciplinaria y acción, siguiendo los procedimientos de atención a las quejas de nuestra entidad.

El Código Ético

El Código Ético se organiza en cuatro secciones:

1. Terminología.
2. Trabajar con clientes.
3. Conducta profesional.
4. Práctica excelente.

1. Terminología

a) Cada entidad definirá exactamente cuál de sus miembros y otros interesados se espera que cumplan con este código (que en adelante se denominarán colectivamente los "miembros").

b) Para una comprensión adecuada de este Código Ético (en lo sucesivo denominado "Código"), los miembros deben estar al tanto de las definiciones y la terminología profesional, para interpretar los significados precisos de las palabras clave utilizadas en este Código, por ejemplo coach, entrenador, cliente, miembro, mentor, *sponsor*, patrocinador, supervisor y Supervisión.

2. Trabajar con clientes

Contexto

2.1.   Los miembros harán lo máximo posible para entender las expectativas de sus clientes y *sponsors* y llegar a un acuerdo en cómo se planea conseguirlas.

Contracting

2.2. Antes de comenzar a trabajar con un cliente, los miembros explicarán y harán explícito su compromiso de cumplir con este Código. Los miembros también harán que sus clientes y patrocinadores conozcan los procedimientos de quejas de su respectiva entidad.

2.3. Antes de comenzar a trabajar con un cliente, los miembros le explicarán y se esforzarán para asegurar que el cliente conozca y entienda completamente la naturaleza y los términos y condiciones de cualquier contrato de Coaching o de Mentoría, incluyendo acuerdos financieros, logísticos y de confidencialidad.

2.4. Los miembros serán claros y abiertos sobre los métodos que utilizan y, a petición, estarán dispuestos a proporcionar al cliente información sobre los procesos involucrados.

2.5. Los miembros asegurarán que la duración del contrato sea apropiada para alcanzar las metas del cliente y trabajarán activamente para evitar la dependencia del cliente.

Integridad

2.6. Los miembros presentarán con exactitud y honestidad sus calificaciones profesionales relevantes, su experiencia, capacitación, certificaciones y acreditaciones a clientes, *sponsors*, miembros, coaches y mentores.

2.7. Los miembros presentarán con exactitud y honestidad el valor potencial que proporcionan como coach o mentor.

2.8. Los miembros atribuirán la propiedad del trabajo, las ideas y los materiales de otros al autor correspondiente y no la reclamarán como propia.

Confidencialidad

2.9. Al trabajar con un cliente, los miembros mantendrán el más estricto nivel de confidencialidad con toda la información del cliente y del *sponsor*, a menos que la divulgación de información sea requerida por la ley.

2.10. Los miembros almacenarán y dispondrán de todos los registros relativos a los clientes, incluidos los archivos electrónicos y las comunicaciones, de manera que promuevan la confidencialidad, la seguridad y la privacidad, y cumplan con todas las leyes y acuerdos aplicables.

2.11. Los miembros tendrán un claro acuerdo con los clientes y *sponsors* sobre las condiciones bajo las cuales no se mantendrá la confidencialidad (por ejemplo, actividades ilegales, peligro para sí mismo u otros, etc.) y mantendrán el acuerdo dentro de ese límite de confidencialidad cuando sea posible.

2.12. Los miembros informarán a los clientes si están recibiendo Supervisión y explicarán que pueden ser contactados o referidos anónimamente. El cliente debe estar seguro de que la relación de Supervisión es en sí una relación confidencial.

2.13. Si el cliente es un niño o un adulto vulnerable, los miembros harán acuerdos con los patrocinadores o guardianes del cliente, para asegurar un nivel de confidencialidad que asegure los intereses de esa persona mientras se trabaje dentro de la legislación vigente.

Interacciones inapropiadas

2.14. Los miembros son responsables de establecer y mantener límites claros, apropiados y culturalmente sensibles que rijan las interacciones físicas o de otra índole con los clientes o *sponsors*.

2.15. Los miembros evitarán cualquier relación romántica o sexual con clientes actuales, *sponsors*, estudiantes o supervisados. Además, los miembros estarán atentos a la posibilidad de cualquier eventual intimidad sexual entre las partes antes mencionadas y tomarán las medidas apropiadas para evitar la intimidad o cancelar el compromiso, con el fin de proporcionar un ambiente seguro en general.

Conflicto de intereses

2.16. Los miembros no explotarán a un cliente ni buscarán obtener ninguna ventaja inapropiada de la relación financiera o no financiera.

2.17. Para evitar cualquier conflicto de intereses, los miembros distinguirán una relación de Coaching o Mentoring de otras formas de relaciones, como una amistad o una relación de negocios.

2.18. Los miembros serán conscientes del potencial de conflictos de interés de naturaleza comercial o personal que surjan a través de la relación de trabajo y los gestionarán rápida y eficazmente para asegurar que no hay perjuicio para el cliente o *sponsor* o el miembro.

2.19. Los miembros considerarán el impacto de cualquier relación con el cliente en otras relaciones con los clientes y discutirán cualquier posible conflicto de intereses con aquellos que podrían verse afectados.

2.20. Los miembros divulgarán cualquier conflicto abiertamente con el cliente y acuerdan retirarse de la relación si surge un conflicto que no puede ser manejado efectivamente.

Finalización de las relaciones profesionales y responsabilidades posteriores

2.21. Los miembros respetarán el derecho del cliente a terminar el compromiso en cualquier momento del proceso, sujeto a las disposiciones del acuerdo de servicio de Mentoría o Asesoramiento.

2.22. Los miembros animarán al cliente o *sponsor* a detener el trabajo de Coaching o Mentoría si se cree que el cliente o *sponsor* estaría mejor atendido por otro coach, mentor u otra forma de ayuda profesional.

2.23. Los miembros entienden que sus responsabilidades profesionales continúan más allá de la terminación de cualquier relación profesional. Estas incluyen:

✓ Mantenimiento de la confidencialidad acordada de toda la información relativa a clientes y *sponsors*.

✓ Mantenimiento seguro de todos los registros y datos relacionados.

✓ Evitar cualquier explotación de la antigua relación, que de otro modo podría cuestionar la profesionalidad o integridad del miembro o de la comunidad profesional.

✓ Provisión de cualquier seguimiento que se haya acordado.

3. Conducta profesional

Mantener la reputación del Coaching y el Mentoring

3.1. Se espera que los miembros se comporten de una manera que en todo momento refleje de forma positiva y mejore la reputación de la profesión de mentores y coaches.

3.2. Los miembros, en el ejercicio de la profesión, demostrarán respeto por la variedad de coaches, mentores y otras personas, así como por los diferentes enfoques del Coaching y el Mentoring.

Reconocimiento de igualdad y diversidad

3.3. Los miembros respetarán las declaraciones y políticas de diversidad de sus respectivos órganos.

3.4. Los miembros evitarán discriminar intencionadamente por cualquier motivo y procurarán constantemente aumentar su propia conciencia de posibles áreas de discriminación.

3.5. Los miembros procurarán adoptar un enfoque respetuoso e inclusivo que abarque y explore la diferencia individual.

3.6. Los miembros, de manera solidaria, confrontarán con todos los colegas, empleados, proveedores de servicios, clientes o participantes que perciban que están teniendo comportamientos discriminatorios.

3.7. Los miembros supervisarán su lenguaje hablado, escrito y no verbal, para evitar cualquier discriminación.

3.8. Los miembros participarán en actividades de desarrollo que probablemente aumentarán su autoconciencia con relación a la igualdad y la diversidad.

Violaciones de conducta profesional

3.9. Los miembros aceptan que cualquier incumplimiento que se mantenga puede dar lugar a sanciones, incluida la pérdida del estatus acreditado y/o la membresía de la entidad. Las entidades pueden compartir detalles de tales incumplimientos entre ellas, en interés de la seguridad del cliente, manteniendo estándares de calidad y la reputación del Coaching y el Mentoring.

3.10. Los miembros se asegurarán de que no se hagan declaraciones falsas o engañosas sobre su competencia profesional, sus calificaciones o acreditación en ningún material publicitario, promocional o de otro tipo.

3.11. Un miembro puede confrontar a otro miembro cuando tenga motivos razonables para creer que este miembro está actuando de manera no ética y, si no lo resuelve, lo reportará a la entidad.

Obligaciones legales y estatutarias

3.12. Los miembros están obligados a mantenerse al día y cumplir con todos los requisitos legales y regulatorios en el país en el que su trabajo se lleve a cabo, y a trabajar dentro de cualquier política/procedimiento organizacional en el contexto en el que tiene lugar el Coaching o la Mentoría.

3.13. Los miembros mantendrán registros apropiados y precisos de su trabajo con los clientes y asegurarán que permanezcan confidenciales, se almacenen de forma segura y cumplan con la legislación de protección de datos y privacidad de su país.

3.14. En el contexto del país en el que opere cada miembro, tendrán el seguro de indemnización profesional adecuado para cubrir su trabajo de Coaching y Mentoría.

4. Práctica excelente

Habilidad para ejecutar

4.1. Los miembros tendrán las cualificaciones, habilidades y experiencia apropiadas para satisfacer las necesidades del cliente y operar dentro de los límites de su competencia. Los miembros deben referir al cliente a coaches, mentores o profesionales con más experiencia o calificación, si fuera apropiado.

4.2. Los miembros estarán en condiciones saludables como para ejercer como coach o mentor. Si no lo son, o no están seguros de ser capaces de ejercer con seguridad por razones de salud, buscarán orientación o apoyo profesional. Cuando sea necesario o apropiado, el coach o mentor debe finalizar el contrato con el cliente y referir al cliente a otro profesional.

Supervisión continua

4.3. Para apoyar su aprendizaje y su desarrollo profesional continuo, los miembros se involucrarán en una práctica reflexiva regular.

4.4. Los miembros tendrán Supervisión de un supervisor o grupo de Supervisión debidamente calificado con un nivel de frecuencia adecuado a su práctica de Coaching o Mentoría, a los requisitos de su organismo profesional y al nivel de su acreditación.

4.5. Los miembros deben asegurarse de que cualquier otra relación existente con el supervisor no interfiera con la calidad de la Supervisión proporcionada.

4.6. Los miembros discutirán cualquier dilema ético o potenciales violaciones de este Código con su supervisor o grupo de Supervisión para recibir apoyo y orientación.

Desarrollo profesional continuo y reflexión

4.7. Los miembros reflexionarán regularmente sobre su trabajo con los clientes, su práctica de Coaching y Mentoría, y su aprendizaje y desarrollo profesional y personal.

4.8. Los miembros desarrollarán su nivel de capacitación en Coaching y/o Mentoring participando en cantidades relevantes y apropiadas de capacitación y/o desarrollo profesional continuo (CPD).

4.9. Los miembros se esforzarán por hacer una contribución a la comunidad de Coaching y Mentoría adecuada a su nivel de experiencia. Esto se puede realizar en varias formas, por ejemplo: apoyo informal de compañeros a otros coaches y mentores, avance de la profesión, investigación y escritura, etc.

4.10. Los miembros evaluarán sistemáticamente la calidad de su trabajo, por ejemplo, a través de la retroalimentación de los clientes y de otras partes pertinentes.

CÓDIGO DE ÉTICA DE LA INTERNATIONAL COACH FEDERATION

Preámbulo

La ICF se compromete a mantener y promover la excelencia en el Coaching. Por lo tanto, espera que todos los miembros y coaches acreditados (coaches, mentores coaches, supervisores, capacitadores y estudiantes) se adhieran a los principios de conducta ética y apliquen las competencias básicas propuestas por esta Federación con eficacia en su trabajo.

En línea con los valores fundamentales de la ICF y la definición de Coaching que sostiene, este Código de Ética está diseñado para proporcionar directrices apropiadas, que permitan la rendición de cuentas y el cumplimiento de las normas de conducta obligatorias para todos los miembros de esta federación, quienes se comprometen a cumplirlo.

Parte primera
Definiciones

Coaching

El Coaching es una asociación con clientes que invita a la reflexión y al proceso creativo e inspira para maximizar el uso del potencial personal y profesional.

Coach de la ICF

El coach de la ICF se compromete a practicar las competencias básicas propuestas por esta federación y a rendir cuentas según su Código de Ética.

Relación de Coaching profesional

Existe una relación de Coaching profesional cuando el proceso se basa en un acuerdo, que puede estar asentado en un contrato y define las responsabilidades de cada parte.

Roles en la relación de Coaching

Con la finalidad de aclarar los roles de la relación de Coaching, a menudo es necesario distinguir entre el cliente y el patrocinador. En la mayoría de los casos, el cliente y el patrocinador son la misma persona, y por lo tanto se designan conjuntamente como "cliente". Para propósitos de identificación, sin embargo, la ICF define estas funciones como sigue:

- ✓ **Cliente:** el cliente o coachee es la persona que está siendo entrenada.
- ✓ **Patrocinador:** el patrocinador es la entidad (incluyendo a sus representantes) que paga y/u organiza los servicios de Coaching que se presten. En todos los casos, los acuerdos de compromiso de Coaching deben establecer claramente los derechos, funciones y responsabilidades tanto del cliente como del patrocinador, si el cliente y el patrocinador son personas diferentes.

Estudiante

El estudiante es una persona inscripta en un programa de Coaching o que trabaja con un supervisor coach o con un coach maestro con la finalidad de aprender a llevar a cabo un proceso de Coaching o de mejorar y desarrollar sus habilidades.

Conflicto de intereses

Es la situación en la que un coach tiene un interés personal o profesional que puede influir en la consecución del objetivo del proceso de Coaching.

Parte segunda
Normas de Ética

Sección primera
Conducta profesional

Como coach, me comprometo a:

1) Comportarme de acuerdo con el Código de Ética de ICF en todas las interacciones de las que participe, incluyendo la formación propia o de los demás como coaches, la tutoría y las actividades de Supervisión de Coaching.
2) Tomar las medidas adecuadas y ponerme en contacto con la ICF frente a cualquier violación ética o posible incumplimiento por parte de un coach, instructor o mentor tan pronto como tome conocimiento del hecho que considere irregular.
3) Crear conciencia en los demás de las responsabilidades establecidas por este Código de Ética, y comunicar su incumplimiento por parte de otros coaches, de organizaciones, de sus empleados o de patrocinadores de procesos de Coaching.
4) Abstenerme de incurrir en discriminación ilegal en el marco de mis actividades profesionales, ya sea por edad, raza, género, etnia, orientación sexual, religión, nacionalidad o discapacidad.
5) Hacer declaraciones verbales o escritas verdaderas y exactas sobre lo que ofrezco como coach y sobre la profesión de coach tal como la regula la ICF.
6) Identificar con precisión mis cualificaciones, mi grado de pericia, de experiencia en Coaching, mis certificados y las acreditaciones que me hubiera otorgado la ICF.
7) Reconocer y respetar los esfuerzos y contribuciones de otros y reclamar solamente la propiedad intelectual de mi propio material, entendiendo además que la violación de esta norma puede dejarme expuesto a un recurso legal suscripto por un tercero.
8) Esforzarme en todo momento por reconocer los asuntos personales que perjudiquen, entren en conflicto o interfieran con mi actividad como coach; y buscar inmediatamente la asistencia profesional que me asista para determinar la acción que debo

llevar a cabo, incluyendo, si fuere apropiado y las circunstancias lo requirieran, suspender o terminar mi relación de Coaching.

9) Reconocer que este Código de Ética se aplica a mi relación con los clientes de Coaching, con otros coachees, y con estudiantes, aprendices y supervisados.

10) Elaborar informes de investigación con competencia y honestidad, dentro de los estándares científicos reconocidos, sujetándome a las directrices aplicables, comprometiéndome, además, a que mi investigación se lleve a cabo con el consentimiento y la aprobación de los involucrados, con un enfoque que proteja a los participantes de cualquier posible daño y respetando las leyes del país en el que se realice.

11) Mantener, almacenar y mantener disponibles todos los registros, incluyendo los archivos y las comunicaciones electrónicas creados durante mis compromisos de Coaching de una manera que asegure la confidencialidad, la seguridad y la privacidad, y que cumpla con todas las leyes y los acuerdos aplicables.

12) Usar la información de contacto a la que tenga acceso (direcciones de correo electrónico, números de teléfono, etc.) solamente en la forma y en la medida autorizadas por la ICF.

Sección segunda
Conflictos de intereses

Como coach, me comprometo a:

13) Tratar de ser consciente de cualquier conflicto o potencial conflicto de intereses, divulgarlo públicamente y ofrecer autoexcluirme cuando surgieren.

14) Aclarar las funciones de los coaches internos, establecer límites y revisar con las partes interesadas los conflictos de intereses que pudieren surgir entre mi trabajo como coach y el de los que ocupen otros roles.

15) Revelar a mi cliente y al patrocinador toda compensación de terceros que pudiere recibir por conseguir clientes gracias a sus referencias.

16) Honrar mis relaciones de Coaching independientemente de la forma de compensación que recibiere.

Sección tercera
Conducta profesional frente a los clientes

Como coach, me comprometo a:

17) Hablarles éticamente y con la verdad tanto a mis clientes como a mis clientes potenciales y a los patrocinadores sobre el valor del proceso de Coaching, y sobre mí mismo, como coach.

18) Explicar y tratar de asegurarme de que, antes o durante la reunión inicial, mi cliente y el patrocinador entiendan la naturaleza del proceso de Coaching, así como la naturaleza y los límites de la confidencialidad, los acuerdos financieros y cualesquiera otros términos del acuerdo que interesen a las partes.

19) Suscribir contratos claros, tanto con mis clientes como con los patrocinadores, antes de comenzar la relación de Coaching, y honrar estos acuerdos, que deberán incluir las funciones, responsabilidades y derechos de todas las partes involucradas.

20) Ser consciente y hacerme responsable del establecimiento de límites claros, apropiados y culturalmente sensibles que gobiernan las interacciones físicas o de cualquier tipo que pueda tener con mis clientes o patrocinadores.

21) Evitar cualquier tipo de relación romántica o sexual con mis clientes actuales o con patrocinadores, estudiantes, aprendices o supervisados; y estar alerta ante la posibilidad de cualquier situación vinculada a la intimidad sexual de las partes que intervengan en el proceso de Coaching, incluyendo las que involucren a mi personal de apoyo y/o asistentes, y llevar a cabo las acciones apropiadas para abordar la cuestión o cancelar el compromiso laboral, si fuere necesario, con la finalidad de proporcionar un ambiente de trabajo seguro.

22) Respetar el derecho del cliente a rescindir la relación de Coaching en cualquier momento durante el proceso, con sujeción a las disposiciones establecidas en el acuerdo, y estar atento a las indicaciones que impliquen un cambio en lo acordado para la relación de Coaching.

23) Fomentar en mis clientes o en los patrocinadores la idea de reemplazarme si creyere que el caso sometido a Coaching sería mejor atendido por otro coach o por un profesional de otra área, y sugerirles que busquen los servicios de otro profesional cuando lo considere apropiado.

Sección cuarta
Normas de confidencialidad y privacidad

Como coach, me comprometo a:

24) Mantener la más estricta confidencialidad sobre la información que me den mis clientes y patrocinadores, a menos que sea solicitada por la justicia conforme a la ley vigente en el país en el que se desarrolle el proceso de Coaching.
25) Tener un acuerdo claro sobre qué información de la volcada al proceso de Coaching se intercambiará entre el coach, el cliente y el patrocinador.
26) Tener, cuando actúo como coach, mentor coach o supervisor, un acuerdo claro, tanto con mis clientes como con patrocinadores, estudiantes, aprendices o supervisados acerca de las condiciones en las que la confidencialidad no puede ser mantenida (por ejemplo, en caso de actividad ilegal, de citación judicial, de riesgo inminente o probable para el cliente o para los demás, etc.); y asegurarme de que clientes, patrocinadores, estudiantes, aprendices y supervisados voluntaria y conscientemente acepten esos límites por medio de un documento escrito, donde quede estipulado que ante alguna circunstancia que lo amerite podría tener que informar a las autoridades pertinentes.
27) Exigir a todos los que trabajen conmigo en apoyo de mis clientes que cumplan con lo establecido dentro de este Código de Ética en el apartado número 26 de la Sección Cuarta (Normas de confidencialidad y privacidad) y en cualesquiera otras secciones que pudieren ser de aplicación.

Sección quinta
Desarrollo continuado

Como coach, me comprometo a:

28) Asumir la necesidad de un desarrollo continuado y permanente de mis habilidades profesionales.

Parte tercera
Juramento de ética

Como coach de la ICF, reconozco y acepto respetar las obligaciones éticas y legales que tengo para con mis clientes y patrocinadores, mis colegas y el público en general; me comprometo a cumplir con el Código de Ética de esta federación y a poner en práctica los estándares en los que fui entrenado, tanto para llevar a cabo procesos de Coaching como para enseñar y para prestar servicios como mentor coach o como supervisor.

Si violare este compromiso o cualquier parte del Código de Ética de ICF, acepto que esta federación, a su sola discreción, me haga responsable. Asimismo, acepto que el incumplimiento de mi responsabilidad ante la ICF pueda incluir sanciones, entre las que están incluidas la pérdida de mi membresía o de mis credenciales.

Aprobado por el Consejo de Administración Global de la ICF en junio de 2015.

BIBLIOGRAFÍA

Aquilina, E.: *Embodying Authenticity*, Live It Publishing Ltd., Londres, 2016.

Arnold, J.; Murdoch, E.: *Full Spectrum Supervision*, Panoma Press, St. Albans, 2013.

Bachkirova, T.: *Developmental Coaching: Working wih the Self*, McGraw-Hill, Maidenhead, 2011.

————; Jackson, P.; Clutterbuck, D.: *Coaching and Mentoring Supervision*, McGraw-Hill, Maidenhead, 2011.

Bennet, M.J.: "Towards Ethnorelativism: A Developmental Model of Intercultural Sensitiviy", en R. M. Paige (Ed.) *Education for the Intercultural Experience*, Intercultural Press, Yamouth, 1993.

Bluckert, P.: *Psychological Dimensions of Executive Coaching*, McGraw-Hill, Maidenhead, 2006.

Brown, B.: *Daring Greatly*, Gotahm, Nueva York, 2012.

Brown, P.; Brown V.: *Neuropsychology for Coaches*, McGraw-Hill, Maidenhead, 2012.

Capra, F.: *The Web of Life*, Random House Publishers, Nueva York, 1996.

Carroll, M.: *Effective Supervision for the Helping Professions*, Sage, Londres, 2014.

————; Gilbert, M.: *On Being a Supervisee*, Vulkani Publishing, Londres, 2005.

————; Shaw, E.: *Ethical Maturity in the Helping Professions*, Jessica Kingsley Publishers, Londres, 2012.

Casement, P.: *On Learning From the Client*, Routledge, Nueva York, 1985.

Chade-Meng Tan: *Search Inside Yourself*, Harper Collins Publishers, Nueva York, 2012.

Clarkson, P.: *The Therapeutic Relationship*, Whurr Publishers Ltd., Londres, 2000.

————: *Gestalt Counseling in Action*, tercera edición, Sage Publications Ltd., Londres, 2004.

Congram, S.: "The Use of Gestalt Approach in Supervision", en Bachkirova T.; Jackson, P.; Clutterbuck, D.: *Coaching and Mentoring Supervision*, McGraw-Hill, Maidenhead, 2011.

Covey, S.: *Los 7 hábitos de personas altamente efectivas*, Paidós Ibérica, Barcelona, 1990.

De Haan, E.: *Supervision in Action: a Relational Approach to Coaching and Consulting Supervision*, McGraw-Hill, Maidenhead, 2012.

Farmer, S.: "How Does a Coach Know that they Have Fond the Right Supervisor?", en *Coaching: An International Journal of Theory*, Research and Practice 5(1) pp. 37-42, 2012.

Gibbs, J.: *Moral Development and Reality: beyond the theories of Kohlberg and Hoffman*, Allyn and Bacon, Boston, 2010.

Goldvarg, D.; Perel N.: *Competencias de Coaching Aplicadas con Estándares Internacionales*, Ediciones Granica, Buenos Aires, 2012.

————; Goldvarg N.: *Mentor Coaching en acción*, Ediciones Granica, Buenos Aires, 2016.

Gregerson, H.; Morrison, A.; Black, J.: "Developing Leaders for the Global Frontier", en *Sloan Management Review*, 40(1) 21-33, 1998.

Gregoris Kamenszein, A.: Libro en preparación (2016) a ser publicado en el 2018 y materiales publicados en revista *Global Coaching* * http://globalcoachingmagazine.com/Ediciones/2016/ES/Junio/#45/z) y *AACOP* (AACOP: http://www.aacopweb.org/archivos/13_Lic_Andrea_Gregoris_Kamenszein_Coaching_metaforas-y-Ontologia_del_Movimiento_para_AACOP.pdf).

Hawkins, P.; Smith, N.: *Coaching, Mentoring and Organizational Consulting: Supervision and Development*, McGraw-Hill, Maidenhead, 2006.

————; Sohet R.: *Supervision in the Helping Professions*, Open University Press, Maidenhead, 2007.

Hay, J.: *Reflective Practice and Supervision for Coaches*, McGraw-Hill, Maidenhead, 2007.

Hodge, A.: "The value of Coaching Supervision as a Development Process: Contribution to a Continued Professional and Personal Wellbeing for Executive Coaches". *International Journal of Evidence Based Coaching and Mentoring*, 14(2) pp. 87-106, 2016.

————: *Becoming a Supervisor*, Cascade, Londres, 2001.

Inskipp, F.; Proctor, B: *Becoming a Supervisor*, Cascade, London, 2001.

Karp, H.: "El arte perdido del feedback", en *Bridging the Boomer-Xer Gap: Creating Authentic Teams for High Performance at Work*, Amazon, 2002.

Karpman, S.: "Fairy Tales and Script Drama Analysis", en *Transactional Analysis Bulletin*, 7 (26)39-43, 1986.

Kline, N.: *More Time to Think, Listening to Ignite the Human Mind*, Cassell Illustrated, Londres, 2004.

Lahad, M.: *Creative Supervision*, Jessica Kingsley Publisher, Londres, 2000.

Lane, D.: "Ethics and Professional Standards in Supervision", en Bachkirova T.; Jackson, P.; Clutterbuck, D.: *Coaching and Mentoring Supervision*, McGraw-Hill, Maidenhead, 2011.

Laplanche, J.; Pontalis J.B.: *Diccionario de Psicoanálisis*, Paidós, Buenos Aires, 1973.

————: *Leading with Cultural Intelligence*, Amacom, Nueva York, 2010.

Livermore, D.: *The Cultural Intelligence Difference*, Amacom, Nueva York, 2011.

McGonagill, G.: "The Coach as Reflective Practitioner, Notes from a Journey without End", en *Executive Coaching: Practices and Perspectives*, Eds. Catherine Fitzgerald and Jennifer Garvey Berger, Davies Black Publishing, Palo Alto, 2002.

O'Neill, M.B.: *Executive Coaching with Backbone and Heart*, Jossey-Bass, San Francisco, 2007.

Prochaska, J.O.; Redding, C.A.; Evers, K.: "The Transtheoretical Model and Stages of Change", en K. Glanz, B.K. Rimer & F.M. Lewis (Eds.), *Health Behavior and Health Education: Theory, Research, and Practice* (tercera edición), Jossey-Bass, San Francisco, 2002.

Proctor, B.: "Supervision: A Co-operative Exercise in Accountability", en A. Marken & M. Payen (Eds.), *Enabling and Ensuring: Supervision in Practice*, Leicester National Youth Bureau, 1986.

————: *Group Supervision: A guide to creative practice*, Sage, Londres, 2008.

Ridings, A.: *Pause for Breath*, Live It Publishing, Londres, 2011.

Robinson, W.: "Conscious Competence: the Mark of the Competent Instructor", *Personnel Journal*, 53, 538-539, 1974.

Rosinsky, P.: *Coaching Across Cultures, New Tools for Leveraging National, Corporate and Professional Differences*, Nicholas Brealey, Londres, 2003.

Sandler, C.: "The Use of Psychodaynamic Theory in Coaching Supervision", en Bachkirova T.; Jackson, P.; Clutterbuck, D.: *Coaching and Mentoring Supervision*, McGraw-Hill, Maidenhead, 2011.

Scharmer, O.: *Teoría U: Leading From the Future as Its Emerges*, Society for Organizational Learning, Cambridge, 2007.

Schön, D.: *The Reflective Practitioner. How Professionals Think in Action*, Temple Smith, Londres, 1983.

Schön, D.; Argyris C.: *Theory in Practice: Increasing Professional Effectiveness.* Jossey-Bass, 1974.

Shainberg, D.: "Teaching Therapists How to be WithTheir Clients", en *Awakening The Heart,* John Welwood (Ed.) (pp. 163-175), Shambhala, Boston y Londres, 1990.

Shohet, R.: *Passionate Supervision,* Jessica Kingsley Publishers, Londres, 2007.

————: *Supervision as Transformation,* Jessica Kingsley Publishers, Londres, 2011.

Silsbee, D.: *The Mindful Coach,* Ivy River Press, Marshall, 2004.

Silsbee, D.: *Presence Based Coaching,* Jossey-Bass, San Francisco, 2008.

Strozzi-Heckler, R.: *The Art of Somatic Coaching,* North Atlantic Books, Berkeley, 2014.

Thornton, C.: *Group and Team Coaching.* Routledge, Nueva York, 2010.

Tuckman, B.: "Developmental sequence in Small Groups", en *Psychological Bulletin* 63(6) 384-399, American Psychological Association, Washington DC, 1965.

Varela, F.: *El fenómeno de la vida,* Dolmen Ediciones, Santiago de Chile, 2000.

Wolk, L.: *Coaching para coaches,* Gran Aldea Editores, Buenos Aires, 2013.

ACERCA DEL AUTOR

Damián Goldvarg acumula más de treinta años de experiencia como consultor, facilitador y coach de ejecutivos en más de cincuenta países de los cinco continentes. Se especializa en el desarrollo de líderes, incluyendo: evaluación de ejecutivos, gestión del talento, rendimiento, capacitación en liderazgo y *feedback* de 360 grados.

En 1987 obtuvo su Licenciatura en Psicología en la Universidad de Buenos Aires; y en 1997, un Doctorado en Psicología Organizacional de la Universidad Alliant, California. Es, además, Master Coach Certificado por la Federación Internacional de Coaching - ICF (entidad de la que fue presidente global durante los años 2013 y 2014), Mentor Coach Certificado y Supervisor de Coaching acreditado por el EMCC.

Desde hace diez años, Damián Goldvarg facilita grupos de Mentor Coaching. Entrenó a cientos de coaches que obtuvieron sus credenciales de la ICF, y a gran cantidad de mentor coaches que ofrecen este servicio a coaches de España y de más de diez países de Latinoamérica. Es, además, facilitador de certificaciones virtuales acreditadas por la ICF y el EMCC en Coaching profesional, Mentor Coaching y Supervisión de Coaching, de los que ofrece de manera global programas en español y en inglés.

Damián recibió su Certificación como Speaker Profesional de la National Speaker Association (NSA) y presenta ponencias sobre temas relacionados con liderazgo y Coaching en conferencias nacionales e internacionales.

Desarrolló su carrera profesional trabajando para empresas multinacionales, así como para organizaciones de base comunitaria y gubernamentales. Entre ellas: Shell, BP, Hewlett-Packard, Google, Microsoft, SAP, Coca-Cola, McDonald's, Wall-Mart, Unilever, John Deere, Nestlé, Lafarge, Citigroup, Ericsson, Porsche, Daimler, L'Oréal, Merck, Center for Nonprofit Management, University of Southern California, University of California, Los Angeles and San Diego, Interamerican Development Bank, Unicef, UNHCR, Food and Agriculture Organization, World Food Programme, World Health Organization, y United Nations Secretariat.

Nacido en la República Argentina, tiene una amplia experiencia trabajando con personas de diferentes culturas y orígenes sociales.

Ofrece servicios en inglés, español y portugués.

Su dirección de correo electrónico es damian@goldvargconsulting.com, y su *website*. www.goldvargconsulting.com

www.ingramcontent.com/pod-product-compliance
Lightning Source LLC
Chambersburg PA
CBHW060328200326
41519CB00011BA/1869